Jim Slater

Das Zulu-Prinzip
Wie man mit normalen Aktien außerordentliche Gewinne erzielt

Sarastro

Jim Slater

Das Zulu-Prinzip
Wie man mit normalen Aktien außerordentliche Gewinne erzielt

1. Auflage | ISBN: 978-3-94323-336-0

Erscheinungsort: Paderborn, Deutschland

Erscheinungsjahr: 2015

Sarastro GmbH, Paderborn. Alle Rechte beim Verlag.

Übersetzung des Klassikers der Aktienanalyse von Jim Slater, "The Zulu Principle". Slater zeigt, wie man mit einfachen Methoden Aktien auswählen und Aktiengewinne erzielen kann. Der Leser lernt durch das "Zulu Prinzip", wann man Aktien kaufen soll und - noch wichtiger - wann man sie verkaufen soll!

Das Zulu-Prinzip:

Wie Sie mit normalen Aktien außerordentliche Gewinne erzielen

von Jim Slater

Englische Originalausgabe:

HARRIMAN HOUSE LTD
3A Penns Road
Petersfield
Hampshire
GU32 2EW
GROßBRITANNIEN

Tel: +44 (0)1730 233870
Fax: +44 (0)1730 233880
E-Mail: enquiries@harriman-house.com
Webseite: www.harriman-house.com

Erstmal veröffentlicht im Jahr1992, diese Ausgabe wurde im Jahr 2008 von Harriman House veröffentlicht.
Neudruck 2010.

Copyright © Harriman House Ltd

Das Recht von Jim Slater als Autor genannt zu werden, wurde in Übereinstimmung mit dem Gesetz für Copyright, Design und Patente 1988, bekräftigt.

ISBN: 978-1-905641-91-8

Katalogisierungsdaten der Britischen Bibliothek
Ein CIP Datensatz für dieses Buch ist bei der Britischen Bibliothek erhältlich.
Das Werk und seine Teile sind urheberrechtlich geschützt.
Kein Teil dieser Veröffentlichung darf ohne vorherige schriftliche Genehmigung des Herausgebers in irgendeiner Form (elektronisch, mechanisch, durch Fotokopie, Aufzeichnung oder andere Mittel) reproduziert oder unter Verwendung elektronischer Systeme gespeichert werden.

Dieses Buch darf ohne die vorherige schriftliche Zustimmung des Herausgebers, in keiner anderen Bindung und mit keinem anderen Schutzumschlag weitergegeben oder weiterverkauft oder in sonstiger Form für kommerzielle Zwecke genutzt werden.
Gedruckt und gebunden in Großbritannien durch die CPI Gruppe, Antony Rowe.

Weder der Herausgeber, noch der Autor, noch Angestellte des Autors haften gegenüber Personen oder Körperschaften für Schäden, die durch Lesen dieses Buchs oder durch Handlungen aufgrund der Empfehlungen in diesem Buch entstehen.

INHALT

DANKSAGUNG VI

VORWORT ZUR AUSGABE VON 1992 VII

VORWORT ZUR AUSGABE VON 2008 X

1. GEWINNE 1

2. AKTIEN KLEINERER UNTERNEHMEN MIT DYNAMISCHEM WACHSTUM 9

3. GEWINNE, WACHSTUMSRATEN UND DER PEG-FAKTOR 19

4. KREATIVE BUCHFÜHRUNG 35

5. LIQUIDITÄT, CASH FLOW UND ANLEIHEN 47

6. ETWAS NEUES 57

7. WETTBEWERBSVORTEIL 73

8. EIGENDYNAMIK UND RELATIVE STÄRKE 89

9. ANDERE KRITERIEN 105

10. GEWICHTUNG DER KRITERIEN 109

11. ZYKLIKER UND TURNAROUNDS 131

12. SHELLS 143

13. VERMÖGENSWERTE UND VALUE INVESTING 159

14. LEITAKTIEN 165

15. ÜBERSEEMÄRKTE 183

16. IHR BROKER UND SIE 195

17. PORTFOLIO MANAGEMENT 203

18. DER MARKT 217

19. ZEHN RICHTLINIEN 237

20. GLOSSAR 243

Danksagung

Ich möchte mich bei Jeremy Utton bedanken, der mich auf die Idee brachte, dieses Buch zu schreiben. Sein Vorschlag kam zu einem Zeitpunkt, als mein Sohn Mark feststellte, dass auf dem Markt kaum britische Bücher zu dem Thema erhältlich sind.

Ich möchte mich außerdem bei Jeremy und meinen Freunden Sir James Goldsmith, Ian Watson, Bryan Quinton, George Finlay, Ralph Baber und Peter Greaves bedanken für das Überprüfen der Druckproben und für einige sehr konstruktive und hilfreiche Verbesserungsvorschläge.

Vielen Dank auch an Dr. Marc Faber, der mir erlaubte, ihn ausführlich zum Thema „Emerging Markets" zu zitieren. Ganz besonders möchte ich mich bei Warren Buffett bedanken, der so viele interessante Dinge über Investments sagt und schreibt und mir erlaubt hat, diese in diesem Buch zu verwenden.

Sehr dankbar bin ich auch Brian Marber für das Interview, welches ich mit ihm zum Thema technische Analysen durchführen durfte, für seine Kommentare und für seine amüsanten Geschichten.

Meine beiden Söhne waren mir die größte Hilfe: Christopher zeichnete zwei Cartoons und den Bullen und Bären, bei Mark möchte ich mich für die langen Tage bedanken, in welchen er sorgfältig die Druckproben überarbeitete, ich möchte mich dafür bedanken, dass er Zeit und Mühe in Recherchen investierte und für die vielen Ideen, den Inhalt aufzuwerten.

Ich kann die Geschichte nicht erzählen, ohne meine langjährige Sekretärin, Pam Hall, zu erwähnen, die die meisten Kapitel so oft abtippte, dass sie manche davon auswendig kennt.

Vorwort zur Ausgabe von 1992

Einer meiner Söhne interessiert sich für den Aktienmarkt. Nachdem er einige zukunftsweisende Bücher aus Amerika zum Thema gelesen hatte, fragte er mich, ob ich ein ähnliches Buch aus Großbritannien empfehlen könne. Ich dachte nach und machte mich in verschiedenen Buchhandlungen auf die Suche, nur um herauszufinden, dass es nichts gab, außer Bücher, die lediglich Grundwissen zu diesem Thema vermittelten. Die Kräfte des Marktes füllen normalerweise jede Lücke. Deshalb entschied ich mich, dieses Buch zu schreiben. Ich bin mir sicher, dass viele andere folgen werden.

Ich möchte zeigen, wie man ein sehr erfolgreicher Investor wird. Mein Problem ist allerdings, dass ich nicht weiß, ob Sie aufstrebender Börsenmakler in der Ausbildung sind; ob Sie Buchhalter oder Rechtsanwalt sind, welcher die Grundlagen des Investitionsgeschäfts kennt; ich weiß nicht, ob Sie aus einer anderen Branche kommen oder ob Sie sich nach einem Berufsleben in der Wirtschaft im Ruhestand befinden. Ich möchte die Leute, welche die Grundlagen kennen, nicht langweilen, deshalb unterstelle ich, dass Sie in irgendeiner Form mit dem Anlagegeschäft zu tun haben oder, dass Sie das Glossar am Ende dieses Buchs gelesen haben. Dann werden Sie den Unterschied zwischen einer Stammaktie, einer Vorzugsaktie und einer Wandelschuldverschreibung kennen; die Bedeutung von Begriffen, wie Kurs-Gewinn-Verhältnis, Dividendenrendite und Buchwert; und die Wirkung und Bedeutung von Gratisaktien und Bezugsrechten.

Es gibt eine Vielzahl verschiedener Anlage- und Investitionsmöglichkeiten und –bereiche, einige davon werde ich in späteren Kapiteln genauer erläutern:

Kleine Unternehmen mit dynamischem Wachstum

Schnell wachsende Unternehmen mit einer Marktkapitalisierung zwischen 5 Millionen und 100 Millionen Pfund werden von der Investmentgemeinde selten genauer untersucht, deshalb sind deren Anteile außergewöhnlich attraktiv.

Umbruchsituationen und Zykliker

Unternehmen die vom rezessiven Marktumfeld oder anderen außergewöhnlichen Faktoren schwer getroffen wurden, sind oft reif für einen Rebound. Diese Situationen treten oft bei zyklischen Unternehmen ein und wenn ein Wechsel im Management stattfindet.

Firmenhüllen

Firmenhüllen sind eine weitere interessante Anlagewahl. Das sind oft sehr kleine Unternehmen mit Börsennotierung, mit unscheinbarem Geschäft und geringfügigem Kapital. In der Regel will der Jungunternehmer für sein Unternehmen eine Börsennotierung durch die Hintertür erreichen, das erst zu kurz aktiv ist oder andere Unzulänglichkeiten aufweist, was den konventionellen Weg ausschließt. Es gibt viele Beispiele für erfolgreiche und manchmal anrüchige Firmenhüllen, von Hanson and Williams Holdings bis Polly Peck und Parkfield. Die Gelegenheit kann sehr aufregend sein.

Vermögensverhältnisse

Einige meiner Freunde investieren ausschließlich in Unternehmen, in welchen der Marktwert der Anteile unter dem des zugrundeliegenden Unternehmens liegt. Diese wertorientierten Investoren warten auf einen Auslöser, auf ein Kaufangebot oder auf ein neues Management, zur Belebung der Vermögenswerte und um sie auf ihr volles Gewinnpotential zu bringen. Der Wert der Anteile steigt.

Leitwerte

Unternehmen, die im britischen FT SE 100 Index gelistet sind, haben in der Regel eine gewisse Größenordnung und erleiden selten kompletten Schiffbruch. Solche Anteile können oft auch in schwierigen Märkten verkauft werden. Sie werden von der Investmentgemeinde ausführlich analysiert. Dadurch wird es schwierig, ein wirkliches Schnäppchen zu machen. Ich möchte Ihnen einige ausgewählte Anhaltspunkte geben, welche Ihre Anlageperformance in diesem Land verbessern sollte. Ich habe herausgefunden, dass diese Anhaltspunkte auch in Amerika und den meisten Überseemärkten sehr gut funktionieren.

Wenn Sie das Glossar noch nicht gelesen haben, so tun Sie dies bitte jetzt, denn ich möchte Ihnen zeigen, wie Sie Geld mit einem Ansatz verdienen können, welchen ich 'Das Zulu-Prinzip' genannt habe. Sie werden sich nicht mit Staatsobligationen, Vorzugsaktien, Schuldverschreibungen und dem Japanischen Markt beschäftigen. Stattdessen werden Sie sich auf fünf unterschiedliche Möglichkeiten konzentrieren, Geld mit normalen Aktien zu verdienen, bevor Sie schließlich eine oder zwei Methoden auswählen, die zu Ihrem Naturell passen.

Ich habe diesen Ansatz 'Das Zulu Prinzip' genannt, nachdem meine Frau in der Zeitschrift Reader's Digest einen Artikel über Zulus gelesen hatte. Ab diesem Moment wusste sie mehr über Zulus als ich. Wenn sie sich dann in unserer Bücherei noch alle verfügbaren Bücher zum Thema ausgeliehen und sorgfältig studiert hätte, hätte sie mehr über Zulus gewusst, als die meisten Leute in Surrey. Hätte sie sich dann noch entschlossen, sechs Monate lang in einem Kral der Zulu in Südafrika zu leben und sämtliche verfügbare Literatur über Zulus an einer Universität in Südafrika zu lesen, wäre sie eine der führenden Kapazitäten in Großbritannien und vielleicht der Welt geworden. Der Kernpunkt ist, dass die Geschichte der Zulus und ihre Sitten und Gebräuche heute klar definiert ist und, dass es sich um ein begrenztes Wissensgebiet handelt, welches meine Frau sich mit unverhältnismäßigem Aufwand angeeignet hätte und dadurch zu einer anerkannten Expertin geworden wäre.
Das Studium dieser stattlichen Leute ist vielleicht nicht sehr gewinnbringend, aber es gibt viele spezielle Themen, welche sich finanziell auszahlen. Ich möchte Ihnen nun zeigen, wie Sie das Zulu Prinzip für Ihre Investments verwenden. Sie werden Ihr Ziel wie Montgomery und Napoleon erreichen, indem Sie einen gezielten Angriff durchführen.

Vorwort zur Ausgabe von 2008

Das Zulu Prinzip erklärt, wie wichtig es beim Investieren ist, einen Schwerpunkt festzulegen. Versuchen Sie nicht "Master of the Universe" zu werden. Es ist besser, sich auf einen kleinen Bereich zu spezialisieren und sich darin kundig zu machen. Ich habe mich immer auf Aktien kleiner und kleinster Unternehmen konzentriert. Die Gründe dafür liegen auf der Hand – zunächst werden sie relativ wenig untersucht, deshalb sind Schnäppchen möglich und zweitens performen sie im Durchschnitt viel besser als Anteile von größeren Unternehmen. Tatsächlich übertrafen Aktien kleinster Unternehmen in den letzten 50 Jahren den Markt mehr als achtmal. Im Zulu Prinzip zeige ich Ihnen, welche Methoden ich im Jahr 1992 für meine Investments verwendete. Seither habe ich meinen Ansatz ein wenig verfeinert. Grundsätzlich ist er aber derselbe. Zuerst überlege ich mir, wo etwas Rückenwind möglich ist. Damit meine ich, dass ich mich auf Bereiche oder Sektoren konzentriere, die einen positiven Ausblick haben. Sind Sie zur falschen Zeit im falschen Geschäftsfeld, werden Sie Geld verlieren. Sind Sie zur richtigen Zeit im richtigen Geschäftsfeld, ist es schwer, nicht viel Geld zu verdienen. Es gibt eine bewährte Möglichkeit festzustellen, dass Sie sich in einem Geschäftsfeld mit positivem Ausblick befinden. Sie müssen sicherzustellen, dass der Sektor relativ stark ist, einen positiven Ausblick vorweist und dass die Aktie, die Sie im Auge haben, sich im vergangenen Jahr, verglichen mit dem Gesamtmarkt, positiv entwickelt hat. Das prüfe ich immer, um auszuschließen, dass der Markt etwas Negatives weiß, was der Öffentlichkeit noch nicht bekannt ist.

Als Teil meines Zulu Prinzips konzentriere ich mich auf Wachstumswerte. Wie ich bereits erklärt habe, ziehe ich Unternehmen mit geringer Marktkapitalisierung vor und um dies zu veranschaulichen, habe ich den Ausdruck 'Elefanten galoppieren nicht' geprägt.

Ich bin außerdem an Aktien interessiert, die zum Zeitpunkt des Kaufs relativ günstig sind. Dies wird durch den Vergleich des voraussichtlichen Kurs-Gewinn-Verhältnisses mit der geschätzten Wachstumsrate bestimmt. Idealerweise liegt das voraussichtliche Kurs-Gewinn-Verhältnis weit unter der Wachstumsrate. Zum Beispiel wäre ein Unternehmen mit einem Kurs-Gewinn-Verhältnis von 15 sehr attraktiv, wenn seine Wachstumsrate bei 30% liegen würde und sehr unattraktiv, wenn die Wachstumsrate bei nur 5% pro Jahr liegen würde.

Es empfiehlt sich, das Wachstum über mehrere Jahre zu betrachten. Es ist überaus wichtig, dass das Unternehmen eine vernünftige Wachstumsbilanz aufweisen kann. Allerwenigstens in den vergangenen zwei Jahren sollte ein Wachstum zu verzeichnen sein und die Wachstumsprognose für die kommenden zwei Jahre sollte ebenfalls positiv sein. Drei Jahre Wachstum in den vergangenen Jahren sind ebenfalls annehmbar. Alles, was darunter liegt, bietet keine ausreichende Basis für die Annahme, dass wirkliches Wachstum vorhanden ist und dass es sich nicht nur um eine technische Erholung nach einem Rückschlag handelt.

Ein anderes wichtiges Kriterium ist, dass der Cashflow über dem Gewinn je Aktie liegt. Viele Unternehmen scheinen ihre Sache gut zu machen, bis man genauer prüft und feststellen muss, dass die Aktienrendite nicht durch Geld abgesichert ist. Es sind Phantomgewinne. Wenn Sie sicherstellen, dass der Cashflow regelmäßig über der Aktienrendite liegt, können Sie einen Reinfall, wie ihn die Anteilseigner von Enron erlebten, vermeiden.

Achten Sie darauf, ob in der Vergangenheit Anteile durch Vorstände verkauft wurden. Gibt es mehr als einen Vorstand, der verkauft, so reicht das aus, um mich völlig abzuschrecken, egal wie beeindruckend die Zahlen zu sein scheinen. Im Gegensatz dazu, kann man von einer steigenden Tendenz ausgehen, wenn mehrere Vorstände kaufen. Man sollte besonders darauf achten, was der Vorstandsvorsitzende und der Finanzchef tun. Sie sollten genau wissen, was geschieht und es ist immer ein gutes Zeichen, wenn Geld dort investiert wird, wo die Leute arbeiten.

Vor etwa acht Jahren schrieb James O'Shaughnessy ein sehr interessantes Buch, "Intelligent investieren", in welchem er die Performance von Anteilen mit unterschiedlichen Eigenschaften in einem Zeitraum von vierzig Jahren analysierte. Er fand heraus, dass man den Markt hätte übertreffen können, wenn man empfindlichen Anhaltspunkten gefolgt wäre, wie ein starker Cashflow oder eine gute relative Stärke im vergangenen Jahr. Mit diesem Konzept ist es offensichtlich wesentlich besser, eine Kombination verschiedener sensibler Kriterien auf die Auswahl der Aktien anzuwenden und im Zulu Prinzip schlage ich genau das vor. Folgende Anhaltspunkte sind ideal:

1. starkes Wachstum;
2. ein optimistischer Ausblick und eine positive Prognose;
3. ein niedriges Kurs-Gewinn-Verhältnis in Bezug auf die prognostizierte Wachstumsrate;
4. starker Cashflow, der weit über dem Gewinn je Aktie liegt;
5. moderate Verschuldung
6. positive relative Stärke im vergangen Jahr;
7. Aktienkäufe durch Vorstände.

Zum Zeitpunkt der Drucklegung ist der Marktausblick sehr unklar. Durch Leerverkäufe von Aktien überschuldeter Firmen mit schwindenden Erwartungen lässt sich am leichtesten Geld machen. Die Kurs-Gewinn-Verhältnisse von Wachstumsanteilen fallen aber diese Korrektur ist notwendig, um die Basis für künftige außergewöhnliche Gewinne zu schaffen. Deshalb seien Sie guten Mutes und bereiten Sie sich auf den nächste Aufschwung vor. Möge die Macht mit Ihnen sein!
Jim Slater
September 2008

1. Gewinne

Ein Investment ist wie ein Spiel. Es macht mehr Spaß zu gewinnen, als zu verlieren und das Glück und die eigenen Fähigkeiten tragen viel zum Gelingen bei. Schlechte Spieler verlassen sich oft auf ihr Glück, aber es trifft zu, was Gary Player, der berühmte Golfspieler sagte, 'Je härter man arbeitet, umso mehr Glück hat man.' Elmer Letterman beschrieb diesen Umstand auf seine eigene Art, 'Glück ist, wenn gute Vorbereitung auf Gelegenheit trifft.' Lassen Sie mich Ihnen zeigen, wie Sie Ihre Investition vorbereiten und zum Gewinner werden.

Bei Monopoly ist Glück gefragt. Wenn Sie Pech haben, spielen Sie Runde um Runde, bezahlen riesige Mengen Steuern und am Schluss sitzen Sie im Gefängnis, während Ihre Gegner sich die guten Lagen schnappen. Dennoch können Sie das Spiel auch zu einem kleinen Teil mit Ihren Fähigkeiten steuern und nach mehreren Spielen wird man feststellen, dass bessere Spieler häufiger gewinnen. Lassen Sie uns die Fähigkeiten analysieren. Mit den blauen Straßen – Pentonville Road, Euston Road und The Angel Islington – erhalten Sie die höchsten Miteinnahmen 159%, verglichen mit den Mieteinnahmen von nur 101% aus den schlechtesten Straßen. Die orangefarbenen Straßen – Vine Street, Marlborough Street and Bow Street sind am zweitbesten mit einer Rendite von 141%. Dieses Ergebnis wird berechnet, indem man die Gesamtkosten für den Kauf aller drei orangefarbenen Straßen nimmt, und die Baukosten für die Hotels addiert, was in diesem Fall auf £2060 kommt, dann vergleicht man diese Zahl mit der Vermietung der drei Hotels, was auf gesamt £2900 kommt. Auf den ersten Blick sieht es so aus, als würde man mit den blauen Straßen besser stehen, als mit den orangefarbenen, aber die Vine Street, Marlborough Street und die Bow Street sind aufgrund eines anderen wichtigen Faktors meine Lieblingsstraßen – die Wahrscheinlichkeit, dass die Gegner auf diesen Straßen landen, ist einfach sehr groß. Erstens gibt es eine Ereigniskarte 'Gehe drei Felder zurück', mit der man auf der Vine Street landet. Zweitens sind die orangefarbenen Seiten einen Würfelwurf entfernt vom Gefängnis, das heißt, dass Mitspieler, die aus dem Gefängnis freikommen eher darauf landen werden. Drittens gibt es zwei andere Ereigniskarten, welche den Spieler folgende Anweisungen geben 'Gehen Sie zur Marylebone Station' und die andere 'Gehen Sie zur Pall Mall'. Wenn man diesen Anweisungen folgt, werden die blauen Straßen komplett übergangen, und die Gegner landen auf den orangefarbenen Straßen.

Eine weitere Monopoly Spielregel ist, schnell zu bauen, wenn man alle Straßenkarten einer Farbe hat, auch wenn man andere unvollständige Straßen beleihen muss, um dies zu tun. Der Verlust von Miete in der Strandstraße liegt bei nur £18 aber £100 aus den Hypothekeneinnahmen von £110 könnten verwendet werden, um ein zusätzliches Haus in der Bow Street zu kaufen. Mit dem ersten Haus steigt die Miete von £14 auf £70, das ergibt einen Gewinn von £56, und der Unterschied summiert sich auf eine Summe von £350, wenn das dritte Haus hinzukommt. Vorausgesetzt also, dass eine vernünftige Geldreserve vorhanden ist, sollten Sie alle unvollständigen Straßen beleihen, und die Einnahmen verwenden, um schnell zu bauen.

Bevor Sie jedoch in das Spiel der Investments einsteigen, sollten Sie die notwendigen Fähigkeiten zu erwerben und Sie sollten sich den Einsatz leisten können. Ich empfehle dringend, zunächst in die eigene Wohnung oder in das eigene Haus zu investieren. Im Juni 1992 befinden sich Immobilien in einer Flaute, aber genau aus diesem Grund ist es besser bei günstigen Preisen zu kaufen, als auf der Höhe des Immobilienbooms. Als langfristige Anlage gibt es nichts Besseres und es gibt ein großes Plus – Sie leben in Ihrem Haus. Auch wenn die Inflation bei 5% pro Jahr liegt, bliebe die Investition im Rahmen. Ein Haus das £100.000 kostet, wird während der normalen Lebensdauer eines Menschen mit geschätzten 70 Jahren auf £3.000.000 im Wert steigern. Die Rechnung sieht noch besser aus, denn die meisten Leute haben eine bezahlbare Hypothek, deshalb ist der Ertrag auf ihren Nettoaufwand noch höher. Zusätzlich gibt es nach wie vor keine Kapitalgewinnsteuern auf Häuser, die vom Eigentümer selbst bewohnt werden, aber es gibt Steuererleichterungen auf Zinsen für Hypotheken. Sie sollten nicht in den Aktienmarkt investieren, bevor Sie von diesen Privilegien profitiert haben.

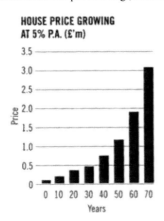

Außerdem müssen Sie etwas Geld für Schulgebühren, Krankheit und schlechte Zeiten zurücklegen. Geld, das Sie in Anteile investieren, ist unter Umständen längerfristig nicht verfügbar.

Wenn es um Anlagen geht, stehen Sie vor dem großen Problem, dass Sie gegen Investoren bestehen müssen, die sich Tag und Nacht mit Investments beschäftigen. Sie haben leichteren Zugang zu den Unternehmen, in die sie investieren wollen, ihnen stehen mehr allgemeine Informationen zur Verfügung und sie werden regelmäßig mit Anlage- und Investmentempfehlungen bombardiert. Außerdem erhalten Institutionen den besten Service und die besten Konditionen.

Sie beginnen also mit einem beträchtlichen Nachteil. Es ist möglich, Gewinne zu machen, aber wenn Sie nicht einige Stunden pro Woche Zeit für Ihre Investments haben, sind die Perspektiven für einen Erfolg schlecht. Ich schlage mindestens eine halbe Stunde täglich vor – das sind dreißig Minuten, auf die Sie sich hoffentlich freuen.

Um zu bestehen, müssen Sie einen Ansatz entwickeln. Lassen Sie mich Ihnen mit einigen Ideen Mut machen. Zuerst müssen Sie eine Marktnische finden, die von den Profis nicht ausreichend berücksichtigt wird. Die meisten führenden Broker, professionellen Anleger und Institutionen konzentrieren sich mit ihren analytischen Fähigkeiten auf größere Unternehmen mit einer Markkapitalisierung von 500 Millionen Pfund oder mehr. Die Gründe dafür sind offensichtlich. Hat ein Broker ein gutes Argument für den Kauf oder Verkauf eines Leitwerts, sind die Institutionen in der Lage mit Volumen zu handeln und ein hoher Umsatz (mit saftigen Provisionen für die Makler) ist das wahrscheinliche Ergebnis. Die Institutionen ziehen Leitwerte vor, weil ihre Markgängigkeit besser ist. Wenn sie Gewinne mitnehmen oder Verluste reduzieren, können sie in der Regel mit Volumen zu einem sehr guten Preis handeln.

Beim Investment wird im Wesentlichen das Ausnutzen von Unwissenheit genutzt. Der erfolgreiche Investor glaubt, dass er etwas weiß, das andere Anleger nicht komplett wahrnehmen.

Es gibt nicht viel Unbekanntes in Bezug auf die Leitwerte, deshalb kann man in diesem Bereich des Marktes kaum Unwissenheit nutzen. GEC, Glaxo und ICI werden jedes Jahr in Hunderten von Börsenrundschreiben erwähnt. Im Gegensatz dazu wird über manche Werte kleinerer Unternehmen kaum geschrieben und über andere Werte berichten nur ein oder zwei Börsianer. Die meisten führenden Börsenmakler haben weder die Zeit noch das Geld Werte von kleineren Unternehmen zu untersuchen. Man kann daher wohl (mit etwas Wissensvorsprung) in diesem verhältnismäßig untererschlossenen Gebiet des Aktienmarkts ganz gute Geschäfte machen. Das ist eine mögliche Nische für Sie.

Der zweite Vorteil, den Sie gegenüber den Profis haben, ist dass Sie in der Regel keine großen Mengen Geld investieren. Viele institutionelle Anleger jedoch verwalten Milliarden. Stellen Sie sich vor, welche Probleme Sie hätten, wenn Sie sich nur um armselige 500 Millionen Pfund kümmern müssten:

1. Sie würden es schwierig finden, sinnvoll in Aktien mit geringer Marktkapitalisierung zu investieren. Sie werden in späteren Kapiteln sehen, dass das ein großes Handicap wäre.

2. Sie müssten in mindestens 200 Aktien und mehr investieren. Die Hundertste Aktie, die Sie auswählen, wäre wahrscheinlich weniger attraktiv als die Fünfzigste, und die wäre wiederum weniger attraktiv als die Zehnte. Die zehnte Aktie wäre schließlich weniger attraktiv, als die erste Aktie. Vergleichen Sie das mit der Verwaltung eines kleinen Portfolios, wo Sie sich auf die durchschnittlich zehn besten Werte konzentrieren können. Ein enormer Vorteil!

3. Als Manager eines institutionellen Portfolios mit mehr als 200 Aktien können Sie weniger persönliche Kenntnisse einbringen. Sie würden den größten Teil Ihres Arbeitstages hinter verschlossenen Türen verbringen, anstatt draußen Augen und Ohren offen zu halten. Als privater Investor haben Sie einen Vorteil – Sie bemerken vielleicht, dass Sainsbury verschiedene neue Supermärkte öffnet oder dass die Alexon Geschäfte besonders gut besucht sind. Sie bekommen vielleicht mit, dass ein lokal notiertes Ingenieurunternehmen weitere 100 Mitarbeiter übernimmt, oder dass ein Freund von seinem neuen Computer begeistert ist. Sobald Sie beginnen, in Bezug auf Ihr Investmentportfolio zu denken, können all diese Informationen wichtig sein. Der Vorteil dieses persönlichen Bewusstseins wird sich in einem institutionellen Portfolio kaum bemerkbar machen, wohingegen es in Ihrem eigenen Portfolio einen starken Einfluss haben wird.

Eine weitere Möglichkeit, die erfahrene Konkurrenz zu überwinden, ist die Anwendung des Zulu Prinzips auf Investitionen innerhalb des gewählten Nischenmarktes. Ich werde Ihnen fünf verschiedene Ansätze zeigen und schlage vor, dass Sie sich auf einen davon spezialisieren. Zunächst werden wir uns folgende Methode anschauen: Wir investieren in relativ kleine Unternehmen, die in der Vergangenheit starke Gewinne aufweisen konnten, die Potenzial haben und vom Markt scheinbar unangemessen eingeschätzt werden. Ich habe am meisten davon profitiert, in solche Anteile zu investieren und werde mich deshalb im Detail mit diesem System befassen. Die ersten zehn Kapitel sollen Ihnen helfen, das Investitionsgeschäft zu verstehen, bevor Sie weitere Kapitel über Turnarounds, Firmenhüllen und Anlagesituationen kennenlernen. Sie sollten dann in der Lage sein festzulegen, welcher Ansatz am besten zu Ihrem Naturell passt. Für Anlagesituationen und kleinere Wachstumswerte brauchen Sie Geduld im Gegensatz zu Investitionen in Firmenhüllen und Turnarounds, wo es schnell in die eine oder andere Richtung geht. Investitionen in Überseemärkte und führende Werte des Vereinigten Königreichs werden in separaten Kapiteln behandelt, in welchen ich einige Kriterien darlege, um die Portfolioleistung zu verbessern.

Lassen Sie uns jetzt einen genaueren Blick auf kleinere Wachstumswerte werfen. Wir suchen nach den Werten, die vom Markt offensichtlich nicht richtig eingeschätzt werden. Manchmal gibt es einen guten Grund für mangelnde Begeisterung des Marktes. Sie werden mit Ihrer Sachkenntnis herausfinden, welche Unternehmen eine höhere Bewertung verdienen, und welche nicht. Selbstverständlich können Sie nicht erwarten, immer richtig zu liegen, aber wenn Sie eine wirklich gute Wahl treffen, wird der Kapitalgewinn Sie überraschen und die Verluste durch gelegentliche Fehler bei weitem übersteigen. Es gibt zwei wichtige Argumente für Wachstumswerte, der Preis steigt, dadurch profitieren Sie im Verlauf von substantiellen Kapitalgewinnen. Das erste Argument ist der Gewinn selbst. Wenn eine Aktie zehn Mal so hoch bewertet wird wie der Gewinn und die nächsten Ergebnisse 25 % Gewinnwachstum zeigen, werden die Anteile unter gleichen Umständen ungefähr um 25 % höher bewertet. Dann kommt der zweite Grund für eine Preiserhöhung ins Spiel. Während der wenigen Monate nach Bekanntgabe der Ergebnisse wird der Markt die Anteile wahrscheinlich neu einschätzen, das wäre für ein Unternehmen, das um 25 % im Jahr wächst, mindestens 20 und wahrscheinlich viel höher. Die Statusänderung im Kurs-Gewinn-Verhältnis würde Ihren Gewinn von 25 % auf 150 % erhöhen.

$$100 + 25 \times \frac{20}{10} = 250$$

Abzüglich ursprünglicher Investition $\quad\underline{100}$

Gewinn $\quad\underline{150}$

Ein anderer Faktor, der zur erfolgreichen Investition in kleinere Unternehmen Gesellschaften beiträgt, ist, dass die Werte großer Unternehmen nicht so schnell an Wert gewinnen (oder bildlich gesprochen, Elefanten galoppieren nicht). Das letzte Jahr war außergewöhnlich und einige Elefanten stürmten sowohl hier als auch in Amerika nach oben, wohingegen kleinere Unternehmen zurückblieben. Der Hoare Govett Small Cap Index schlug den FT All AnteilIndex in 27 der vergangenen 37 Jahre. In den letzten zehn Jahren entwickelte sich der HGSC Index um 6% schwächer als der Markt. Die Jahre 1989, 1990 und 1991 waren schlechte Jahre für kleine Unternehmen. In diesen Jahren entwickelten sie sich zum ersten Mal in drei aufeinanderfolgenden Jahren schlechter als der Markt. Das reflektiert die zunehmende Überlegenheit von Institutionen im Markt des Vereinigten Königreichs und ihre Vorliebe für Leitwerte. Es besteht auch kein Zweifel, dass in Rezessionszeiten kleine Unternehmen einem höheren operativen Risiko unterliegen. Dennoch glaube ich, dass Potenzial kleinerer Unternehmen das Risiko mehr als wett macht. Sorgfältig ausgewählte, kleine bis mittelgroße Unternehmen sind heute noch der bessere Kauf.

Sainsbury, eines unserer erfolgreichsten Unternehmen wird beim Verfassen dieses Buchs auf einen Aktienwert von ungefähr 8 Milliarden Pfund geschätzt. Für das Management wird es schwer, diese riesengroße Kapitalisierung im nächsten Jahr zu verdoppeln. Die Schätzung ist bereits 18mal so hoch wie der historische Gewinn, und die meisten Institutionen haben ihren Anteil an Sainsburywerten. Kleinere Unternehmen können mehr neue Kapitalanleger gewinnen, und damit entwickelt sich auch deren Aktienkurs.
Zum Beispiel hatten die Anteile des kleinen Unternehmens The MTL Instruments Group (von welchem Sie später noch mehr hören werden) keine Probleme, sich in zwölf Monaten zu verdoppeln. Im Februar 1991 lagen die Anteile bei 124 P mit einem Kursgewinnverhältnis von 11 bei einer Kapitalisierung von 21,7 Millionen Pfund. Ein Jahr später lagen die Anteile bei 275 P. Im Jahr 1990 stiegen die Erträge um 20 % gegenüber dem Vorjahr, und im Jahr

1991 gab es eine ähnliche Erhöhung. Das historische Kursgewinnverhältnis wurde von 11 auf 16 neu bewertet, und die Marktkapitalisierung stieg - schwupps - von 21,7 Millionen Pfund auf mehr als 48 Millionen Pfund im Februar 1992.

Bevor wir uns an die Arbeit setzen, lassen Sie mich meine Empfehlungen zusammenfassen:

1. Treffen Sie eine bewusste Entscheidung, widmen Sie Ihren Anlagen wenigstens drei Stunden in der Woche.

2. Lesen Sie das ganze Buch, bevor Sie einen Ansatz für Ihre Anlage auswählen, von der Sie glauben, dass sie am besten zu ihrem Naturell passt.

3. Wenn Sie Ihren Nischenmarkt ausgewählt haben, tun Sie Ihr Bestes, um in diesem besonderen Investmentbereich zum Fachmann zu werden. Wie Warren Buffett, der legendäre amerikanische Investor sagt, ein Investor muss nur ein einziges Thema beherrschen, dieses aber gründlich.

Wir werden jetzt im Detail auf mein neues System eingehen, um in das dynamische Wachstum von kleineren Unternehmen zu investieren.

2. Aktien kleinerer Unternehmen mit dynamischem Wachstum

Im Jahr 1959 war ich kaufmännischer Geschäftsführer bei AEC Limited und ich reiste häufig nach Übersee. Bei einer Reise nach Spanien zog ich mir eine Viruserkrankung zu, deren Nachwirkung ich noch mehrer Jahre spürte. Ich begann mir Sorgen zu machen, ob ich meinen anstrengenden Job noch lange schaffen würde. Ich entschied, dass es nur eine Antwort geben kann – ich musste ein Vermögen aufbauen und eine alternative Einkommensquelle finden.

Es war kein Zufall, dass ich mich für die Investition an der Börse entschied. Aktien könnten ein gewinnbringendes Hobby nebenbei sein, während ich gleichzeitig noch meinen Job behielt. Das einzige Problem bestand darin, zum Experten im gewählten Fachgebiet zu werden.

Zu der Zeit gab es zwei wöchentlich erscheinende Anlegermagazine, die "Stock Exchange Gazette" und den „Investors Chronicle", die inzwischen unter einem Titel erscheinen. Ich entschied, den Ansatz zu verwenden, den ich später 'Das Zulu Prinzip' nannte. Um zu beginnen, kaufte ich zwei Jahrgänge Archivausgaben beider Magazine und während einem Kuraufenthalt in Bournemouth las ich Seite für Seite durch. Ich war fest davon überzeugt, dass die Gewinner der Vergangenheit etwas gemeinsam haben mussten. Wenn ich im Nachhinein eine Formel aufgrund dieser Eigenschaften entwickeln könnte, dann so war ich mir sicher, würde ich mein Glück machen. Ich entdeckte bald, dass Anteile mit ansteigender Ertragsentwicklung, bei günstigem Kurs-Gewinn-Verhältnis (Gewinnrendite zu der Zeit) den Rest des Marktes weit übertrafen. Einige schafften das nicht und es galt herauszufinden, warum und einige zusätzliche Kriterien zu entwickeln, damit ich eine Art Sicherheitsnetz für meine Entscheidungen hatte. Im Folgejahr verfeinerte ich mein System, bevor ich es in die Praxis umsetzte – mit verblüffendem Erfolg. Der Markt stieg, das war natürlich hilfreich. Als ich zu investieren begann, beriet ich auch einige meiner Freunde und baute einen kleinen Investmentclub für die Führungskräfte von Leyland und AEC auf. Außerdem beriet ich meinen Chef, Donald Stokes, und einige Kollegen.

Wie ein Kind mit einem neuen Spielzeug, schrieb ich an Nigel Lawson, der zu der Zeit Lokalredakteur des Sunday Telegraph war. Er fand meine Ideen gut und bat mich, monatlich eine Kolumne unter dem Pseudonym der 'Kapitalist' zu schreiben.

Nigel Lawson stellte meinen ersten Artikel mit folgenden Worten vor:
'Heute heißen wir einen neuen Mitwirkenden willkommen, der im Lokalteil des Sunday Telegraph – unter dem Pseudonym, der 'Kapitalist' Beiträge verfassen wird. Dieses

Pseudonym steht für den Vorstand einiger bekannten Industrieunternehmen in Großbritannien und Übersee, der in seiner Freizeit einen neuen, sehr erfolgreichen Ansatz im Investmentbereich entwickelt hat. In seinem ersten Artikel erklärt er seine Methoden und wählt die ersten drei Bereiche seines Portfolios. In nachfolgenden Artikeln erweitert er sein Portfolio und überprüft die erfolgten Entwicklungen.'

In meinem ersten Artikel erklärte ich, dass ich auf der Suche nach Aktien mit einer überdurchschnittlichen Gewinnrendite war (das Pendant heute wäre ein Kurs-Gewinn-Verhältnis unter dem Durchschnitt) kombiniert mit überdurchschnittlichen Aussuchen und ich verfasste neun wichtige Investmentkriterien. Es ist interessant, diese Kriterien anzusehen und ich zitiere direkt aus dem Artikel:

1. Die Dividendenrendite muss bei mindestens 4 % liegen.
2. Ergebnisse des Unternehmens müssen sich in mindestens vier der letzten fünf Jahre erhöht haben.
3. Die Ergebnisse des Unternehmens müssen sich innerhalb der letzten vier Jahre zumindest verdoppelt haben.
4. Die letzte Stellungnahme des Vorstands muss optimistisch sein.
5. Das Unternehmen muss über eine angemessene Liquidität verfügen.
6. Das Unternehmen darf nicht anfällig sein für außergewöhnliche Faktoren.
7. Die Anteile müssen einen vernünftigen Buchwert haben.
8. Das Unternehmen sollte familiengeführt sein.
9. Die Aktien sollten ein Stimmrecht enthalten.

Das System funktionierte – das Portfolio des 'Kapitalisten' stieg verglichen mit dem Marktdurchschnitt von nur 3,6% während der zwei Jahre von 1963 bis 1965 um 68,9% im Wert.

Seither haben die Marktbedingungen sich geändert und ich habe 27 Jahre mehr Erfahrung im Investmentbereich. Es ist wohl unnötig zu sagen, dass ich meine ursprünglichen Kriterien überarbeitet und verbessert habe. Lassen Sie mich Ihnen meine heute gültigen Kriterien zeigen, in der Reihenfolge ihrer Relevanz, zusammen mit einigen Erklärungen, die in späteren Kapiteln ausgearbeitet werden:

Die Aktienrendite des Unternehmens muss sich in mindestens vier der letzten fünf Jahre erhöht haben:
Dieses Kriterium gilt unverändert. Andernfalls kann auch nach einem beständigen Wachstum von zumindest 15% pro Jahr gesucht werden. Das Wort 'beständig' schließt zyklische Aktienwerte aus.
Eine kürzere Beobachtung der Werte ist unter Umständen annehmbar, wenn sich das Gewinnwachstum aufgrund neuer Faktoren zuletzt rasch beschleunigt hat und dadurch Gewinne in der Vergangenheit weniger wichtig geworden sind.

Ein niedriges Kurs-Gewinnverhältnis relativ zur Wachstumsrate
Zahlen Sie keinen zu hohen Preis für künftige Gewinne. Suchen Sie nach einem bescheidenen Kursgewinnverhältnis in Bezug auf das Gewinnwachstum. Es gibt eine einfache Möglichkeit, den Wert zu messen, den Sie für Ihr Geld bekommen. Wir erklären das im nächsten Kapitel.

Die letzte Stellungnahme des Vorstands muss optimistisch sein.
Zeigt sich der Vorstand pessimistisch, könnte das Gewinnwachstum sich dem Ende zuneigen. Achten Sie mit angehaltenem Atem auf Stellungnahmen des Vorstands und auf Zwischenergebnisse.

Starke Liquidität, wenig Verbindlichkeiten und ein hoher Cashflow
Halten Sie Ausschau nach Unternehmen, die sich selbst finanzieren und Geld machen. Vermeiden Sie kapitalintensive Firmen, die ständig mehr Geld brauchen, oder was noch schlimmer ist, Geld brauchen, um einen alten Maschinenpark zu hohen Kosten zu erneuern. Natürlich sind Investitionen wichtig, aber manche Unternehmen verbrauchen einfach nur Geld, während es andere nur so ausspucken.
Es gibt zwei Möglichkeiten, wie Sie die Liquidität prüfen können. Die erste ist sehr einfach – prüfen Sie, ob das Unternehmen in der Regel ein positives Barvermögen aufweist. Achten Sie auf Überziehungen und kurzfristige Darlehen auf der anderen Seite der Bilanz. Sie suchen nach Nettobeständen. Die zweite Möglichkeit ist, den Cashflow durch Analyse der Konten zu bestimmen. Sie werden noch lernen, wie das geht. In der Zwischenzeit denken Sie einfach daran, dass Sie Unternehmen finden müssen, die Geld verdienen.

Wettbewerbsvorteil

Das ideale Unternehmen ist ein Unternehmen, bei welchem Sie sich darauf verlassen können, dass sich die Aktienrendite Jahr für Jahr steigert. Diese Verlässlichkeit basiert in der Regel auf dem Wettbewerbsvorteil bekannter Markennamen, Patente, Urheberrechte, Marktdominanz und einer starken Position in einer Nische.

Coca Cola und Guinness sind Beispiele für Unternehmen mit starken Markennamen und Marktdominanz. MTL Instruments ist ein Beispiel für ein führendes Unternehmen in der Nische der Sicherheitsprodukte, dies umfasst auch die angebotenen Vorrichtungen gegen Sprengkörper. Ein Ölkonzern, der Sicherheitseinrichtungen kauft, die dafür sorgen, dass seine Ölplattform nicht in die Luft geht, wird wegen dem Preis nicht groß handeln. Photo-Me International und Rentokil sind weitere Beispiele für Unternehmen mit großen Namen in bestimmten Nischen.

Versuchen Sie Unternehmen zu finden, die nicht in überfüllten Märkten agieren, wo intensiver Wettbewerb die Margen erodiert. Am Wichtigsten ist, dass das Produkt oder die Dienstleistung, welche die Firma liefert, nicht einfach ersetzbar ist; und dass der Zugang zur Branche schwer vorstellbar ist. Eine schnelle Möglichkeit, die relative Stärke eines Unternehmens innerhalb der Branche zu erkennen, ist die Überprüfung der Gewinnspanne vor Steuern und die Kapitalerträge.

Etwas Neues

Jede gute Aktie braucht eine Story. Sie braucht etwas Neues, etwas, das vor nicht allzu langer Zeit passiert ist: ein neuer Faktor in der Branche, wie das Scheitern der Harry Goodman's International Leisure Group in der Reiserbranche, als die Unternehmen Owners Abroad und Airtours massiv davon profitierten, dass der größte Konkurrent wegfiel; ein neuer Taschencomputer von Psion, der bei einer Amerikanischen Computershow die Konkurrenz wegfegte. Ein neuer Vorstand eines sehr erfolgreichen Konzerns, wie Glaxo oder Hanson ist einer der verlässlichsten Faktoren, denn die Vorteile sind weitreichend und kontinuierlich. Greg Hutchings von Hanson, der zu F.H.Tomkins ging, ist ein sehr erfolgreiches Beispiel. All diese Faktoren sind potentielle Gründe für eine substantielle Erhöhung künftiger Gewinne und bilden die Basis für eine Story, auf Grund derer Aktien gekauft werden.

> **Geringe Kapitalisierung**
> Weil Elefanten bekanntermaßen nicht galoppieren, sollten Sie Unternehmen mit geringer Marktkapitalisierung, im Bereich zwischen 10 und 50 Millionen Pfund mit einer Obergrenze von etwa 100 Millionen Pfund den Vorzug geben.

Manchmal entwickeln sich Anteile im Markt trotz sehr attraktiver Grundlagen schwach. Andere Investoren verkaufen möglicherweise, nachdem Probleme auftreten, die Ihnen vielleicht nicht bekannt waren. Ihr Broker sollte in der Lage sein, Ihnen Datenflusscharts (siehe unten) zukommen zu lassen, welche die relative Entwicklung der gewählten Anteile im Vergleich zum Markt zeigen. Wenn die Anteile mit dem Markt nicht Schritt halten, sollten Sie alarmiert sein. Als Faustregel sollten Sie zum Kaufzeitpunkt folgende Gegenprobe machen.

Vergewissern Sie sich, dass die ausgewählten Aktien eine Marge von 15% des gehandelten Höchstpreises innerhalb der letzten zwei Jahre nicht unterschreiten.

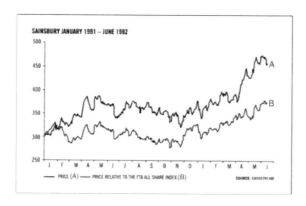

Dividendenertrag

Der Dividendenertrag kann gut unter den ursprünglich angesetzten 4% liegen, vorausgesetzt, dass die bezahlten Dividenden linear mit den Gewinnen wachsen. Manche Institutionen oder Fonds investieren nicht in Anteile von Unternehmen, die keine Dividenden zahlen. Wir sind bestrebt diese nicht aus unserer Auswahl auszuschließen.

Vernünftige Vermögensverhältnisse

Nur wenige Wachstumswerte in Großbritannien in einer dynamischen Phase sind nahe oder unter ihrem Buchwert bewertet. Auch wenn Sie die Annehmlichkeiten starker Vermögensverhältnisse begrüßen sollten, denken Sie daran, dass Buchwerte häufig nicht verlässlich sind. Ein Vermögenswert kann leicht überbewertet sein, wogegen ein ausgezeichneter Markenname für nicht in den Büchern steht.

Das Management sollte einen wesentlichen Teil der Aktien halten

Wenn die Vorstände einen signifikanten Anteil der Aktien im Verhältnis zu ihren persönlichen Finanzen besitzen, ist das ein positives Zeichen– der tatsächliche Geldbetrag ist relativ unwichtig. Versuchen Sie ein Management zu finden, das sich an den Aktionären orientiert, das Ihre Interessen aus der Sicht des Eigentümers vertritt. Meiden Sie Unternehmen, in welchen es zweierlei Klassen Aktien gibt, und das Management zusätzliche Stimmen hat. Es ist ideal, wenn das Management 20% des Unternehmens hält, dann ist es hoch motiviert, hat aber keine Sperrminorität.

Es gibt keinen Zweifel, dass aus all den oben genannten Faktoren, der wichtigste ein relativ günstiges Kurs-Gewinn-Verhältnis in Vergleich zur Wachstumsrate ist. Wie Sie in späteren Kapiteln sehen werden, helfen viele der anderen Kriterien ein schützendes Sicherheitsnetz um diese fundamentale Notwendigkeit aufzubauen.

Bevor wir weitermachen, lassen Sie mich mit einem Beispiel, welches im Jahr 1991 meine Kriterien erfüllte, Lust auf mehr machen. Wie bereits früher erwähnt, ist MTL Instruments tätig im wachsenden Markt der Sicherheitssysteme für Ölplattformen, Kesselräume und chemische Anlagen. Lassen Sie uns die Zahlen von März 1991 ansehen:

Investors Chronicle
MTL Instruments
Elektronische Einrichtungen zum Schutz vor Sprengkörpern
Fair bewertet
Kaufpreis: 150 p   Marktwert 26,3 Millionen Pfund
1991-2 Hoch: 150 p Tief: 118 p
Dividendenrendite: 2,5 % Kursgewinnverhältnis:11
Nettosubstanzwert:

Jahr bis 31.12	Umsatz in Millionen Pfund	Gewinn vor Steuern in Millionen Pfund	ausgewiesene Aktienrendite	Bruttodividende pro Aktie
1987	7,5	1,79	6,8	null
1988	9,3	2,31	8,6	2,67
1989	11,9	3,08	11,3	3,2
1990	14,0	3,77	13,7	3,73
% Veränderung	+18	+23	+20	+17

Letzter IC Kommentar: 28 September 1990, Seite 52

MTL scheint Jahr für Jahr mühelos zu wachsen. Klarer Gewinner im Jahr 1990 waren die Ölplattformen in der Nordsee, welche für den halben Umsatz in Großbritannien verantwortlich waren, was wiederum einem Drittel des Gesamtumsatzes entsprach. Der Handel in Übersee entwickelte sich durch neu entwickelte Geschäfte in Australien, Neuseeland und Indien gut. Die Gewinne profitierten auch von einer Erhöhung der Zinseinkünfte um £ 216.000 auf £743.000. "Gute Fortschritte" werden auch für 1991 vorhergesagt und MTL listet in seiner vorläufigen Prognose eine Anzahl von neu eingeführten Produkten auf. Die Geschäfte werden sich in diesem Jahr vielleicht abschwächen, aber MTL scheint entschlossen zu sein, reale Erträge von 12 Prozent auf Verkauf und Erträge zu erzielen. **Die Anteile sind sicher nicht teuer.**

1. Postive 5-Jahreszahlen

Die Aktienrendite stieg wie folgt:

1986	1987	1988	1989	1990
5.1p*	6.8p	8.6p	11.3p	13.7p

* Aus dem Angebotsdokument

Sie können leicht sehen, dass die Gewinne um über 20% pro Jahr stiegen.

2. Niedriges Kurs-Gewinn-Verhältnis im Verhältnis zur Wachstumsrate

Mit 150 p lagen die Aktien 11 Mal so hoch, wie die Gewinne in 1990 und 9,5 Mal so hoch wie die Prognose für 1991. Die Aktienrendite stieg um mehr als 20% seit 1983, 21% im Jahr 1990, und das reale Wachstum sollte im Jahr 1991 bei 12% liegen. Mit einer Inflation von 8,7 % im März 1991 könnte dies als mindestens 20% interpretiert werden.

3. Optimistische Stellungnahme des Vorstands

In seiner Stellungnahme sagte der Vorstand, dass er zuversichtlich sei, dass MTL weiterhin gute Fortschritte machen werde. Die Prognose von 'Brokers', neue Produktentwicklungen und ein expandierender Markt stützten seine Meinung.

4. Starke Liquidität, niedrige Verbindlichkeiten und ein hoher Cash Flow

MTL hatte eine ausgezeichnete finanzielle Position, mit 4,7 Millionen Pfund Nettoumlaufvermögen (entspricht 18% der Marktkapitalisierung) und einem reichlich Liquidität generierenden Geschäft.

5. Wettbewerbsvorteil

Mit 60% Marktanteil in Großbritannien und 25% Anteil im Weltmarkt hat MTL eine starke Position in der Nische der Sicherheitseinrichtungen.

6. Etwas Neues

Es gab nicht wirklich etwas 'Neues', abgesehen von der innovativen Firmenpolitik und wachsender Akzeptanz für die Notwendigkeit von Eigensicherheitseinrichtungen. Bei der offensichtlichen Stärke des Unternehmens hinsichtlich aller anderen Kriterien war das kein Grund zur Besorgnis.

7. Geringe Marktkapitalisierung

Mit dem Aktienwert von 150 p lag die Kapitalisierung von MTL bei 26,3 Millionen Pfund. Klein genug, um von den Institutionen übersehen zu werden.

8. Hohe relative Stärke

Bei 150 p lagen die Anteile auf ihrem Höchststand.

9. Dividendenertrag

Ständig wachsende Dividenden, seit der ersten Dividendenzahlung im Jahr 1988. Die üblichen Erträge lagen bei annehmbaren 2,5%.

10. Vernünftige Vermögensverhältnisse

Das Eigenkapital pro Anteil lag bei 52 p, etwas über einem Drittel des Aktienpreises. An sich nicht sehr attraktiv, für einen Wachstumswert jedoch ganz passabel.

11. Aktieneigner im Management

Vorstände, Familien und Mitarbeiter hielten 55,5 % der Anteile mit einem Wert von über 14,5 Millionen Pfund. Natürlich konnten die Vorstände ein Übernahmeangebot blockieren, aber sie handelten im Interesse des 'Eigentümers'.

Wie Sie sehen können, waren die meisten meiner Kriterien erfüllt, mit der Ausnahme 'etwas Neues'. Ein Jahr später, im März 1992, waren die Anteile von 150 p auf 295 p gestiegen, das bedeutet einen Kapitalgewinn von 97% verglichen mit dem schwachen Marktdurchschnitt von weniger als 5% im gleichen Zeitraum. Die gestiegenen Gewinne trugen hierzu bei, aber der wichtigste Faktor war die Statusänderung im Kursgewinnverhältnis.

MTL war ein einfacher Wert, weil die meisten meiner Kriterien so offensichtlich erfüllt waren. Häufig wird Ihre Entscheidung viel schwerer sein, weil der ausgewählte Wert nicht in jedem Bereich passen wird. Sie müssen wissen, welche Kriterien am Wichtigsten sind und welche Sie vernachlässigen können. Vom groben Umriss müssen wir dahin kommen, dass die Bedeutung der Kriterien genauer erkannt wird.

3. Gewinne, Wachstumsraten und der PEG-Faktor

Der Gewinn eines Unternehmens ist der Reingewinn nach Abzug von auf den normalen Anteilseigner entfallenden Steuern. Hat ein Unternehmen Gewinne von 10 p pro Anteil und ein Kurs-Gewinn-Verhältnis von 10, würden die Anteile 1 Pfund kosten; mit einem Kurs-Gewinn-Verhältnis von 20, lägen die Anteile bei 2 Pfund; und mit einem Kurs-Gewinn-Verhältnis von 50 bei 5 Pfund. Das jährliche Gewinnwachstum und die vorhergesagte Wachstumsrate sind die wichtigsten Faktoren, die das Kurs-Gewinn-Verhältnis bestimmen. Das Kurs-Gewinn-Verhältnis ist der Maßstab dafür, was Sie für künftiges Wachstum zahlen und wie viel andere vor Ihnen bezahlt haben.

Der Gewinn ist der Motor, der den Aktienpreis antreibt. Versagt dieser Motor, oder er stockt, kommen die Anteile zurück. Die beiden umseitigen Charts zeigen bei Glaxo und Hanson in den letzten 15 Jahren auf einen Blick den engen Zusammenhang zwischen Gewinnen und dem Aktienpreis. Es gibt keinen Zweifel, dass das Wachstum der Aktienrendite und die Performance des Aktienpreises untrennbar miteinander verbunden sind, obwohl sie auch längere Zeit aus dem Takt geraten können.

Nur wenige Unternehmen können eine Wachstumsrate von über 30 % pro Jahr für mehrere Jahre halten. Die besten Schnäppchen sind in der Regel im Bereich 15 % - 25 % pro Jahr zu finden. Wenn Sie einen Anteil finden, der beständig um 20% pro Jahr wächst, ist das nicht mit Gold zu bezahlen. Auch wenn Sie den dreißigfachen Wert des Gewinns zahlen müssten, wäre die Aktienrendite in 5 Jahren um 150 % gestiegen, und wäre der Aktienpreis gleich geblieben, wäre das Kurs-Gewinn-Verhältnis auf 12 gefallen. Tatsächlich wenn alle anderen Faktoren gleich bleiben, liegt das Kurs-Gewinn-Verhältnis immer noch im hohem Bereich der 20er, so dass Sie Ihr Geld wenigstens verdoppelt hätten. Sie sollten auch daran denken, dass das Kurs-Gewinn-Verhältnis in Zeiten mit geringer Inflation höher ist. Bei niedrigen Zinsen ist die Attraktivität eines Anteils mit einer durchschnittlichen Wachstumsrate von 20% pro Jahr offenkundiger und hebt sich vorteilhaft im Vergleich zu anderen Anlageformen ab.

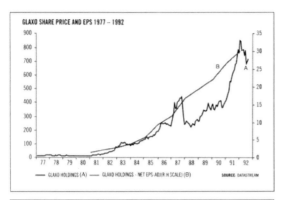

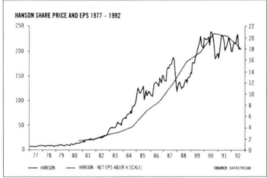

Lassen Sie uns untersuchen, wie sich die Gewinne pro Anteil im FT Aktienindex während den letzten zehn Jahren entwickelten. Die durchschnittliche, kumulative Zuwachsrate der Aktienrendite liegt bei 10% pro Jahr, wogegen das durchschnittliche Kurs-Gewinn-Verhältnis bei etwa 11,7 liegt.

FT Aktienindex

Jahr endend Am 31. Dez.	Schlussstand des Index	KGV	EPS	% jährliches Wachstum EPS
1981	529	12,84	41,2	–
1982	589	10,95	53,8	+30,6
1983	773	13,00	59,5	+10,6
1984	945	10,35	91,3	+53,4
1985	1123	11,25	99,8	+9,3
1986	1272	11,76	108,2	+8,4
1987	1408	11,09	127,0	+17,4
1988	1447	9,44	153,3	+20,7
1989	1916	11,10	172,6	+12,6
1990	1687	10,18	165,7	-4,0
1991	1837	16,70	110,0	-33,6

Quelle: Datastream

Die akkumulierende Wirkung von jährlichen Gewinnen, die über dem Durchschnitt liegen, ist der wesentliche Faktor, warum Wachstumswerte so begehrt sind. Hier sind einige typische Wachstumsraten in dem Bereich, in welchem wir suchen:

Kumulatives Wachstum bei 100 investierten Pfund

	10%	15%	20%	25%	30%
Ursprüngliches Kapital	£100	£100	£100	£100	£100
Jahr 1	110	115	120	125	130
Jahr 2	121	132	144	156	169
Jahr 3	133	152	173	195	220
Jahr 4	146	175	207	244	286
Jahr 5	161	201	249	305	371
Jahr 10	259	405	619	931	1379
Jahr 15	418	814	1541	2842	5119
Jahr 20	673	1637	3834	8674	19005
Jahr 25	1083	3292	9540	26470	70564

Es ist offensichtlich ideal, in ein Unternehmen zu investieren, wo die Gewinne pro Anteil pro Jahr beständig um einen hohen Wert wachsen. Kann ein solcher Anteil zu einem Kurs-Gewinn-Verhältnis gekauft werden, der unter dem Marktdurchschnitt liegt, haben Sie einen Juwel entdeckt, der unter Wert verkauft wird. Liegt das Kurs-Gewinn-Verhältnis über dem Marktdurchschnitt liegt, aber in angemessener Relation zur Wachstumsrate ist, sind Sie immer noch gut bedient. Denken Sie daran, es gibt nur zwei grundlegende Gründe für eine Würdigung des Wachstumsanteils im Preis. Der erste ist das Gewinnwachstum und der zweite ist die Erhöhung des KGV, mit welchem die Aktie im Aktienmarkt bewertet wird. Die Statusänderung im Kurs-Gewinn-Verhältnis kann oft weit wichtiger sein als das Gewinnwachstum.

Um keinen absurd hohen Preis zu zahlen, schlage ich vor, dass Sie diese Checkliste verwenden, um das Kurs-Gewinn-Verhältnis jeder Aktie zu messen, die Sie kaufen wollen:

1. Das Kurs-Gewinn-Verhältnis des Unternehmens in den vergangenen Jahren zeigt den Wert an, welchen andere Investoren für richtig erachten.
2. Das durchschnittliche Kurs-Gewinn-Verhältnis für die Branche. Für ein überdurchschnittlich gutes Unternehmen, können Sie auch mal mehr zahlen, aber natürlich nicht übertrieben viel.
3. Das durchschnittliche Kurs-Gewinn-Verhältnis für den Markt als Ganzes ist eine andere Vergleichsbasis. Sie wissen, dass Ihr Unternehmen besser ist als der Durchschnitt, aber für diesen Unterschied wollen Sie nicht zu viel bezahlen.

Meiden Sie Aktien mit astronomischen Bewertungen. Es gibt zu viele Dinge, die schief laufen können, und wenn das der Fall ist, gibt es eine Katastrophe. Lassen Sie mich für etwas Entspannung sorgen, mit einem Blick auf einige Marktfavoriten von gestern mit hohem KGV und lassen Sie mich zeigen, wie sie heute stehen.

Mächtige Kurs-Gewinn-Verhältnisse aus der Vergangenheit

USA Unternehmen	Kurs-Gewinn-Verhältnis Dezember 1972	Kurs-Gewinn-Verhältnis Mai 1992
Sony	92	12
Polaroid	90	9
McDonalds	83	18
Baxter International	82	17
International Flavours	81	24
Automatic Data Processing	80	26

Großbritannien Unternehmen	Juli 1968	Mai 1992
Rank Organisation	46	22
General Electric	27	12
Tesco	43	14
Hanson (früher Wiles Group)	27	12

Wie Sie sehen können, gibt es all diese Unternehmen, die so hoch bewertet waren, immer noch. Aber beim Status ihrer Kurs-Gewinn-Verhältnisse gab es eine Umkehr, insbesondere in den USA, wo die Aussichten so oft überbewertet sind.

Nachdem Sie Ihre Auswahl mit meinen drei Standards abgeglichen haben, empfehle ich Ihnen eine äußerst wichtige zusätzliche Maßnahme. Das Kurs-Gewinn-Verhältnis kann häufig leicht mit der zu erwartenden Wachstumsrate abgeglichen werden.

Ein Unternehmen, das um 15% pro Jahr wächst, sollte ein Kurs-Gewinn-Verhältnis von 15 haben; bei 20 % Wachstum ein Kurs-Gewinn-Verhältnis von 20 usw. Teilen Sie die Wachstumsrate durch das Kurs-Gewinn-Verhältnis, wird der Preis für den Gewinnwachstumsfaktor (PEG) festgestellt. *Das Ziel ist, Anteile zu finden, die einen PEG von weit unter eins haben.*

Lassen Sie und einige Beispiele betrachten. Rentokil wuchs mit einer kumulierten jährlichen Wachstumsrate von etwa 20% und deshalb wäre für ein solch gutes Unternehmen ein prognostiziertes Kurs-Gewinn-Verhältnis von etwa 20 gerechtfertigt. Unilever, mit einem jährlichen Wachstum von 11 %, rechtfertigt ein niedrigeres Kurs-Gewinn-Verhältnis im Bereich von 11,5. Beide hätten ein PEG von etwa eins. Ein weiterer Anteil könnte ein Kurs-Gewinn-Verhältnis von 30 bei einer Wachstumsrate von 20 % pro Jahr haben. Der PEG läge dann wesentlich über 1,5 und der Anteil wäre eindeutig teuer. Im Gegensatz dazu hätte ein Anteil, der im Jahr um 20% wächst, ein Kurs-Gewinn-Verhältnis von nur 10 und damit einen sehr attraktiven PEG-Faktor von nur 0,5. Unser Ziel ist ein zu erwartender PEG von nicht mehr als 0,75 und wenn möglich, weniger als 0,66. Einfacher gesagt, wir wollen, dass das Kurs-Gewinn-Verhältnis von geschätzten künftigen Gewinnen im kommenden Jahr nicht mehr als Dreiviertel der Wachstumsrate beträgt, besser noch weniger als zwei Drittel. Sicher erinnern Sie sich an das Beispiel MTL im vorigen Kapitel. Das erwartete Kurs-Gewinn-Verhältnis im März 1991 lag beim Neunfachen des geschätzten Gewinns für das kommende Jahr. Mit einer geschätzten Wachstumsrate von 20 % pro Jahr, lag das voraussichtliche PEG bei einem sehr attraktiven Wert von 0,45.

Bei niedrigeren Wachstumszahlen wie 12,5 % bis 17,5 % pro Jahr funktioniert die PEG-Formel sehr gut. Bei höheren Wachstumszahlen, können Sie das Kurs-Gewinn-Verhältnis ein wenig erweitern. Der Grund hierfür ist die kumulative Wirkung des Gewinnwachstums. Lassen Sie uns drei kleine Unternehmen A, B und C ansehen, angenommen deren Aktienpreis liegt zu Beginn bei 100 p und stieg mit den Gewinnen entsprechend um 15 %, 20 % und 25 %:

Jahr	A-15%	B-20%	C-25%
	p	p	p
1	115	120	125
2	132	144	156
3	152	173	195
4	175	207	244
5	201	249	305
10	405	619	931

Wie Sie sehen können, wäre mehr Geld mit Anteilen von Unternehmen C verdient, als mit Werten der Unternehmen A oder B. Hierbei wird vorausgesetzt, dass alle Unternehmen auf dem gleichen Kurs-Gewinn-Verhältnis basieren. Es gäbe sogar Spielraum für Unternehmen C nach fünf Jahren von 25 auf unter 20,4 zu fallen und nach 10 Jahren auf 16,6.

Ich schlage vor, dass Sie immer meine Faustregel verwenden und das Kurs-Gewinn-Verhältnis mit der Wachstumsrate abgleichen. Der zuerst genannte Wert sollte weniger als Dreiviertel des zweiten Werts betragen. Versuchen Sie Anteile zu finden, die einen PEG von voraussichtlich nicht mehr als 0,75 haben und am Besten weniger als 0,66. Wenn aber die Wachstumsrate im oberen Bereich liegt und alle anderen Kriterien zutreffen, können Sie ein wenig flexibler sein.

Denken Sie aber daran, dass unter gleichen Umständen ein Anteil mit einem PEG von eins immer noch ein Schnäppchen ist. Im Laufe der letzten fünfzig Jahre wären Sie außergewöhnlich gut dagestanden, hätten Sie den Marktindex bei einem PEG-Wert von eins gekauft. Allerdings sind Sie nicht am Markt als Ganzes interessiert – Sie suchen nach den besten Anteilen im Markt zu absoluten Schnäppchenpreisen. Finden Sie solche Anteile, haben Sie beste Chancen auf Wertsteigerung und gleichzeitig nutzen Sie einen wichtigen Sicherheitsfaktor. Wie wir gesehen haben, können Werte mit einem hohen Kurs-Gewinn-Verhältnis weit tiefer fallen, als Papiere mit niedrigerem KGV.

Unterschätzen Sie nicht den PEG-Faktor als Messinstrument und wichtiges Werkzeug für das Investment. Lassen Sie mich ein weiteres Beispiel zeigen, wie gut es in der Praxis funktioniert. Im Dezember 1990, empfahl der *Analyst* die Domestic & General Gruppe. Wie Sie sehen können, gab es ausgezeichnete Aussichten für substantielles Gewinnwachstum pro Anteil.

Die Schätzung von *Analyst's* für 1991 basierte auf einem Wachstum von 36,4 % und auf einem weiteren Wachstum von 17,5 % für 1992.

Im Dezember 1990 lag der Preis bei 363 p mit einem bisherigen Kurs-Gewinn-Verhältnis von 11,6 und einem zu erwartende Kurs-Gewinn-Verhältnis von nur 8,5 bei konservativer Sicht künftigen Wachstums mit 20% pro Jahr. Sowohl der bisherige PEG, wie auch der erwartete PEG waren außergewöhnlich attraktiv bei 0,58 bzw. 0,42.

data spec				
Domestic & General Group				
Ausfallversicherung für Haushaltsgeräte				
Niederlassung Großbritannien				
Wimbledon, London				
Aktienmarktinformationen				
Aktienpreis 363p				
Anzahl ausgegebener Anteile		6.779.702		
Marktkapitalisierung		24,6 Millionen Pfund		
Preisspanne 1989/90		178-365 p		
FT–SE 100		2,159		
All Share Index		1,039		
Marktsektor		Mehrspartenversicherung		
Versicherungsmathematik				
• Sektor Mehrspartenversicherungen		647,9		
• Bisheriges KGV		-		
• Bisheriger Gewinn		6,6%		
Neueste Aufzeichnungen und Prognosen				
(£'000)				
Jahr bis 30. Juni	1989	1990	1991(e)	1992(e)
Umsatz	14.420	20.932	30.000	36.000
Gewinn	2.388	3.996	4.600	5.400
Vor Steuern				
Besteuerung	902	1,245	1,656	1,944
EPS (p)	21,5	31,37	42,8	50,3
EPS Wachstum (%)	43,9	45,9	36,4	17,5
KGV................	16,9	11,6	8,5	7,2
Nettodividende (p)	8,25	10,5	13,0	15,5
Br,dividendenertr, (%)	3,1	4,2	4,8	5,7
Nettobuchwert	88,7	93,6 ...100	110	

Die Berechnung ist ganz einfach:

Kurs-Gewinn-Verhältnis
Geschätzte Wachstumsrate in Gewinn pro Anteil

Bisheriger PEG = $\frac{11,6}{20}$ = 0,58

Geschätzter PEG = $\frac{8,5}{20}$ = 0,42

Bis Ende 1991 waren die Anteile von 363 p auf 1000 p gestiegen, und der PEG stieg von 0,42 auf 1,18 - immer noch nicht teuer für einen solch außergewöhnlichen Wachstumswert zum Ende des Geschäftsjahres. Der vorrausichtliche PEG für 1992 läge um mindestens 20 % niedriger und wäre dennoch recht attraktiv. Beachten Sie, dass 70 % (446 p) der Zunahme des Aktienpreises von 363 p auf 1000 p auf die Statusänderung im Kurs-Gewinn-Verhältnis zurückzuführen sind und nicht auf die Erhöhung der Aktienrendite.

An diesen Berechnungen können Sie sehen, dass die erwartete, künftige Wachstumsrate ein wesentlicher Faktor ist. Frühere Ergebnisse sind Geschichte, aber die Zukunft muss positiv erscheinen. Der Ausblick des Vorstands, sowohl zum Jahresende wie auch zum Halbjahresende ist wichtig. Auch die 'Körpersprache' des Vorstands gilt es zu beachten. Vorsicht ist angebracht, wenn irgendwelche Warnungen ausgesprochen werden. Wenn die Dividende regelmäßig erhöht wurde, sollten Sie alarmiert sein, wenn sie in einem Jahr nur beibehalten wird.

Der zuverlässigste Hinweis für die Zukunft ist wahrscheinlich die Einschätzung der Broker zum künftigen Ertrag. *Das Bewertungsverzeichnis* enthält übereinstimmende Bewertungen aller Broker und Ihr Broker sollte es immer zur Hand haben. Übereinstimmende Bewertungen von Brokern beruhen oft auf Einschätzungen von Analysten und geben Ihnen ein sehr gutes Gefühl für das künftige Einkommenspotenzial eines Unternehmens. Gelegentlich werden Sie enttäuscht sein, aber manchmal auch angenehm überrascht.

Sie sollten auch wachsam die Äußerungen des Vorsitzenden bei der Jahreshauptversammlung verfolgen, was er zu Analysten sagt oder was der Presse im Lauf des Jahres mitgeteilt wird. Ihr Broker sollte Ihnen immer mitteilen, wenn es irgendwelche wichtigen Entwicklungen gibt, aber nicht alle Ankündigungen werden formell an die Börse gegeben. Die meisten Broker abonnieren Pressespiegel und -übersichten. Von Zeit zu Zeit sollten Sie prüfen, ob Sie im -

Investors Chronicle, in der *Financial Times* oder anderen Zeitungen und Newslettern etwas verpasst haben.

Wenn Sie in ein Unternehmen investiert haben, das Jahr für Jahr kontinuierlich wächst, sollte Ihre größte Sorge sein, dass sich die Wachstumsrate verlangsamt. Es gibt wenig schlechtere Investitionen als Wachstumswerte, die nicht mehr wachsen. Irgendwelche Anzeichen, dass der Vorsitzende weniger optimistisch ist, oder dass die Dinge nicht nach Plan laufen, sind ein guter Grund, seine Anteile zu verkaufen.

In Großbritannien geben sehr wenige Gesellschaften vierteljährliche Ergebnisse bekannt. Wir müssen uns daher auf die Halbjahresberichte verlassen, um Fortschritte beurteilen zu können und herauszufinden, ob es Schwankungen im Gewinnwachstum gibt. Bevor wir ein abschließendes Urteil fällen, müssen wir zuerst einige wesentliche Faktoren betrachten:

1. Einige Unternehmen - zum Beispiel Farepak, ein führendes Unternehmen im Weihnachtsgeschäft meldet für die erste Hälfte des Jahres immer Verluste. Die Ergebnisse des Gesamtjahrs werden an Weihnachten bestimmt. Sie können Weihnachten mit dem Vorjahr vergleichen. Verluste in der ersten Hälfte müssen Sie nicht alarmieren. Viele andere Geschäfte haben traditionell einen viel bessere erste Hälfte. Das bedeutet nicht, dass sich deren Wachstum verlangsamt hat; ihr Geschäft ist wie bei Farepak saisonabhängig.

In diesem Fall vergleichen wir einfach die Ergebnisse der jetzigen Hälfte des Jahres mit genau derselben Periode im vorherigen Jahr und die Ergebnisse des jetzigen Jahres mit vorherigen Jahren.

2. Einige Aktien sind stark zyklisch. Es sind keine richtigen Wachstumswerte, und wir werden sie in Kapitel elf noch genauer untersuchen. Einige Zyklen dauern mehrere Jahre, so dass das Gewinnwachstum während dieser Zeit wie Wachstum erscheint, in Wirklichkeit findet hier aber eine Erholung vom vorherigen Zyklus statt. Offensichtliche Beispiele zyklischer Werte sind Wohnungsbau, Automobilindustrie und Vertrieb, sowie Bauholz und Stahl.

3. In Zeiten tiefer Rezession müssen Wertberichtigungen vorgenommen werden. Nischenwerte überleben unter diesen Bedingungen leicht, und bei den meisten wird die Aktienrendite jedes Jahr weiter steigen. Jedoch sollte man eine Verringerung der Wachstumsrate in Rezessionszeiten tolerieren.

Sie suchen Anteile mit einer kumulierten Gewinnwachstumsrate von 15 % pro Jahr oder mehr und mit einem künftigen PEG von nicht mehr als 0,75 und vorzugsweise weniger als 0,66. Da gibt es nicht viele Werte. Aber wenn Sie eine Mannschaft von Kricket-Spielern auswählen, wollen Sie auch Stars wie Botham und Gooch haben. Deshalb seien Sie geduldig und suchen Sie solange bis Sie den Anteil finden, der wirklich Ihre Kriterien erfüllt.

Denken Sie daran, dass eine Beschleunigung im Gewinnwachstum ideal ist. Ein Unternehmen, das noch keine fünf Jahre am Markt ist, könnte sich qualifizieren, wenn bewiesen werden kann, dass in den vergangenen zwei oder drei Jahren wesentliche Fortschritte gemacht wurden. Der Schlüssel zum Erfolg ist, nach Unternehmen zu suchen, die sich noch in einer dynamischen Wachstumsphase befinden.

Der Markt für Neuemissionen kann eine sehr produktive Quelle sein, neue Unternehmen zu entdecken, die viel schneller wachsen als der Durchschnitt. Nehmen Sie zum Beispiel, Sage, der Lieferant für Computersoftware, der im Dezember 1989 eingeführt wurde. Zu einem Preis von 130 p pro Anteil und einem möglichen Kurs-Gewinn-Verhältnis von nur dem Siebenfachen des Gewinns. Ich behielt Sage nach der Einführung im Auge und bemerkte, wie günstig die Anteile waren, als sie ein Jahr später im *Investors Chronicle* beurteilt wurden. Lassen Sie uns Sage genauer untersuchen. Sie werden schnell sehen, wie gut deren Zahlen meine Kriterien erfüllten:

1. Positive Fünf-Jahres-Zahlen

Die Aktienrendite wuchs wie folgt:

1986	1987	1988	1989	1990
2,6 p	4,3 p	6,7 p	12,6 p	19,2 p

1990 war das erste Jahr als Aktiengesellschaft, aber im Artikel des *Investors Chronicle* wurden alle Zahlen aus den vergangenen fünf Jahren genannt. Die früheren Jahre waren aus den Unterlagen ersichtlich.

Obwohl die Gewinne in 1990 nicht den gleichen Anstieg erreichten, wie in den vorherigen drei Jahren, sind 50 % noch eine phänomenale Wachstumsrate für ein Unternehmen in der Größe von Sage.

2. Niedriges Kurs-Gewinn-Verhältnis in Bezug auf die Wachstumsrate

Mit 203 p waren die Anteile weniger als elfmal so hoch bewertet, wie die geschätzten Gewinne in 1991. Obwohl sich die Wachstumsrate auf nachhaltige 25 % pro Jahr verlangsamte, waren die Anteile mit einem bisherigen PEG-Faktor von nur 0,44 und einem erstaunlich niedrigen künftigen PEG-Faktor von 0,36 immer noch sehr günstig.

3. Optimistische Stellungnahme des Vorstands

Im Dezember 1990 sagte der Vorsitzende 'In den ersten zwei Monaten des aktuellen Jahres, haben wir unseren internen Ziele übertroffen. Trotz des negativen Umfelds sind wir überzeugt, dass 1991 wieder ein Jahr mit kontinuierlichem Wachstum sein wird'. Dann können Sie kaum mehr erwarten.

4. Starke Liquidität, niedrige Verbindlichkeiten, und ein hoher Cash Flow

Ein starker Cashflow und 5,5 Millionen Pfund Netto-Umlaufvermögen mit 17% Marktkapitalisierung. Hiermit konnte dieses Kriterium leicht erfüllt werden.

5. Wettbewerbsvorteil

Eine erfolgreiche Strategie kombiniert mit viel Werbung, bedeutete das Sage weiterhin, trotz schwieriger Allgemeinbedingungen, Marktanteile und Margen hinzugewinnen würde. Sage beherrschte ungefähr 40 % des Markts im Bereich Software für Kleinunternehmen in Großbritannien und den Vereinigten Staaten. Es eröffneten sich auch viele Gelegenheiten in der Dritten Welt und Osteuropa.

6. Etwas Neues

Die finanziellen Schwierigkeiten des wichtigsten Konkurrenten, Pegasus halfen, den Marktanteil in Großbritannien zu erhöhen.

7. Geringe Marktkapitalisierung

Mit 203 p lag die Marktkapitalisierung bei sehr attraktiven 33,1 Millionen Pfund.

8. Hohe relative Stärke

Der Datastream Chart zur relativen Performance im Vergleich zu FT-All-Share-Index ist eindeutig sehr positiv.

9. Dividendenertrag

Der Ertrag war mit 4,6 % sehr befriedigend. Im Jahr 1990 wurde erstmals eine Dividende als Aktiengesellschaft bezahlt.

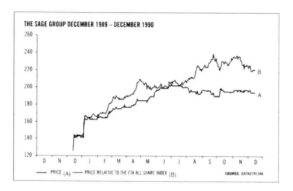

10. Vernünftige Vermögensverhältnisse

Unbedeutende Sachanlagen, 5,5 Millionen Pfund Umlaufvermögen. Das Unternehmen verfügt über wertvolles geistiges Eigentum.

11. Aktieneigner im Management

Das Führungsgremium besaß 37% der Anteile, im Wert von mehr als 12 Millionen Pfund. Zwischen Dezember 1990 und Mai 1992 stiegen die Sage Anteile von 203 p auf 469 p, ein Gewinn von 131 %, vergleichen mit dem Marktdurchschnitt von 25 %.
Obwohl Sage die eigene Vorhersage übertreffen konnte, und die Gewinne im Jahr 1991 um sehr zufriedenstellende 33% stiegen, lag der wichtigste Beitrag zum Preisanstieg des Anteilspreises von 131% in der substantiellen Erhöhung des Kurs-Gewinn-Verhältnisses.

Je niedriger der voraussichtliche PEG zum Kaufzeitpunkt ist, umso mehr Spielraum gibt es für eine dramatische Aufwärtsbewegung. Die Beispiele Sage, Domestic & General und MTL Instruments zeigen, wie Gewinnwachstum und eine Statusänderung im Kurs-Gewinn-Verhältnis zusammenwirken, damit clevere Investoren außerordentliche Gewinne generieren. Sie können sehen, wie gut das System funktioniert.
Ein weiterer sehr wichtiger Faktor, wenn Sie einen rasant im Wert wachsenden Anteil kaufen und beurteilen wollen, ob das Kurs-Gewinn-Verhältnis teuer oder günstig ist, ist das genaue Timing Ihres Kaufs. Lassen Sie uns noch mal zu MTL Instruments zurückkehren und

annehmen, dass Sie die Anteile einen Monat früher gekauft hätten. Der Preis der Anteile lag im Februar 1991 bei 124 p und die Aktienrendite im letzten Berichtsjahr bis Dezember 1989 lag bei 11,3 p. Damit hätten Sie elfmal den bisherigen Gewinn bezahlt und die Anteile für das Jahr endend im Dezember 1990 bei einem zu erwartenden Kurs-Gewinn-Verhältnis von 9 gekauft. Einen Monat später im März 1991 wurden die Ergebnisse für 1990 bekannt gegeben. Durch die Halbjahresergebnisse hätten Sie gewusst, dass die Gewinne ausgezeichnet werden, aber im Februar 1991 bewerteten viele Kapitalanleger die Anteile noch entsprechend dem bisherigen Kurs-Gewinn-Verhältnis. Die Vorhersage für das folgende Jahr, 1991, war optimistisch. Damit konnten die Analysten eine Gewinnschätzung für einen weiteren Gewinnanstieg von 20 % geben. Innerhalb von ein paar Wochen begann der Markt das Unternehmen entsprechend des zu erwartenden Kurs-Gewinn-Verhältnisses für 1991 einzuschätzen. Dies ließ die Anteile viel preiswerter erscheinen, als sie zum Zeitpunkt des Kaufs waren. Wenn bei einem Staffellauf der Stab übergeben wird, konzentriert sich die Aufmerksamkeit auf den nächsten Läufer und die nächste Runde – so ist es auch, wenn das KGV nicht nach dem bisherigen, sondern dem künftigen Wert betrachtet wird.

Kauft man wachstumsstarke Anteile zum Ende eines Finanzjahrs (oder Halbjahrs) kann man häufig einen einmaligen Gewinn erzielen, weil der Markt sich darauf einstellt, die Ergebnisse des vorherigen Jahrs aufzunehmen, und die Neuigkeiten aufnimmt, die im kommenden Jahr besser sein könnten. Dieser Prozess wird durch die Presse unterstützt und durch Broker, da relativ undurchsichtige Unternehmen im Lauf des Jahres, wenig Aufmerksamkeit durch die Presse erfahren und häufig nur bemerkt werden, wenn deren Ergebnisse veröffentlicht werden.

Einige Punkte in diesem Kapitel sind es wert, wiederholt zu werden, um ihre Bedeutung zu betonen und zur nochmaligen Erklärung. Sie suchen nach Anteilen mit folgenden Eigenschaften:

1. Steigende Aktienrendite über die letzten fünf Jahre mit einer kumulierten jährlichen Wachstumsrate von etwa 15 % oder mehr. Ein kürzerer Zeitraum ist akzeptabel bei Gewinnanstieg in jüngster Zeit, der nach Möglichkeit auf identifizierbare, nachhaltige Ursachen zurückzuführen ist, zum Beispiel auf ein neues Management.

2. Ein Kurs-Gewinn-Verhältnis, das im Verhältnis zur Wachstumsrate sehr attraktiv ist, mit einem zu erwartenden PEG von nicht mehr als 0,75, besser unter 0,66. Einfacher ausgedrückt, sollte das zu erwartende Kurs-Gewinn-Verhältnis nicht höher sein als Dreiviertel der geschätzten künftigen Wachstumsrate und am Besten unter zwei Dritteln.

3. Ein attraktives Kurs-Gewinn-Verhältnis in Relation zur bisherigen Entwicklung des Unternehmens, dem Durchschnitt der Branche und dem Durchschnitt des Markts als Ganzes.

4. Die jährlichen und halbjährlichen Stellungnahmen des Vorstands müssen optimistisch und die Dividendenzahlungen entsprechend beständig sein. Der Markt muss sich optimistisch zeigen.

Andere wichtige Punkte:

1. Der Preis für Wachstumswerte kann sich nur durch Gewinnwachstum und eine Statusänderung im Kurs-Gewinn-Verhältnis erhöhen. Das letztere ist häufig wichtiger als das erste.

2. Meiden Sie Aktien mit astronomischem Kurs-Gewinn-Verhältnis.

3. Bei Betrachten von Halbjahresergebnissen, achten Sie besonders auf Saisoneinflüsse und denken Sie daran, dass einige Werte sich in den ersten Monaten traditionell besser entwickeln.

4. Verwechseln Sie zyklische Werte in der Erholungsphase nicht mit Wachstumswerten. Wir werden die zyklischen Werte in einem späteren Kapitel separat behandeln.

5. Schnell wachsende Anteile können häufig vor Bekanntgabe der Halbjahresergebnisse zu einem günstigen Preis erworben werden, bevor sich die Aufmerksamkeit sich vom bisherigen auf das künftige KGV verlagert.

Jetzt, wo Sie ein besseres Verständnis für Gewinne, Wachstumsraten und den PEG Faktor haben, müssen wir etwas Zeit für die Feinabstimmung verwenden.

Jetzt, wo Sie ein besseres Verständnis für Gewinne, Wachstumsraten und den PEG-Faktor haben, müssen wir uns die Sache noch im Detail ansehen.

4. Kreative Buchführung

Das letzte Kapitel behandelte die ersten drei Kriterien meines Systems zum Investment in dynamische Wachstumswerte. Um meine Ausführungen so einfach wie möglich zu gestalten, widerstand ich der Versuchung, Sie mit der Tatsache abzulenken, dass die Gewinne eines Unternehmens nicht immer so sind, wie sie scheinen. Jetzt geht es weiter ins Detail und wir erörtern die Gefahr, wenn man jährliche Gewinne nicht genauer untersucht:

Kreative Buchhaltung

Einige Angehörige aus dem Berufsstand der Buchhalter sagen vielleicht, Buchhaltung sei eine exakte Wissenschaft. Andere sehen die Präsentation von Bilanzen, Gewinn- und Verlustrechnungen mehr als Kunst. Trotz aller Bemühungen die Buchhaltungsstandards im Rahmen von internationalen Rechnungslegungsvorschriften zu verbessern, gibt es keine Zweifel, dass jeder fähige Finanzchef einen beträchtlichen Spielraum hat, die Ergebnisse seines Unternehmens zu präsentieren. In einigen Branchen ist finanzielle Kreativität leichter umzusetzen als in anderen, aber in den meisten Wirtschaftszweigen gibt es viel Raum für ideenreiche Ansätze.

Der Financial Reporting Council (Rat für Bilanzberichterstattung) erklärt, dass Buchhaltungsunterlangen nicht nur richtig sein müssen, sondern auch informativ. Der Rat geht noch einen Schritt weiter und sagt, dass Entwicklungen der finanziellen Praxis, um Geschäftsbücher zu schönen, durch nichts zu gerechtfertigen sind. Dieser Gedanke ist lobenswert, aber die Durchsetzung extrem schwierig.

Verschiedene für das Rechnungswesen zuständige Organe, – der Accounting Standards Board (ASB), der Financial Reporting Council (FRC), das Financial Review Panel (FRP) und die Urgent Issues Task Force (UITF) – arbeiten hart daran, die Standards zu verbessern, so dass dieses Kapitel bereits ein wenig überholt sein könnte, wenn Sie diese Worte lesen. Ich kann Ihnen nur eine kurze Übersicht der gegenwärtigen Situation geben und Ihnen einige der Probleme aufzeigen, die Sie im Juni 1992 gehabt hätten, wenn Sie sich anhand von verschiedenen Unterlagen ein realistisches Bild von den Gewinnen eines Unternehmens hätten machen wollen.

Das einfachste Beispiel für kreative Buchhaltung ist die Berechnung einer Dienstleistung, die vor oder nach Ende des Geschäftsjahrs erfolgen kann. Das Ergebnis ist, dass die Gewinne im betreffenden Jahr verringert oder erhöht werden.

Nehmen wir einen anderen Fall – ein Unternehmen in der Baubranche führt ein nicht verkauftes Haus in den Büchern des ablaufenden Geschäftsjahrs. Das Haus hätte in den ersten sechs Monaten des Geschäftsjahrs zum Preis von 100.000 Pfund gebaut werden können und der geschätzte Verkaufswert liegt bei etwa 200.000 Pfund.

In den Bilanzen wird das Haus zu buchhalterischen Zwecken zum Anschaffungs- oder Marktwert bewertet, je nachdem was niedriger ist. Am ersten Tag des folgenden Jahres könnte das Haus zum kompletten Preis von 200.000 Pfund verkauft werden und – Simsalabim – hätte man in diesem Geschäftsjahr einen Gewinn von 100.000 Pfund. Nichts an diesem Verfahren ist anrüchig, aber ein einziger Tag kann den Unterschied beim jährlichen Gewinn ausmachen.

Es ist leicht erkennbar, dass ein Unternehmer, der für sein Unternehmen fortlaufende Gewinne präsentieren will, alles unternehmen wird, das Haus in einem Jahr mit schwachen Gewinnen zu verkaufen. Sind die Geschäfte gut gelaufen, der Ausblick ist jedoch düster, wird unser Unternehmer den Verkauf wahrscheinlich um einige Tage hinauszögern, um die Gewinne in die vor ihm liegende schwierige Zeitspanne zu retten. Ich habe meinen Standpunkt mit nur einem Haus illustriert, aber hier gibt es viele Gestaltungsmöglichkeiten. In einigen Branchen können mehrere Millionen Pfund leicht auf diese Art von einem Geschäftsjahr in das andere verschoben werden.

Rückstellungen sind eine weitere Möglichkeit, um Gewinne von einem Jahr auf das andere zu übertragen. Angenommen unser Unternehmer hatte ein gutes Jahr und möchte seine Unternehmensgewinne ein wenig verringern. Bei der Überprüfung von ausstehenden Zahlungseingängen, entscheidet er einfach einen relativ hohen Anteil als uneinbringliche Forderung zu bewerten.

Ist seine Einschätzung nicht eklatant falsch oder unverschämt, werden die Rechnungsprüfer die Kröte wahrscheinlich schlucken. Genau so kann der Unternehmer argumentieren, dass größere Rückstellungen für Altbestände und unfertige Erzeugnisse angesetzt werden müssen. Diese einfachen Beispiele zeigen, wie Gewinne zufällig oder absichtlich von einem Jahr in das andere übertragen werden können.

Jede Einschränkung im Bericht des Wirtschaftsprüfers kann ein Zeichen sein, dass das Unternehmen Probleme hat. Sie sollten alarmiert sein, wenn ein Wechsel des Wirtschaftsprüfers vorgeschlagen wird, insbesondere wenn von einem großen Unternehmen zu einem kleinen obskuren Prüfer gewechselt werden soll. Das sind offensichtliche Warnsignale; subtilere Alarmzeichen sind oft zu finden, wenn man die Methoden untersucht, die manche Unternehmen in Bereichen der Buchhaltung anwenden, wodurch eine einfallsreiche Bearbeitung möglich gemacht wird:

a) Kosten für Forschung und Entwicklung

Entwicklungskosten für bestimmte Projekte können zurückgestellt werden, deren Ergebnisse hinsichtlich technischer Machbarkeit und wirtschaftlicher Realisierbarkeit mit angemessener Sicherheit bestimmt werden können.

Ansonsten sollten alle Forschungs- und Entwicklungskosten in dem Zeitraum abgeschrieben werden, in dem sie tatsächlich anfallen.

Diese Empfehlung entstammt der wichtigen Rechnungslegungsnorm "Statement of Standard Accounting Practice (SSAP) 13" mit welcher Manipulationen durch Forschungs- und Entwicklungskosten vermieden werden sollen. Jedoch ist nicht einmal diese Definition präzise genug. Der Satz 'angemessene Sicherheit hinsichtlich technischer Machbarkeit' bietet einen gewissen Spielraum. Das letzte Wort spricht hier der Unternehmer, der entweder seine Gewinne herunterspielen oder maximieren will.

b) Werbeausgaben

Im Juni 1992, gab es noch keine SSAP oder sonstige definitive Richtlinie, was den Umgang von Werbeausgaben in der Buchhaltung angeht. Normalerweise schreibt man diese Ausgaben dann, ab, wenn sie anfallen. Bei großen Werbekampagnen wird auch häufig über mehrere Jahre abgeschrieben. Auch hier ist wesentlich, wie der Finanzchef dies sieht. Allerdings ist es seine Aufgabe, die Rechnungsprüfer davon zu überzeugen, dass seine Sichtweise richtig ist. Eine ungewöhnliche Behandlung dieser Ausgaben muss in den Büchern festgehalten werden. Diesbezüglich verfolgen die Unternehmen häufig unterschiedliche Buchhaltungsstrategien, deshalb sollte der Investor Hinweise zu den Geschäftsbüchern sehr genau lesen.

c) Währungsschwankungen

Das Unternehmen Polly Peck war in diesem Bereich der berüchtigtste Übeltäter. Die kreativen Buchhalter der Firma trieben die Gewinne mit Währungsgeschäften hoch. In harter Währung wie dem Schweizer Franken wurden hohe Schulden gemacht, sagen wir zu 7 % Zinsen pro Jahr, und es wurde bei einem höheren Zinssatz von zum Beispiel 20 % in schwache Währungen investiert. Die Differenz von 13% pro Jahr wurde in den Büchern als Gewinn verzeichnet. Auf der anderen Seite verlor die schwache Währung sagen wir um 15% im Jahr, dies wurde in der Bilanz als Kapitalherabsetzung gezeigt. Im Jahresabschluss gab es einen Hinweis unter den Rechnungslegungsgrundsätzen 'Wechselkursbedingte Schwankungen bei Nettoinvestitionen in Tochterunternehmen zwischen Anfang und Ende des Fiskaljahres werden über Rücklagen ausgeglichen' im Nachhinein ist das einfach zu durchschauen.

d) Reorganisationsausgaben

Die UITF hat eine Empfehlung ausgesprochen, dass Reorganisationskosten in Zukunft als außergewöhnliche Kosten präsentiert werden und zu Lasten der Gewinne pro Anteil gehen, es sei denn sie resultieren von der Stilllegung eines bestimmten Unternehmensteils, der groß genug ist, eigene Geschäftsbilanzen zu erstellen.

Früher konnten Reorganisationskosten als Sondereffekte abgeschrieben werden, mit dem Ergebnis dass diese sich nicht auf den Gewinn pro Anteil auswirkten.

Konglomerate and erwerbsorientierte Unternehmen (von welchen ich eines verwaltete!) nutzten die früheren Regeln und machten massive Rückstellungen für *künftige* Reorganisationskosten. Diese wurden als Sondereffekte gezeigt, da es sich um künftige Kosten handelte, die natürlich im aktuellen Jahr nicht belastet werden konnten und bei welchen es schwierig sein würde, diese künftig den einzelnen Jahren zuzuordnen. Zu hohe Rückstellungen wirken sich natürlich so aus, dass künftige Gewinne steigen. Viele künftige Ausgaben könnten leicht als Reorganisationskosten eingestuft werden und den Rückstellungen, anstatt den Jahresgewinnen belastet werden.

e) Methoden der Aktienbewertung

Das LIFO-Verfahren (Last-in-first-out) ist in inflationären Zeiten ein vorsichtigerer Ansatz als das FIFO-Verfahren (first-in-first-out). Eine Änderung der Methode wird in den Büchern festgehalten und die Wirkung sollte sorgfältig beachtet werden.

f) Änderungen bei der Abschreibungsmethode

Einige Methoden sind schneller als andere, achten Sie deshalb immer darauf, ob irgendwelche Änderungen stattgefunden haben und ob die Gewinne des Unternehmens deshalb profitiert haben. Im Jahr der Änderung sollte dies einfach festzustellen sein.

g) Verkauf von Anlagevermögen

Ein Gewinn oder Verlust aus Anlagevermögen gehört zur gewöhnlichen Geschäftstätigkeit eines Unternehmens. Ist er besonders groß, sollte er als außergewöhnlich gekennzeichnet werden. Ein Gewinn oder Verlust aus dem Verkauf eines Betriebs oder Betriebsteils wird jetzt auch als Sondereffekt betrachtet und sollte berücksichtigt werden, wenn die Gewinne pro Anteil berechnet werden. Sie müssen selbst beurteilen, ob Sie einen solchen Gewinn oder Verlust wirklich dem Unternehmensgewinn im fraglichen Jahr zuordnen.

h) Kapitalisierung von Zinsen

Normale Zinsen werden von den Gewinnen abgezogen, aber gelegentlich werden Zinskosten für ein bestimmtes Projekt den Kapitalkosten zugeordnet. Die Anwendung dieser Technik schmeichelt sowohl dem Anlagewert in der Bilanz, wie auch den Gewinnen in der Gewinn- und Verlustrechnung. Offensichtlich gibt es beträchtlichen Spielraum für Missbrauch, besonders bei stark verzahnten Unternehmen, die ihre Banken und Aktionäre beruhigen wollen.

i) Earn-Outs

Unternehmen bezahlen Übernahmen häufig durch Zahlung eines Teilbetrags und nachfolgenden Zahlungen, entweder in Form von Anteilen oder liquiden Mitteln, deren Höhe auf Basis des Gewinns der kommenden Jahre berechnet wird.

Die künftige Verpflichtung wird in den Büchern und in der Berechnung des Gewinns pro Anteil in der Regel nicht klar gezeigt. Ist der Anteilspreis drastisch gefallen, wenn die letzte Zahlung fällig ist, kann das zu erheblicher Verwässerung führen. Unter diesen Umständen sind größere Verpflichtungen nur schwer auszugleichen.

Potentielle Verbindlichkeiten mit verzögerter Berücksichtigung werden in den Buchführungsvermerken unter der Überschrift, Finanzielle Verpflichtungen, Kontingentverbindlichkeiten oder ähnliches geführt. Seien Sie wachsam!

j) Wechsel des Geschäftsjahresendes

Durch den Wechsel des Berichtszeitraums, wird der Vergleich des Gewinnwachstums zwischen den Jahren erschwert. Die meisten Unternehmen haben einen guten Grund für diesen Wechsel aber gelegentlich ist das Motiv dafür doch etwas hintergründiger. Diese Möglichkeit müssen Sie unbedingt in Betracht ziehen.

Ihr wichtigstes Anliegen ist, die jährliche Wachstumsrate des Gewinnanteils festzustellen. Sonderaufwendungen und außergewöhnliche Kosten trüben das Wasser und machen die Aufgabe des Analysten wesentlich schwieriger. Die meisten dieser Kosten sind Teil des ganz normalen Geschäfts. Ein Streik oder ein sehr hoher unerwarteter Forderungsverlust können als außergewöhnlich eingestuft werden, aber Streiks und Ausfälle kommen tatsächlich sehr häufig vor.

Bevor Sie die Aktienrendite annehmen, sollten Sie jeden außerordentliche Posten im Detail untersuchen, um zu überprüfen, ob Gewinnanteile herausgerechnet werden sollten.

Sie sollten auch die Posten genauer ansehen, die als außergewöhnliche Kosten eingestuft werden, möglicherweise sollten einige den Gewinnen zugerechnet werden.

Außergewöhnliche Kosten sollten entsprechend den neuen Empfehlungen eines Entwurfs zu Rechnungslegungsstandards (FRED 1) nur noch äußerst selten vorkommen. Auch wurden größere Veränderungen bei der Gewinn- und Verlustrechnung vorgeschlagen. Bei Übernahme als neuer Standard müssen Konzernkonten die Ergebnisse von aufgegebenen und fortzuführenden Geschäftsbereichen unterteilen; Übernahmen und außerordentliche Posten sind eigens aufzuführen; außerordentliche Rechnungsposten müssen in den meisten Fällen gestrichen werden; Rücklagenbewegungen müssen erklärt werden; und Ertragsinvestitionen sind offenzulegen. Außerordentliche Posten werden jetzt auf seltene Ereignisse oder au Transaktionen zurückzuführende Posten definiert, die außerhalb der gewöhnlichen Tätigkeit eines Unternehmens fallen. Ein weiterer wichtiger Vorschlag in FRED 1 ist, den Gewinn pro Anteil *nach Berücksichtigung* von außerordentlichen Posten zu berechnen, die in der Gewinn- und Verlust-Rechnung gezeigt werden sollten. Die Gewinne pro Anteil können auch auf andere Weise berechnet werden, vorausgesetzt die Grundlagen sind schlüssig, werden klar erklärt und mit den Gewinnen, wie Sie entsprechend FRED 1 zu zeigen sind, abgestimmt. In anderen Worten, das Unternehmen kann versuchen, ein richtigeres Bild der Gewinne für das betreffende Jahr zu zeichnen, vorausgesetzt es wird genau erklärt, was gemacht wird.

Zwischen Großbritannien und den Vereinigten Staaten gibt es bei den Rechnungslegungsstandards wesentliche Unterschiede. Die Einführung von Standards in den Vereinigten Staaten begann bereits im Jahr 1930, während die zuständigen Organe in Großbritannien im Jahr 1970 damit begannen SSAPs einzuführen. Die US-Standards decken praktisch alle denkbaren Buchhaltungsalternativen ab und wurden entsprechend der Satzung des Gerichtshofs und von US-Gerichten als verbindlich anerkannt. In Großbritannien haben Standards erst seit dem Aufbau des ASB im Jahr 1990, gesetzliche Implikationen. Unternehmen können jetzt gezwungen werden, für die Neuerstellung von Buchhaltungsunterlagen zu zahlen, die nicht den erforderlichen Buchhaltungsstandards entsprechen. Vorstandsmitglieder sollten auf der Hut sein - der ASB lässt Köpfe rollen!

Was bedeutet all dies für den Kapitalanleger? Die Regeln des Spiels werden strenger, aber Sie müssen Gewinnanteile und Wachstumsraten bewerten Wie außergewöhnlich ist außerordentlich, das müssen Sie sich immer fragen. Der Ertrag pro Anteil wird in der Zukunft nach außerordentlichen Posten aufgestellt. Wenn Sie sich ein realistisches Bild der Wachstumsaussichten machen wollen, ist es Ihre Aufgabe, zu entscheiden, welche dieser Posten wirklich außergewöhnlich sind.

Ben Graham, der bekannte amerikanische Investor, schlug vor, dass Buchhalter außerordentliche Posten nach bestem Gewissen über eine Anzahl von Jahren aufteilen sollten. Auf diese Weise wäre der Gewinn pro Aktie besser mit den einzelnen Jahren verbunden und das Wachstum wäre leichter zu berechnen. Graham schlug auch vor, den Durchschnitt des angepassten Gewinns der letzten drei Jahre zu nehmen und ihn mit dem Durchschnitt einer anderen dreijährigen Tranche von sagen wir fünf oder zehn Jahren zu vergleichen.
Damit könnte die Wirkung von außerordentlichen Posten ausgeglichen werden. Sicher gibt es noch mehr zu sagen, wenn man mit Durchschnittswerten arbeitet, besonders bei Konglomeraten und anderen stark auf Gewinnen ausgelegten Unternehmen.

Eine der zuverlässigsten Möglichkeiten zur Prüfung der Gewinne ist der Cashflow eines Unternehmens in der gleichen Zeit. Im Jahr 1991 zum Beispiel, hatte ICI Handelsgewinne von 1 Milliarde Pfund und einen ausgezeichneten operativen Cashflow von 1,5 Milliarden Pfund. Im Gegensatz dazu hatte British Aerospace Gewinne vor Steuern und außerordentlichen Rechnungsposten von 154 Millionen Pfund und einen operativen Zahlungsmittelzufluss von minus 95 Millionen Pfund. Ein Preis geht auch hier an Polly Peck, die in ihren letzten Abschlüssen einen Anstieg der Gewinne vor Steuern um 44 % auf 161 Millionen Pfund ausiesen- aber mit den neuen Bilanzierungsvorschriften berechnete der Bezirk Nat West einen Abfluss operativer Barmittel von 129 Millionen Pfund. Der Hauptgrund war eine schwankende Zunahme von 288 Millionen Pfund im Betriebskapital. Wenn eine große Abweichung vorhanden ist, wissen Sie, dass kreative Buchhaltung dafür verantwortlich ist.

Was auch immer Sie tun, halten Sie die Augen offen, wenn Gewinne mit den genannten Methoden in die Höhe getrieben werden. Überprüfen Sie diese anhand des Cashflows und lesen Sie immer die Jahresabschlüsse von Anfang bis Ende. Denken Sie daran, dass die Fußnoten 34 (d) oder sogar 63 (c) sehr wichtige Informationen für Sie enthalten könnten.

Wandelanleihen

Jede Berechnung des Gewinnanteils pro Aktie sollte berücksichtigen, dass auch Wandelschuldverschreibungen, Anleihen und Vorzugsaktien umgewandelt sowie Wandlungs- und Optionsrechte ausgeübt werden. Liegen diese bei unter 10 % des Werts der ausgegebenen Anteile, sind sie es nicht wert, die Sache zu komplizieren. In diesem Fall schlage ich vor, sie zu ignorieren. Durch die Umwandlung eines Darlehens sollten Zinsen gespart werden und die

Ausübung von Wandlungs- und Optionsrechten bringt frisches Geld in das Unternehmen. Die Gewinne werden ein wenig verwässert, aber nicht stark genug, um sich Sorgen zu machen.

Gelegentlich verfügt ein Unternehmen über eine massive Menge Wandelanleihen, welche das Einkommensbild definitiv beeinflussen und nicht ignoriert werden können. Im April 1990, übernahm das Unternehmen Owners Abroad den Reiserveranstalter Redwing Holidays von British Airways und es wurden Wandelanleihen im Wert von 17,25 Millionen Pfund ausgegeben, um den Kauf finanziell zu unterstützen. Ende 1990 besaßen Owners Abroad mehr als 27 Millionen wandelbare Vorzugsaktien. Zu einem Wandlungspreis von 65 P pro Anteil wären Sie in 41,7 Millionen Stammaktien (153 Stammaktien für je 100 Wandelanleihen) zwischen April 1991 und 2000 umzuwandeln. Um die maximale potenzielle Verwässerung zu berechnen, müssen Sie davon ausgehen, dass alle umgewandelt werden. Sie addieren deshalb 41,7 Millionen potenzieller zusätzlicher Stammaktien für die Konvertierung zu den 5,95 Millionen für Optionen hinzu, und addieren die Summe zur durchschnittlichen ausgegebenen Zahl von Anteilen während des Jahres hinzu. In diesem Fall läge die Erhöhung bei unter 40 %.

Grob gesprochen, um zu sehen, wie das den Gewinn pro Aktie beeinflussen würde, teilen Sie einfach die neue Gesamtsumme durch voraussichtliche Gewinne nach Steuern. Für ein genaueres Ergebnis sollten Sie die mögliche Dividende oder Zinseinsparung berücksichtigen, da das Unternehmen nach der Umwandlung keine Vorzugsdividende oder Zinsen auf beliehene Aktien mehr bezahlen muss. Glücklicherweise werden die Berechnungen gewöhnlich von anderen für Sie gemacht. Alle Optionen und Wandelanleihen werden im Anhang zur Bilanz unter der Rubrik Einbezahltes Aktienkapital oder ähnlichen Punkten aufgeführt, und die mögliche Auswirkung der Wiederanlage des Gewinns wird unter dem Ertrag pro Anteil gezeigt.

Wie Sie sehen können, kann die Verwässerung bedeutend sein mit einer resultierenden negativen Wirkung auf das Wachstum des Gewinns pro Anteil. Wenn die Zahl der über Wandelanleihen auszugebenden Anteile über 10 % des Aktienkapitals liegt, sollten Sie unbedingt die notwendigen Berechnungen machen, um die Wirkung zu messen. Es ist unnötig zu sagen, dass je niedriger der Wandlungspreis ist, die Wahrscheinlichkeit steigt, dass die Wandelanleihen umgewandelt werden.

Besteuerung

Oft nutzen Unternehmen steuerliche Verluste, um sie mit aktuellen Gewinnen zu verrechnen. Das kann zu einer ungewöhnlich niedrigen Steuerbelastung in dem Jahr führen, in welchem der steuerliche Verlust verwendet wird. Die Gewinne pro Anteilswachstum beruhen auf Gewinnen nach Steuern. Die Steuerbelastung sollte deshalb auf ein normales Niveau reguliert werde, um ein realistisches Bild zu erhalten.

Unternehmen in Industrieansiedlungsgebieten und in Irland genießen häufig Steuerbefreiungen und erhalten Kapitalzuschüsse. Hohe Investitionen bei einigen Ingenieur- und Leasinggesellschaften senken ebenfalls die Steuerbelastung. Wenn die Vergünstigungen voraussichtlich nicht wiederkehren, sollten Sie die Steuerbelastung einem normalen Niveau anpassen.

Nehmen Sie ein Unternehmen mit einem normalen Steuersatz von sagen wir 33,3 %. Wenn die Gewinne vor Steuern bei 12 Millionen Pfund lagen und die Nettogewinne nach Steuern bei 10 Millionen Pfund, würde das bedeuten, dass aus irgendeinem Grund die Steuerbelastung auf nur 16,7 % reduziert wurde. Wenn diese außergewöhnlich niedrige Steuerbelastung durch ein einmaliges Ereignis erfolgte, ziehen Sie einfach 33,3 % von den Gewinnen vor Steuer vom Gewinn von 12 Millionen Pfund ab, und Sie kommen auf einen revidierten Reingewinn von 8 Millionen Pfund auf dessen Grundlage der Gewinn pro Anteil zu berechnen ist. Es ist sehr wichtig, zwischen Unternehmen zu unterscheiden, die regelmäßig niedrigere Steuern zahlen und zwischen anderen Unternehmen, die aus einem Einzelfall einen Nutzen gezogen haben.

Lassen Sie mich die wichtigsten Punkte dieses Kapitels zusammenfassen:
1. Die Wirtschaftsprüfer schaffen Ordnung, aber es wird immer einen gewissen Spielraum für kreative Buchhaltung geben.
2. Sie müssen die detaillierte Anlage zur Bilanz, sowie die Stellungnahme des Vorstands komplett lesen, außerdem alle Dokumente, die Sie von den ausgewählten Unternehmen erhalten.
Achten Sie auf Warnsignale, besonders Bemerkungen im Prüfungsbericht oder Vorschläge zur Änderung des Prüfers.
3. Die Gewinne pro Anteil werden künftig nach Abzug von außerordentlichen Posten ausgewiesen, welche klar erklärt werden. Es ist Ihre Aufgabe zu entscheiden, ob manche

davon wieder hinzugefügt oder entfernt werden müssen, damit ein genaueres Bild zum Wachstum des Unternehmens entsteht.

4. Achten Sie darauf, ob der Gewinn mit den von mir beschriebenen Methoden in die Höhe getrieben wurde. Vergleichen Sie am Besten Handelsgewinne mit operativem Cashflow. Große Abweichungen deuten darauf hin, dass kreative Buchhaltung zum Einsatz kam.

5. Stellen Wandelanleihen, Optionen und Optionsscheine mehr als 10% des Aktienkapitals dar, passen Sie die Gewinnzahlen durch Einschätzen der möglichen Verwässerung und möglichen Zinseinsparungen an.

6. Bei erwerbsorientierten Unternehmen studieren Sie den Anhang zur Bilanz, um sicherzugehen, dass die Verbindlichkeiten für eine verspätete Berücksichtigung von Earn-outs keine übermäßige Belastung wurden.

7. Passen Sie die Gewinne der normalen Steuerlast an, wenn Steuererleichterungen auf außergewöhnliche Ereignisse zurückzuführen sind.

Wir können nun fortfahren und einen meiner Schutzkriterien erörtern, mit welchen Sie zusammengenommen ein doppeltes Netz haben für alle Aktien, die Sie kaufen.

Nachtrag

Beim Schreiben dieses Kapitels wurde ein ausgezeichnetes Buch zum Thema kreative Buchhaltung veröffentlicht. *Accounting for Growth* von Terry Smith gibt unter anderem ein umfassendes Bild der vielen Möglichkeiten, wie man das Gewinnwachstum eines Anteils in die Höhe treibt. Wenn Sie ernsthaft interessiert sind, die Komplexität der Bücher eines Unternehmens zu untersuchen, sollten Sie dieses Buch lesen.

5. Liquidität, Cash Flow und Anleihen

Ich hätte dieses Kapitel 'Eine starke finanzielle Position' nennen können, aber ich wollte betonen, dass Liquidität, Cashflow und Anleihen drei sehr wichtige und unterschiedliche Faktoren sind.

Das Wort 'Liquidität' bezieht sich auf Vermögen, die 'leicht in Barmittel umgewandelt ' werden können. Hierbei handelt es sich gewöhnlich um kurzfristige Darlehen, Debitoren (ohne Kreditorenpositionen), Staatsobligationen, börsennotierte Anlagen und natürlich Barmittel. Das Wort 'leicht' bedeutet 'einfach oder ohne Schwierigkeiten'. Bei einer schweren Rezession kann es viel schwieriger sein, Vermögenswerte in Geld umzuwandeln, als Sie sich vorstellen können (fragen Sie eine Bank), aber wir gehen davon aus, dass das finanzielle Klima einigermaßen normal bleibt.

Offensichtlich ist ein Unternehmen in einer starken finanziellen Lage, wenn es wesentliche Barmittel und keine Schulden hat. Vorausgesetzt, dass die starke Liquidität durch organisches Wachstum erreicht wurde, muss es als ausgezeichneter glaubhafter Beweis gewertet werden, dass das Unternehmen richtig Geld verdient.

Lassen Sie uns jetzt ein weniger gut aufgestelltes Unternehmen mit einem Liquiditätssaldo von sagen wir einer Million, aber Schulden von fünf Millionen Pfund ansehen. Wir gehen davon aus, dass die eine Million Pfund nicht aus neueren Bezugsrechten oder ähnlichen Mitteln entstanden sind. Die Schlüsselfrage ist: Wie problematisch sind die Schulden und verdient das Unternehmen wirklich Geld?

Schulden werden in den Büchern als fällig innerhalb eines Jahres und als längerfristige Verbindlichkeiten eingestuft. In diesem Fall könnte es eine Überziehung von einer Million Pfund und eine Hypothek von vier Millionen Pfund auf den wichtigsten Grundbesitz des Unternehmens geben. Wenn die Hypothek zu kurzfristig ist, könnten Sie sich für ein anderes Unternehmen entscheiden, aber wenn sie langfristig ist, sollten Sie dem Unternehmen weiterhin vertrauen.

Eine andere gute Möglichkeit die Bonität eines Unternehmens zu überprüfen, ist das 'ATR oder Quick Ratio' des gegenwärtigen Vermögens, ohne Wertpapiere und unfertige Erzeugnisse. Im Idealfall sollte die Höhe des Umlaufvermögens (abzüglich Wertpapiere) mindest 1,5 Mal so hoch sein wie die kurzfristigen Verbindlichkeiten, aber ich würde weniger akzeptieren (vielleicht bis 1 zu 1) wenn sonst alles in Ordnung zu sein scheint. Je höher das Verhältnis, umso besser. Später werden Sie in Kapitel 13 unter der Überschrift "Value Investing" erkennen, dass die Anhänger von Ben Graham als Hauptentscheidungsmerkmal Unternehmen ausgesucht haben, die zu einem niedrigeren Preis als dem aktuellen netto Geschäftswert verkauft wurden.

Heutzutage gibt es davon nur noch sehr wenige aber ein starkes Betriebskapital ist ein äußerst wünschenswertes Kriterium für die Investition und stärkt Ihr Schutznetz.

Ein anderes nützliches Maß ist der gesamte Verschuldungsgrad eines Unternehmens. Das Eigenkapital ist in diesem Fall der Nettobuchwert, der gewöhnlichen Aktionären zuzuordnen ist. Das klingt einfach, aber hüten Sie sich - professionelle Kapitalanleger scheinen, viele verschiedene Interpretationen der Wörter 'Nettobuchwert' und 'Gesamtverschuldung' zu haben. Meine Methode ist nach einigen Standards sehr hart- ich nehme nur die Sachanlagen, ziehe den Geschäftswert vom Bilanzwert ab. Um die Gesamtverschuldung zu berechnen, addiere ich alle Kredite mit mehr als einem Jahr Laufzeit zur Banküberziehung hinzu, addiere Kurzzeitdarlehen, sowie Mietkauf- und Finanzierungsleasingverpflichtungen. Dann ziehe ich überschüssige Liquidität ab und drücke die resultierende Summe als Prozentsatz des Nettoanlagevermögens aus. Lassen Sie mich Ihnen zeigen, wie das im Mai 1992 mit der Industrial Control Services Group plc. funktionierte.

Gehen wir zuerst auf die Pro-forma Bilanz, welche nach der Platzierung ein Nettovermögen von 17.116.000 Pfund zeigt, ich ziehe immaterielle Vermögenswerte im Wert von 472.000 Pfund ab und erhalte ein Nettoanlagevermögen von 16.644.000 Pfund. Dann nehme ich alle verzinslichen Verbindlichkeiten mit einer Restlaufzeit von mehr als einem Jahr 6.350.000 Pfund (6.564.000 abzüglich 214.000 Pfund aufgelaufene Kosten) – diese Zahl enthält Hypotheken zusammen mit einigen Finanzleasing- und Mietkaufverpflichtungen. Dann kommen die Kredite, die innerhalb eines Jahres bezahlt werden müssen (siehe nächste Seite), und entnehme verzinsliche Raten auf Bankdarlehen von 64.000 Pfund, die Banküberziehung mit 6.054.000 Pfund andere Darlehen mit 1.000.000 Pfund und Mietkaufverträge von 331.000 Pfund. Die Summe dieser Zahlen ist 7.449.000 Pfund, von der Sie 6.104.000 Pfund Barmittel in der Proforma-Bilanz und die 1.000.000 Pfund, die den Gläubigern nach der Platzierung zurückgezahlt wurden, abziehen sollten.

Die folgende Proforma-Bilanz der ICS Gruppe wird zur Veranschaulichung zur Verfügung gestellt und basiert auf konsolidierten revidierten Zahlen der Gruppe am 30. November 1991, angepasst wie in den folgenden Hinweisen:

Industrial Control Services Group PLC pro forma balance sheet

	30. Nov 1991 (£'000)	Kapital-reorganisation (£'000)	Platzierung (£'000)	Pro forma gesamt (£'000)
Anlagevermögen				
Immaterielle Anlagewerte	472	-	-	472
Materielle Anlagewerte	12.282	-	-	12.282
Investments	695	-	-	695
	13.449	-	-	13.449
Betriebskapital				
Aktien	6.684	-	-	6.684
Debitoren	20.183	-	-	20.183
Barmittel	379	125	5.600	6.104
	27.246	125	5.600	32.971
Kreditoren				
Beträge die innerhalb				
eines Jahres fällig sind	23.553	-	(1.000)	22.553
Betriebskapital	3.693	125	6.600	10.418
Summe Aktiva abz.				
Kurzfristige Verbindlichkeiten	17.142	125	6.600	23.867
Kreditoren				
Beträge, die nach über einem				
Jahr fällig sind	6.564	-	-	6.564
Rückstellungen				
Latente Steuern	225	-	-	225
Anteile in Fremdbesitz	(38)	-	-	(38)
	6.751	-	-	6.751
Bereinigtes Reinvermögen	10.391	125	6.600	17.116
Kapital und Rücklagen				
Eingefordertes Aktienkapital	4.500	(1.192)	682	3.990
Aktienagio	-	210	5.918	6.128
Aufwands- Ertragskonto	4.946	(250)	-	4.696
Kapitalrücklage	3	-	-	3
Tilgungsrücklage	-	1.357	-	1.357
Immaterielle Rücklagen	(1.959)	-	-	(1.959)
Neubewertungsrücklage	2.901	-	-	2.901
	10.391	125	6.600	17.116

Hinweise:
1. Es wurden Anpassungen vorgenommen, um den am 18. Mai 1992 verabschiedeten Sonderbeschluss bezüglich der Neuorganisation des Anteilskapitals des Konzerns zu reflektieren und das Bezugsrecht auszuüben. Weitere Informationen finden Sie auf Seite 49 in den Absätzen 1.3 und 1.4 im Abschnitt mit der Überschrift 'Weitere Informationen' auf Seite 49.
2. Ein Emissionserlös abz. Kosten von 6,6 Millionen Pfund wird angenommen.
3. Der Einfluss der Konzernergebnisse nach dem 30. November 1991 wurde nicht berücksichtigt.

Industrial Control Services Group PLC
Kreditoren: Innerhalb eines Jahres fällige Beträge

	31. Mai 1991	30. November 1991
	(£'000)	(£'000)
Aktuelle Rückzahlungen auf Bankdarlehen	60	64
Andere Darlehen	-	1.000
Banküberziehung	3.149	6.054
Zu zahlende Dividende		
Mietkauf- und Finanzierungsverpflichtungen	186	331
(siehe Hinweis 16)		
Lieferantenverbindlichkeiten	7.323	6.129
Verbindlichkeiten aus Lieferungen und Leistungen	1.154	2.478
Andere Kreditoren	920	479
Aktuelle Körperschaftssteuer	1.386	1.731
Andere Steuern und Sozialversicherungen	1.249	1.351
Rechnungsabgrenzungsposten	3.920	3.774
	18.825	23.553

Die Banküberziehung ist durch feste und variable Gebühren über alle Vermögenswerte der Gruppe abgesichert.

Industrial Control Services Group PLC
Kreditoren: Nach über einem Jahr fällige Beträge

	31. Mai 1991	30. November 1991
	(£'000)	(£'000)
Bankdarlehen zu variablen Zinssätzen		
rückzahlbar innerhalb fünf Jahren	119	77
Hypotheken zu variablen Zinssätzen rückzahlbar		
In 20 Jahren durch Kapitallebensversicherungen	4.000	4.000
Hypotheken zu variablen Zinssätzen rückzahlbar		
Innerhalb 5 Jahren	1.400	1.400
Mietkauf- und Finanzierungsverpflichtungen	485	873
(siehe Hinweis 16)		
Sonstige Darlehen zu variablen Zinssätzen		
rückzahlbar innerhalb 5 Jahren	1.000	-
Rechnungsabgrenzungsposten	303	214
	7.307	6.564

Das Ergebnis liegt bei 345.000 Pfund, addiert man diesen Wert zu den Darlehen von 6.350.000 Pfund, die nach einen Jahr fällig sind, kommt man auf eine 'Gesamtverschuldung'* von 695.000 Pfund. Der Prozentsatz der Nettoverschuldung zum Eigenkapital wird wie folgt berechnet:

$$\frac{6.695.000}{16.644.000} \times 100 = 40.2\%$$

Meine Obergrenze für Wachstumsunternehmen liegt bei 50%, so dass dieser Wert noch akzeptabel ist. Machen Sie sich keine Sorgen, dass Sie den Prozentsatz der Nettoverschuldung berechnen müssen. Der *Investors Chronicle* verwendet eine ähnliche Methode und der entsprechende Wert wird deutlich in den Unternehmensergebnissen angegeben.

* Gesamtverschuldung
Es scheint mehrere andere Anomalien bei der Berechnung von Nettoverbindlichkeiten zu geben. Ich hätte zum Beispiel angenommen, dass die innerhalb eines Monats zu zahlende Dividende aus den veröffentlichten Rechnungsunterlagen als Verbindlichkeiten einzustufen sind. Die Zahlung erhöht den Überziehungskredit oder reduziert das Barguthaben, wenn also einen Monat später eine Momentaufnahme gemacht würde, wären die Schulden zweifellos höher. Das gleiche gilt für Steuerschulden, auch wenn diese nicht so schnell bezahlt werden müssen. Wenn ich über dieses Problem nachdenke, frage ich mich auch, wie es mit Kapitalverpflichtungen aussieht, die in manchen Fällen bald ein Teil der Gesamtverschuldung werden. Wenn Sie die Sache wirklich genau wissen wollen, müssen Sie sich über all diese Fragen im Klaren sein, aber achten Sie darauf, dass Ihr Ansatz einfach bleibt. Ich schlage vor, dass Sie sich darüber nur Gedanken machen, wenn der Prozentsatz der Gesamtverschuldung grenzwertig ist und Sie bei dem Unternehmen ein schlechtes Gefühl haben.
Ein weiterer strittiger Bereich sind die Wandelanleihen. Liegt der Aktienpreis weit über dem Wandelpreis, kann man sie bei der Berechnung der Gesamtverschuldung wohl ignorieren, insbesondere dann wenn der Wandlungstag naht. Liegt der Wandlungspreis weit über dem Anteilspreis, muss die Wandelanleihe als Schuld eingestuft werden, wie alle Anteilseigner der Ratners Gruppe bestätigen werden. Im mittleren Bereich, wenn der Aktienpreis in der Nähe des Wandlungspreises liegt, ist man auf der sicheren Seite, wenn man die Wandelanleihe als Schuld einstuft.

Idealerweise finden wir Unternehmen mit Nettobarmitteln, denken Sie daran Schulden sind immer der Beginn einer Gefährdung. Bis zu 50% Nettoverschuldung können toleriert werden, wenn all unsere anderen Investmentkriterien erfüllt sind.

Gelegentlich wird man ungewollt von Unternehmen, zum Beispiel aus der Baubranche in die Irre geführt, wenn diese im Vorfeld von Großaufträgen größere Anzahlungen erhalten. Ich erinnere mich zum Beispiel an das Unternehmen Whessoe, das im Jahr 1991 eine Bezugsrechtemission zur Finanzierung einer Auslandsakquisition hatte. Obwohl das Unternehmen zu der Zeit eine starke Cash-Position zu haben schien, wies der Vorstand die Aktionäre zurecht darauf hin, dass ein Großteil der Mittel nicht zur Verfügung stand, da es sich um Vorabeinlagen von Kunden für Großaufträge handelte.

Wenn wir nun von der gegenwärtigen Position eines Unternehmens zum künftigen Cash-Flow gehen, müssen wir zuerst den Begriff definieren. Der Cash-Flow ist der Nettozufluss liquider Mittel, welches ein Unternehmen in seinem Finanzjahr erzielt. Um den Netto-Cash-Flow zu berechnen, addieren Sie die Posten, die keinen Kostenaufwand erfordern, zu den Netto-Handelsgewinnen. Der wichtigste ist die Abschreibung.

Auf der anderen Seite muss der Gewinn, der durch ein at-equity beteiligtes Unternehmen generiert wurde, von den Nettohandelsgewinnen abgezogen werden. Wenn zum Beispiel ein Unternehmen im Berichtsjahr 20 % hielt, und mit der Vorstandsvertretung eines Teilhabers, der nach Steuern einen Gewinn von 10 Millionen Pfund nach Steuern generierte, läge der anteilige Beitrag des Konzerns am Jahresüberschuss bei 2 Millionen Pfund. Der Teilhaber hat vielleicht nur eine Dividende von einem Viertel dieses Betrags bezahlt und damit nur 500.000 Pfund in Barmitteln erhalten. Der verbleibende Restbetrag von 1,5 Millionen Pfund müsste von den Gewinnen abgezogen werden, um den operativen Netto Cashflow für das Jahr zu berechnen.

Um die Aufgabe des Investors leichter zu machen, verlangt der Accounting Standards Board nun eine Cash Flow Berechnung, anstatt der alten Mittelflussberechnung. Bei der neuen Berechnung wird der Cashflow in verschiedene Kategorien eingeteilt und es wird versucht Geldbewegungen in deren wirtschaftliche Ursachen zu unterteilen. Künftig lauten die Rubriken: Nettozahlungseingänge aus laufender Geschäftätigkeit, Kapitalrenditen und Einkommen aus Finanzierungsaktivitäten, Steuern, Anlagen und Finanzierungen. Es gibt viele Zahlen, deshalb konzentrieren Sie sich auf den wichtigsten Punkt – *die Nettozahlungseingänge aus laufender Geschäftstätigkeit, sie unterscheiden sich nicht wesentlich vom Gewinn aus Handelsgeschäften*. Die Zahlen von Sainsbury für die 52 Wochen

bis 14. März 1992, zeigen ganz klar, wie leicht es ist, operative Gewinne mit Nettozahlungseingängen aus operativen Geschäften abzustimmen.
In der Kapitalflussberechnung wird man sofort auf Hinweis 24 verwiesen, der wie folgt lautet:

Hinweis 24
Abstimmung des operativen Gewinns auf Nettozahlungseingänge aus operativem Geschäft

	Konzern	
	1992 Mill. Pfund	1991 Mill. Pfund
Operativer Gewinn	667,7	585,0
Gewinnbeteiligung	(49,4)	(44,0)
Abschreibungsaufwand	135,6	120,2
Erhöhung des Bestands	(1,5)	(52,3)
Abnahme (Zunahme) von Forderungen aus Lieferungen und Leistungen	4,7	(9,7)
Zunahme der Verbindlichkeiten aus Lieferungen und Leistungen	31,7	109,2
Nettozahlungseingängen aus operativen Geschäften	788,8	708,4

Wie Sie sehen können, liegt der operative Gewinn bei 667,7 Millionen Pfund, von welchen 49,4 Millionen Pfund für die Gewinnbeteiligung der Mitarbeiter abgezogen werden. Ein substantieller Wert von 135,6 Millionen für die Abschreibung wir addiert, welcher keine Barmittel absorbiert aber dennoch gegen Gewinne aufgerechnet wird.
Die restlichen Anpassungen beziehen sich auf Bedarf an Betriebskapital– Erhöhungen oder Verminderungen von Laberbeständen, Debitoren und Kreditoren.
Das Endergebnis sind gesunde 788,8 Millionen Pfund *Nettozahlungseingänge aus operativen Geschäften*, welche vorteilhaft aussehen, verglichen mit den 667,7 Millionen Pfund *operativem Gewinn*. Viele Berichte und Bücher sind nicht so detailliert geführt wie bei Sainsbury. Je unklarer sie sind, umso wachsamer sollten Sie sein.
Konzentrieren Sie sich auf die wichtigsten Zahlen. *Wenn der operative Gewinn den Nettozahlungseingang aus operativem Betrieb übersteigt*, wissen Sie, dass kreative Buchhaltung am Werk sein muss.

Warum ist der Kapitalfluss so wichtig? Zuerst, um zu prüfen, dass die Handelsgewinne in Ordnung sind und zweitens weil mit freiem Cashflow die Expansion eines Unternehmens finanziert wird. Mit dem Begriff 'freier Cashflow' meine ich den Kapitalfluss nach Dividendenzahlungen und Kapitalausgaben. Gute Beispiele für Unternehmen mit exzellentem Cashflow sind Lebensmittelhändler wie Sainsbury oder Tesco. Sie brauchen sehr wenig Kapital, um einen Supermarkt zu eröffnen– die Immobilie kann gemietet werden und die Lagerbestände werden von den Lieferanten finanziert. Vom Tag der Eröffnung an klingelt in den Kassen verfügbares Geld. Brot zum Beispiel wird von den Bäckern auf Kredit geliefert, gegen Bargeld verkauft und innerhalb ein, zwei Tagen verzehrt. Einige Wochen später, manchmal einige Monate später, landet auf dem Konto des Bäckers der entsprechende Betrag, in der Zwischenzeit hat der Supermarkt von der Liquidität profitiert. Zum Ende des Finanzjahres werden Cashgewinne des Supermarkts für Steuern, Dividenden, Rückzahlungen von Schulden und natürlich für Expansionen aufgewendet. Das einzige Problem ist wenn zu starke Expansionen zu einem Preiskampf führen.

Ich konnte nie richtig verstehen, warum Jimmy Goldsmith so viel Wert auf Markennamen, wie Bovril und Marmite legte und warum er sich mit Allied Suppliers in Großbritannien und Grand Union in Amerika auf den Lebensmittelhandel konzentrierte.

Inzwischen ist mir die Sache klar geworden. Ich hoffe, Ihnen zeigen zu können, wie man in solche Unternehmen investiert – Unternehmen, die einen Wettbewerbsvorteil genießen, hohe Kapitalerträge haben und einen starken Kapitalfluss, der nicht von finanziellen Verpflichtungen negativer Art aufgefressen wird.

Kapitalausgaben sind in zwei Hauptkategorien einzuteilen, zunächst sind alte Anlagen und Maschinen zu ersetzen, die in schlechtem Zustand sind oder nicht mehr dem Stand der Technik entsprechen. Diese Ausgaben sind dafür da, den aktuellen Zustand zu erhalten – also wesentliche Kosten, um wettbewerbsfähig zu bleiben.

Die zweite Kategorie ist optimistischer zu werten– eine brandneue zusätzliche Fabrik, die modernste Ausstattung – der Stoff für wirkliche Expansion. Sie werden feststellen, dass manche Unternehmen, wie zum Beispiel Stahlkonzerne jedes Jahr in Anlagen und Ausrüstung investieren, die Aktionäre profitieren selten.

Unternehmen mit starken Geschäftsbereichen haben da mehr Glück, sie können in neue Produkte, neue Technologien und neue Branchen investieren, das alles sollte helfen, die jährlichen Gewinne zu erhöhen, *anstatt nur zu halten*.

> **Zu diesen Schlussfolgerungen kommen wir**
> 1. Das ideale Unternehmen, insbesondere in Rezessionszeiten hat einen hohen Kapitalzufluss, ein substantielles Barguthaben und keine Schulden.
> 2. Unsere Obergrenze für Kredite liegt bei 50 % des Eigenkapitals und dann müssen alle anderen Kriterien genau stimmen.
> 3. Das Verhältnis des Nettoumlaufvermögens abzüglich Lagerbestände und unfertige Erzeugnisse zu kurzfristigen Verbindlichkeiten sollte mindestens 1:1 und besser 1,5:1 betragen.
> 4. Ein besonderes Augenmerk ist auf vorgezogen Cashpositionen zu werfen, wenn bei Großaufträgen vorab größere Anzahlungen geleistet werden.
> 5. Die Kapitalflussberechnung des Unternehmens sollte immer genau angesehen werden. *Insbesondere sollten Sie genau prüfen, dass der operative Nettokapitalfluss mindestens gleich ist, besser aber über dem operativen Gewinn liegt.* Gibt es eine wesentliche Diskrepanz in der falschen Richtung, war kreative Buchhaltung im Einsatz.
> 6. Unternehmen, die viel Kapital in Anlagen und Ausrüstungen investieren müssen, nur um zu überleben, sollten gemieden werden. Unternehmen, die reichlich freien Cashflow generieren, sind wesentlich attraktiver.

6. Etwas Neues

Etwas Neues ist ein höchst wünschenswertes aber nicht absolut erforderliches Kriterium für das Investment. Unternehmen mit ausgezeichneten Markennamen, wie Glaxo, Cadbury und Schweppes und etablierte Unternehmen in Nischenmärkten, wie Rentokil schaffen am laufenden Band erhöhte Gewinne pro Anteil, die über den Durchschnittswerten liegen, ohne von etwas Neuem profitieren zu können. Sie haben vielleicht ein neues Produkt oder eine neue Dienstleistung in ihrem Portfolio, aber nichts Dramatisches – nichts, das dazu führen könnte, die Gewinne zu erhöhen. Im Wissen, dass ich andere Wachstumswerte, wie Glaxo oder Rentokil finden kann, bestehe ich nicht darauf, dass ein Wert dieses Kriterium erfüllen muss, vorausgesetzt meine anderen Investmentkriterien werden erfüllt. Wenn ich aber einen Anteil mit den richtigen Grundlagen finde, das den zusätzlichen Vorteil hat, etwas Neues zu bieten, dann werde ich hellhörig. Oft ist das neue Ereignis oder das neue Produkt eine wunderbare Bestätigung des erhöhten Gewinnpotentials und der hohen relativen Stärke der Anteile.

Es gibt vier wichtige Kategorien neuer Faktoren, die ausreichend wichtig sind, um den Aktienpreis wesentlich zu beeinflussen:

1. Ein neues Management.
2. Neue Produkte oder neue Technologien.
3. Neue Ereignisse in der Branche insgesamt, einschließlich neuer Gesetzgebung.
4. Neue Akquisitionen.

Ein neues Management ist das wichtigste Kriterium. Der Grund ist einfach – der Einfluss eines ausgezeichneten neuen Managements kann sowohl weitreichend, wie auch lang anhaltend sein. Wenn neue Manager mit Format die Kontrolle eines Unternehmens übernehmen, werden ihre Bemühungen wahrscheinlich in den kommenden Jahren Früchte tragen.

Zwei der bekannten Beispiele sind James Hanson und Gordon White, die in den Vorstand der Wiles Group kamen und Greg Hutchings eine Führungskraft bei Hanson, die zu F. H. Tomkins kam. Die Wiles Group wuchs in den folgenden 28 Jahren von weniger als 2 Millionen Pfund auf über 11 Milliarden Pfund; Tomkins wuchs in den 9 Jahren nach der Ankunft von Greg Hutchings von 6 Millionen Pfund auf über 1,4 Milliarden Pfund. Die Vorteile dieser Änderungen im Management hielten viele Jahre bis heute an.

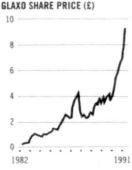

Auch die Gewinne aus einem neuen Produkt oder einer neuen Technologie können anhaltend sein. Zum Beispiel brachte Glaxo im Oktober 1981 ein neues patentiertes Produkt auf den Markt. Zantac für die Behandlung von Geschwüren. Bis 1991 betrug der Umsatz mit Zantac insgesamt 1,6 Milliarden. Zum Zeitpunkt der Markteinführung wäre es schwer gewesen, den weltweiten Erfolg von Zantac vorauszusehen. Aber kurz nach 1983, als das Produkt in Amerika zugelassen wurde und alle Rekorde neu eingeführter Medikamente brach, hätte jeder intelligente Investor einen massiven Kapitalgewinn genießen können. Inzwischen haben sich die Umsätze mit Zantac eingependelt aber das Produkt trägt immer noch maßgeblich zu den Gewinnen von Glaxo bei.

Psions neuer Palmtop Computer, der preisgekrönte Star einer führenden internationalen Computershow in Amerika im Jahr 1991 sollte einen großen Einfluss auf die künftigen Umsätze und Gewinne von Psion haben. In der sich schnell wandelnden Computerindustrie besteht jedoch immer das Problem, dass irgendein Wettbewerber irgendetwas Besseres entwickelt. Es ist schwierig, solche Produkte zu patentieren, der Schlüsselfaktor ist die Vorlaufzeit.

Unternehmen wie Psion müssen Heu machen, so lange die Sonne scheint.

Es ist wichtig, zwischen patentierten neuen Produkten zu unterscheiden und Produkten, die leicht durch Marktkräfte verdrängt werden können.

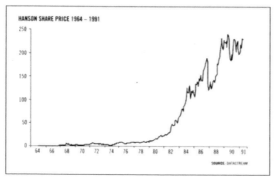

Manchmal ist ein neues Produkt ein enormer Erfolg, hat aber aufgrund der relativen Bedeutungslosigkeit innerhalb des Konzerns wenig Einfluss auf die Unternehmensgewinne. Ich bin sicher, dass Sony vom Walkman profitierte, aber der Erfolg des Produkts konnte die bereits massiven Gewinne von Sony nicht wesentlich beeinflussen. Im Gegensatz dazu profitierte Nintendo viel direkter vom Erfolg seiner Videospiele. Es ist Ihre Aufgabe, zu beurteilen, ob ein neues Produkt erfolgreich sein wird und den möglichen Einfluss des Produkts auf die Unternehmensgewinne zu bewerten. Das ist nicht immer einfach, deshalb schlage ich vor, dass Sie auf der Suche nach etwas Neuem, nur Produkte berücksichtigen, die offensichtlich zu einem substantiellen Anteil des Unternehmensgeschäfts beitragen, wichtig für die Haupttätigkeit sind und einen größeren Einfluss auf künftige Gewinne haben. Zum Beispiel hatte Polaroid in Amerika mit der Sofortbildkamera eine der besten neuen Ideen des Jahrhunderts. Das Unternehmen erfand nachfolgend eine Farbversion und die Anteile vervielfachten sich daraufhin in den Sechzigern mehrfach im Wert. Ein Großteil der Weltbevölkerung muss erkannt haben, dass Polaroid etwas Neues zu bieten hatte, dass es sich um einen großen Bereich ihres Geschäftsbereichs handelte und dass die Gewinne in den kommenden Jahren davon profitieren würden.

Die Unterscheidung zwischen kurzlebigen Eintagsfliegen und dauerhaft interessanten Produkten ist hier eine weitere Betrachtung. In der Spielzeugbranche ist Barbie seit über 50 Jahren ein Erfolg, aber die Wombles von Wimbledon sind längst vergessen. Die Ninja Turtles gehören zu den letzten Verrücktheiten, ich würde ihnen aber keinen dauerhaften Erfolg zuschreiben.

Zu den neuen Ereignissen in einer Branche gehört natürlich auch der Zusammenbruch eines wichtigen Wettbewerbers. Der Konkurs von Harry Goodman's International Leisure Group machte es für Owners Abroad, Airtours und den Rest der Urlaubsbranche wesentlich leichter. Viele Hersteller von Bohrinseln profitierten von den Ölfunden in der Nordsee und Immobilienbesitzer, sowie Dienstleister in Aberdeen. Unternehmen in der Rüstungsindustrie profitieren von Kriegen. Eine neue Regierung kann die Höhe der Ausgaben im Gesundheitswesen oder Umweltschutz beeinflussen. Müllentsorung und Umweltschutz können weitreichende Effekte auf Unternehmen in der Branche haben. Die geplante Eröffnung des Ärmelkanal-Tunnels hat bereits einen großen Einfluss auf den Wert von Immobilien in Nord-Frankreich und im Süden von England. Die deutsche Wiedervereinigung brachte massive Impulse bei der Verbrauchernachfrage, am meisten profitierte die westdeutsche Industrie, vor allem die Automobilhersteller. Es gibt Hunderte von anderen Beispielen dafür.

Versuchen Sie Ereignisse von dieser Warte aus zu betrachten. Wenn Sie etwas über eine wichtige neue Entwicklung oder ein Produkt lesen, entscheiden Sie bewusst, ob es sich wahrscheinlich um eine langfristige positive Entwicklung handeln wird und beachten Sie mögliche Auswirkungen auf die Anteile in Ihrem Portfolio und Ihre künftige Auswahl. Als Sie zum ersten Mal von den Videorekordern gehört haben, kamen Sie mit ziemlicher Sicherheit zum Schluss, dass sie ein weltweiter Erfolg werden würden. Die Schwierigkeit ist nun, ein bestimmtes Unternehmen auszuwählen, das davon profitieren kann. Die meisten großen Elektronikhersteller produzieren eigene Video-Recorder, so dass die Vorteile sich gleichmäßig und geringfügig auf die gesamte Branche verteilen.

Dies ist häufig der Fall, wenn ein Produkt nicht patentiert werden kann – ein wesentlicher Faktor, an den Sie immer denken sollten.

Im Gegensatz zu einem neuen Management und patentierten Produkt haben einige neue Entwicklungen, wie der Konkurs eines großen Konkurrenten nur eine kurzfristige Wirkung. Offensichtlich gibt es einen lang anhaltenden Nutzen, aber die großen Auswirkungen sind während des ersten Jahres spürbar und die Beschleunigung des Ergebniswachstums in diesem Jahr wird nicht wiederholbar sein.

Eine Akquisition kann einen großen Einfluss auf die Gewinne und den Status eines Unternehmens haben. Als Hanson Imperial Tobacco übernahm, wurde das Unternehmen sofort ein wichtiger Teil der britischen Industrie mit enormem Cash-Flow und finanzieller Stärke. Natürlich war Hanson schon vor der Übernahme ein großes Unternehmen aber danach wurde es in einem anderen Licht betrachtet.

Nachfolgend finden Sie einige Beispiele, die etwas Neues aus den vier Kategorien widerspiegeln, mit Graphiken, die zeigen, wie die Anteile reagierten:

1. Neues Management

(i) English China Clays – Die Ernennung von Andrew Teare als Vorstandsvorsitzender des Unternehmens im Sommer 1990 hatte weitreichende Auswirkungen auf den Konzern. Man trennte sich seither von nicht zum Kerngeschäft gehörenden Vermögen im Wert von 110 Millionen Pfund, um sich mehr auf das Kerngeschäft zu konzentrieren und akquirierte China Clays in den USA und machte eine Akquisition mit 310 Millionen Pfund. Im Juni 1992 hatte sich der Aktienpreis seit seinem Tief im Herbst 1990 verdoppelt.

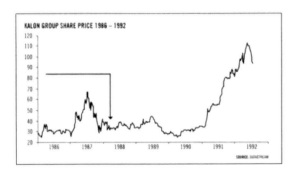

(ii) Kalonkonzern – Seit Mike Hennessy's Eintritt als Geschäftsführer im Februar 1988 wurden Schulden in Höhe von 17 Millionen Pfund zurückgezahlt. Im Jahr 1988 hatten sich die Gewinne pro Anteil trotz der Rezession um nahezu 150 % erhöht und die Nettobarmittel zum Ende des letzten Geschäftsjahres lagen bei 12,8 Millionen Pfund.

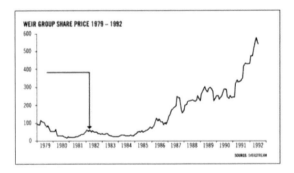

(iii) Weirkonzern – Anfang der 1980er Jahre verlor Weir 10 Millionen Pfund pro Jahr und schien ein Opfer der Rezession zu werden.

Nach Ron Garricks Ernennung zum Vorstand im Jahr 1982 wurde der Konzern auf zwei Kernbereiche zusammengestrichen und die Arbeitskräfte wurden abgespeckt. Die Gewinne stiegen in den letzten gewachsen Jahren auf über 30 Millionen Pfund im Jahr 1991. Die Dividende wurde während den letzten fünf Jahren verdreifacht.

2. Neue Produkte oder Technologien

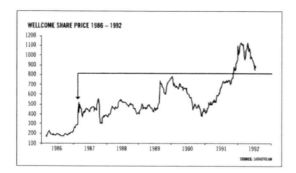

(i) Wellcome – Die Entwicklung von Retrovir zur Behandlung von AIDS half dem Unternehmen die Gewinne zu erhöhen, nachdem das Produkt im März 1987 auf den Markt gebracht wurde. Das Medikament genießt hohe Margen und der Vertrieb soll in den Jahren noch ausgebaut werden.

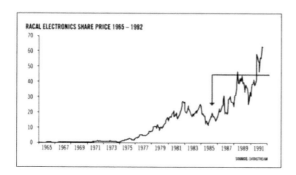

(ii) Racal Electronics – Der außergewöhnliche Erfolg des Vodafone Geschäfts wurde 1985 gestartet, es wirkte Wunder auf den Anteilspreis von Racal. Vodafone wurde im September 1991 als eigenständiges Unternehmen mit einem Wert von 3,5 Milliarden gestartet.

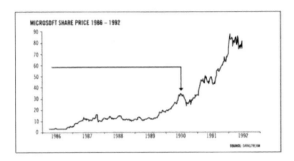

(iv) Microsoft – Ein amerikanisches NASDAQ Unternehmen, das im Juni 1990 die Computerbranche mit ihrer beiliebten 'Windows 3.0' Software revolutionierte. Zwei Jahre später war Microsoft 20 Milliarden Dollar wert.

3. Neue Ereignisse in der Branche als Ganzes

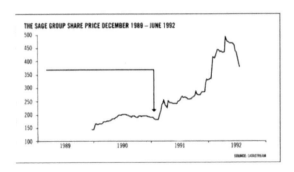

(i) Sage – Die finanziellen Schwierigkeiten von Pegasus, dem Hauptwettbewerber in Großbritannien half Sage 74% des Markts für Buchhaltungssoftware bei kleineren Unternehmen und 43% des gesamten Softwaremarkts für Kleinunternehmen zu gewinnen.

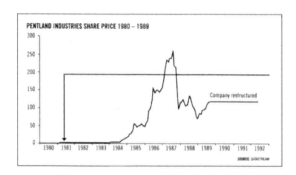

(ii) Pentland Konzern – Im Jahr 1981 für nur 77,500 Dollar gekauft wurde eine erheblicher Anteil an Reebok mehr als 700 Millionen Dollar wert
Diese Entwicklung erfolgte weil Sportschuhe sich als modisches Accessoire etablierten und insbesondere die Aerobicschuhe von Reebok vor allem bei amerikanischen Frauen besonders in Mode kamen. Die Investition in Reebok wurde bald zum wichtigsten Gut von Pentland. Der Verbrauchertrend hatte einen massiven Einfluss auf den Aktienpreis von Pentland.

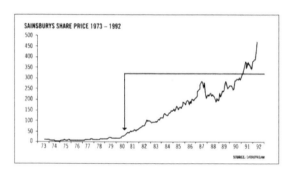

(iii) Sainsbury – In den achtziger Jahren konnten Unternehmen wie Sainsbury und Tesco ihren Marktanteil durch die Verlagerung von Einkaufsmärkten auf die grüne Wiese und durch die sehr großen Supermärkte erweitern, damit wurde deren massives Wachstum noch weiter gesteigert.

4. Neue Akquisitionen

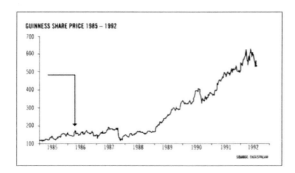

(i) Guinness – Die umstrittene Übernahme von Distillers für 2,7 Milliarden Pfund im Jahr 1986 stärkte das Markenportfolio von und machte es zu einem der besten der Welt. Im Juni 1992 war das Unternehmen bei über 12 Milliarden Pfund aktiviert, verglichen mit weniger als 1 Milliarde Pfund vor dem Gebot und die Anteile stiegen um 300%.

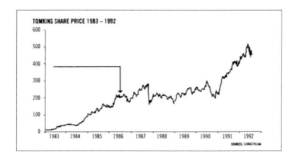

(ii) Tomkins – Die erfolgreiche feindliche Übernahme von Pegler-Hattersley zu 192 Millionen im Sommer 1986 machte Tomkins zu einem Raubtier erster Klasse. In dem Jahr bis zum Mai 1987 vervierfachte sich der Gewinn vor Steuern auf 30,1 Millionen Pfund, der Umsatz stieg von 63 Millionen Pfund auf 270 Millionen Pfund und die Aktienrendite stieg um 70 %. Bis September 1987 war das Unternehmen mit 360 Millionen Pfund kapitalisiert und schussbereit für ein weiteres Übernahmeangebot auf dem Weg zu einer Markkapitalisierung von 1,4 Milliarden und einem Platz im FT-SE 100 Index.

(iii) Argyll – Nach dem Scheitern des Angebots für Distillers, konzentrierte man sich bei Argyll auf den Lebensmittelhandel. Die Akquisition von Safeway für 680 Millionen Pfund im Februar 1987 ermöglichte dem Unternehmen einen Quantensprung in die obere Riege der Supermärkte. Die Marktkapitalisierung von Argyll stieg von 700 Millionen Pfund vor dem ersten Gebot für Distillers auf 3,9 Milliarden Pfund im Juni 1992 während sich die Umsätze auf mehr als 5 Milliarden mehr als verdoppelten und die Gewinne vor Steuern mehr als vervierfachten. Der Aktienpreis stieg seit dem Kauf um 75% trotz des Crashs im Jahr 1987 und einem eher schlechten Jahr für die Anteile im Jahr 1988.

Es gibt einen zusätzlichen Vorteil, wenn ein Anteil etwas Neues bietet. Die Geschichte des Werts wird viel interessanter und man kann sich leichter darauf beziehen, das führt zu einer schnelleren Akzeptanz durch den Markt. Je geringer die fundamentale Unterstützung für den Aktienpreis ist, umso notwendiger ist es, eine gute Geschichte zu haben, um Hoffnung auf größere künftige Gewinne zu machen. Unterstützen die gegenwärtigen Gewinne nicht den Aktienpreis, sind Hoffnungen auf künftiges Gewinnwachstum manchmal alles was der Anteil hat.
Im Juni 1992 könnte die Geschichte von Bernard Taylor und Medeva zum Beispiel so vom Broker an den privaten Kunden weitergegeben worden sein:

> 'Bernard Taylor war Leitender Angestellter von Glaxo. Vor einigen Jahren tat er sich mit einem sehr kleinen Unternehmen, Medeva, zusammen. Seitdem gab es mehrere hervorragende Akquisitionen - im Bereich Medikamentenverkauf, Generika in den Staaten und jetzt ist es der größte Lieferant von Impfstoffen. Es wird wahrscheinlich bald eine große Übernahme geben. Alles, was Medeva kauft, wird das Vermögen und die Aktienrendite stärken. Die Anteile können sehr bald steigen - Medeva wird Glaxo in Nichts nachstehen.'

Sie müssen zugeben, dass die Geschichte herrlich ist. Viele Leute glaubten an Medeva und infolgedessen war das Unternehmen im Juni 1992 mit ungefähr 525 Millionen auf einem historischen KGV von mehr als 30 kapitalisiert. Sie können mich für altmodisch halten, aber wenn ich einen Anteil aus dem Gesundheitswesen kaufen würde, würde ich mich für ein etabliertes und schuldenfreies Unternehmen, wie Amersham International entscheiden, dessen Wachstum bei mehr als 25 % pro Jahr bei einem historischen KGV von 20 liegt. Medeva muss eine sehr wesentliche Gewinnerhöhung schaffen, um mit diesem Unternehmen mithalten zu können. Vermeiden Sie astronomische KGV - Unternehmen wie Medeva können erfolgreich sein, aber wenn es zu Unsicherheiten kommt, bricht der Aktienpreis zusammen.

Durch die Erzählungen über Medeva habe ich ein wenig von meinem eigentlichen Thema abgelenkt, das ich wiederholen möchte - der zusätzlichen Vorteil von etwas Neuem, ist dass die Geschichte des Anteils leicht zu erklären ist und der Markt das schnell erfasst. Eine gute Geschichte ist ein starker Katalysator für den Anteil auf seinem Weg nach oben. Der Markt mag eine gute Geschichte und etwas Neues bringt sowohl Würze als auch Interesse. Eine Geschichte ist auch wichtig, weil damit eine Gegenprobe möglich ist. Wenn Sie einen Anteil mit passablen Grundlagen und einer guten Story kaufen, müssen Sie ständig überprüfen, ob der Status quo unverändert ist. Die Geschichte läuft unveränderlich auf die Hoffnung hinaus, dass künftige Gewinne sich wesentlich verbessern. Sie müssen sich ständig auf die ursprüngliche Story beziehen und jede neue Entwicklung überprüfen. Machen Sie einen schnellen Abgang, wenn es wesentliche negative Änderungen gibt.

Wenn Sie weiterlesen, wird die Anzahl der Kriterien meines Systems, die miteinander zusammenhängen, Sie in Erstaunen versetzen. Der Hüftknochen ist mit dem Oberschenkelknochen verbunden, der Oberschenkelknochen mit dem Knie und so weiter.

Etwas Neues ist häufig die Ursache relativer Stärke der Anteile auf dem Markt, eines beschleunigten Gewinnwachstums und einer Verbesserung der Schätzung von künftigen Wachstumsraten und des PEG-Faktors.

Manchmal, wenn ich mir einen Anteil genauer ansehe, entdecke ich das vor einem Jahr oder so, etwas Neues geschah, das die Grundlagen änderte. Zum Beispiel. 1991. Ich mochte die Whessoe Anteile, denn das voraussichtliche KGV lag bei nur 7, das Gewinnwachstum lag bei etwa 15 % pro Jahr, das Unternehmen hatte eine starke Liquidität und schien, sich von der Schwerindustrie auf das attraktivere Instrumentgeschäft zu verlegen. Whessoe hatte gerade einen italienischen Mitbewerber von MTL Instruments gekauft. Als ich die Sache genauer untersuchte, stellte ich fest, dass ein paar Jahre früher ein neuer Direktor und Finanzdirektor ernannt worden war. Hier war etwas Neues passiert, das die Gewinnänderung, die Gewinnaussichten und die Wahrnehmung des Unternehmens allgemein beeinflusst hatte.

Weil die wesentlichen Kriterien meines Systems nicht so stark zusammenhängen, achten Sie darauf, dass ein Kriterium, das andere bestätigt. Wenn sich das Gewinnwachstum beschleunigt und/oder der Anteilspreis eine gute relative Stärke hat, kann das eine Erklärung sein.

Lassen Sie mich die wichtigsten Inhalte dieses Kapitels zusammenfassen:

1. Etwas Neues ist hoch wünschenswert, aber nicht absolut obligatorisch, besonders wenn das Unternehmen meine meisten anderen Kriterien erfüllt.
2. Die wichtigste Kategorien von etwas Neuem sind neue Managementprodukte oder Technologien, eine neue Akquisition oder ein Ereignis in der Branche als Ganzes, einschließlich Veränderungen in der Gesetzgebung.
3. Ein neues Management ist hierbei am Besten, weil die Effekte weitreichend und andauernd sein können.
4. Neue Produktevents und Akquisitionen müssen für das fragliche Unternehmen ausreichend wichtig sein, um künftige Gewinne wesentlich zu erhöhen.
5. Es muss zwischen einmaliger Effekthascherei und nachhaltigen Produkten unterschieden werden.
6. Die Wirkung von neuen Ereignissen wie der Zusammenbruch eines Mitbewerbers in der Branche kann sich ein oder zwei Jahre auf den Gewinn auswirken. Die Wirkung einer neuen Gesetzgebung kann länger anhalten.
7. Ein zusätzlicher Vorteil von etwas Neuem besteht darin, dass eine Story für den Anteil zur Verfügung gestellt wird, der dem Anteil hilft, am Markt Akzeptanz zu finden und womit künftige Entwicklungen kontrolliert werden können. Eine gute Story ist am wichtigsten, wenn die aktuellen Grundlagen schwach sind, denn Hoffnungen, unterstützt von einer Story werden den Aktienpreis aufwärts treiben.
8. Wenn Sie von einer neuen Entwicklung, einem Produkt oder Ereignis lesen, denken Sie bewusst über die wahrscheinliche Wirkung auf die Anteile in Ihrem Portfolio nach und über künftige Entscheidungen.
9. Etwas Neues ist häufig eine ausgezeichnete Bestätigung dass meine anderen Kriterien erfüllt sind. Etwas Neues ist zum Beispiel häufig die Ursache von beschleunigtem Gewinnwachstum, einer höheren künftigen Wachstumsrate, einem niedrigeren PEG und einer hohen relativen Stärke des Anteils auf dem Markt. Oft ist etwas Neues das fehlende Puzzlestück.

7. Wettbewerbsvorteil

Der Wettbewerbsvorteil ist ein entscheidend wichtiges weiteres Kriterium, das Sie komplett verstehen müssen. Stellen Sie sich vor, Sie haben ein traumhaftes Unternehmen gefunden, welches pro Jahr 20 % wächst mit einem Kurs-Gewinn-Verhältnis von nur 10 und einem sehr attraktiven PEG-Faktor von nur 0,5. Wenn Sie einen Anteil finden, der in diesem Tempo wächst, wissen Sie ziemlich sicher, dass das Kurs-Gewinn-Verhältnis irgendwann in der Zukunft bei mindestens 20 liegt und der Anteil dann einen PEG-Faktor von eins hätte. In einer sehr euphorischen Phase des Aktienmarktes könnte das KGV leicht auf 25 bis 30 steigen, ebenso der Ertrag. Es ist wichtig zu verstehen, dass das Kurs-Gewinn-Verhältnis sicher ansteigt, wenn die Kapitalanleger bemerken, dass das Unternehmen Gewinne in Höhe von konstant 20 % pro Jahr macht. Denkt man fünf Jahre voraus, würden die Gewinne von sagen wir 10 P. pro Anteil auf 25 P. pro Anteil steigen und wenn sich bis dahin das KGV auf 20 erhöht hätte, läge der Aktienpreis bei 500 P.

Verglichen mit 100 P. welche die Traumaktie bei einem KGV von nur 10 hatte. Ein Gewinn von 400 % - eine Lizenz, um Geld zu drucken, vorausgesetzt, dass die Gewinne weiterhin um 20 % steigen. Sie werden vielleicht sagen, dass vier oder fünf Jahre vergehen, bevor das KGV auf 20 oder mehr steigt, aber Sie wissen, dass es nur eine Frage der Zeit ist - es ist keine Frage "ob", sondern "wann".

Lassen Sie uns zu der wichtigen Bedingung zurückgehen, dass der Ertrag 20 % pro Jahr wachsen muss. Diese Annahme sollte auf möglichst vielen unterstützenden Beweisen beruhen. Ich weiß, dass Sie den Konsensus der Maklerschätzungen, die Aussichten für die Branche, die letzte Bilanz des Unternehmens und die Prognose des Vorstands prüfen werden, aber es gibt auch ein anderes wesentliches Kriterium, das Sie anwenden sollten. Sie sollten feststellen, ob das Unternehmen einen Wettbewerbsvorteil hat, das wird dessen Vorsprung beim Gewinnwachstum untermauern und die Sicherheit bieten, die Sie suchen.

Vorsprung ist ein anderes Wort für Wettbewerbsvorteil. Etwas Besonderes, das schwer zu toppen und nachzumachen ist. Wenn Sie in einer kleinen Stadt leben würden, was für eine Art Geschäft würden Sie gern betreiben?
1. Die einzige lokale Zeitung, die vor dreißig Jahren gegründet wurde.
2. Eine Kiesgrube am Ort, die einzige im Umkreis von 60 Kilometern.
3. Ein Maschinenbauunternehmen, das Teile und Zubehör für einen wichtigen Motorhersteller und andere Kunden in Großbritannien liefert.
4. Ein lokales Unternehmen für Rohbau und Raumausstattung, das vor fünfzig Jahren gegründet wurde, ohne wesentliche Mitbewerber.

Meine Frage ist komplex. Mitbewerber werden kaum versuchen, mit einer örtlichen Zeitung zu konkurrieren. Die meisten Anwohner würden nur eine lokale Zeitung lesen wollen, die Nachfrage wäre zu schwach, damit zwei Zeitungen überleben können. Beim Kiesgeschäft ist es fast unmöglich, mitzuhalten, eine Baugenehmigung für eine andere Kiesgrube wäre erforderlich und die meisten Stadträte würden keinen weiteren Schandfleck im Ort wollen. Auch die Transportkosten sind im Verhältnis zum Abgabepreis des Kieses so hoch, dass Konkurrenz von außerhalb kaum Chancen hat.

Beim Maschinenbauunternehmen ist es anders. Der Motorhersteller hat sicher eine bestimmte Vorstellung zu den Preisen, die er für seinen Bedarf bezahlen will.

Der Eigentümer des Unternehmens wird sein Bestes tun, um zu verhandeln, aber der Kunde wird das letzte Wort haben und weil die Produkte nicht geschützt sind, kann der Motorhersteller immer einen anderen Lieferanten finden. Sie bemerken den Unterschied zur Zeitung, wo der Besitzer die Werbepreise viel leichter erhöhen kann.

So könnte es auch der Kieslieferant machen, so lange er seine Preise auf einem Niveau hält, das die Versorgung aus einem anderen Gebiet unwirtschaftlich macht.

Das Bau- und Raumausstattungsgeschäft ist kaum wert, darüber nachzudenken. Es könnte jahrelang keine ernste Konkurrenz geben, aber die Gefahr wird immer bestehen. Für einen lokalen Handwerker, der sich gerade von einer anderen Beschäftigung zurückgezogen hat, wäre es ein Leichtes, sich als Raumausstatter niederzulassen. Er könnte, ehe Sie sich versehen, unserem Unternehmen Schwierigkeiten bereiten, wenn er einen guten Job macht und von anderen Kunden empfohlen wird. Ein Freund könnte sich als Gesellschafter anschließen, und schon wären Sie groß im Geschäft.

In dieser kleinen Stadt ist leicht zu sehen, dass die ersten zwei Geschäfte einen Wettbewerbsvorteil gegenüber den anderen haben. Ein klarer Vorsprung. Jetzt. Ich will Ihnen zeigen, wie man den Wettbewerbsvorteil bei nationalen und internationalen Unternehmen am Aktienmarkt erkennt.

Ein Unternehmen hat einen beträchtlichen Vorteil gegenüber Mitbewerbern, wenn es einen oder mehrere Markennamen hat. Hier fällt mir sofort Coca-Cola ein, als eines der bekanntesten Produkte der Welt. Andere Beispiele sind Nestlé und Sony. Alle drei Unternehmen haben im Laufe der Jahre Qualitätsprodukte hergestellt und haben ihr Image beim Publikum durch beharrliche und massive Werbung gestärkt. In Großbritannien sind Cadbury, Schweppes, Guinness und Marks and Spencer entsprechende Kandidaten. Ihre

Markennamen sind ein enormes Vermögen wert, was es sehr schwierig macht, damit zu konkurrieren.
Wenn Sie die Wahl haben, werden Sie eher in ein Unternehmen investieren, das verschiedene Vorteile gegenüber anderen Unternehmen hat, als bei offensichtlichen Nachteilen und der drohenden Gefahr von Angriffen. Natürlich werden Sie ein unverwundbares Unternehmen einem verwundbaren vorziehen.
Geschäfte wie Cadbury Schweppes, Guinness und Marks and Spencer sind stark, weil sie verhältnismäßig unverwundbare Geschäftsbereiche haben und man kaum mit ihnen konkurrieren kann.

Im Gegensatz dazu sind Unternehmen, die keine Möglichkeit zum Franchising haben, wie kleine Restaurants, Bekleidungsgeschäfte, Bau- und Raumausstattungsunternehmen und allgemein das Ingenieurwesen sehr verwundbar. Fast jeder kann mit wenig Kapital und ohne viele Schwierigkeiten ein entsprechendes Unternehmen gründen. Die Zahl der Misserfolge ist deshalb hoch, weil die Margen oft unter großen Druck geraten. Warren Buffett der legendäre amerikanische Kapitalanleger sucht nach guten Franchise- Business-Unternehmen. Coca-Cola, Gillette und Disney gehören 1991 dazu. Buffett investierte in Guinness. Er summiert diesen wichtigen Aspekt seiner Philosophie auf seine eigene unnachahmliche Weise:
'Die Verwundbarkeit eines Franchise-Unternehmen zeigt sich, wenn ein kluger Kerl viel Geld verdienen kann. Wenn Sie mir eine Milliarde Dollar gäben und ich die Auswahl hätte unter fünfzig Managern überall in den Vereinigten Staaten, könnte ich sowohl in der Geschäftswelt als auch in der journalistischen Welt absahnen. Wenn Sie sagten, 'Nehmen Sie das *Wall Street Journal* auseinander' würde ich Ihnen die Milliarde Dollar zurückgeben.
Wenn Sie mir einen ähnlichen Betrag geben würden und mir sagten, die Rentabilität oder die Marktposition der Omaha National Bank oder des führenden Warenhauses in Omaha zu verbessern, könnte das sehr schwer werden.
Ich könnte nicht viel für Sie tun, aber ich könnte viele Schwierigkeiten machen. Der Härtetest für ein Unternehmen besteht darin, wie viel Schaden ein Mitbewerber verursachen kann, selbst wenn er beim Umsatz der Dumme ist.
Es gibt einige Unternehmen, die um ihre Geschäfte einen sehr großen Burggraben voller Krokodile, Haie und Piranhas haben. Das ist genau die Sorte, die Sie wollen. Sie wollen ein Geschäft, das sie glücklich macht. Johnny Weissmüller in der Rüstung würde nicht über den Burggraben kommen. Solche Unternehmen gibt es '.

Ich mag den schlichten Stil von Warren Buffett. Ich weiß genau, was er meint, auch wenn ich glaube, dass er mit seinen Metaphern ein wenig übertreibt. Die Rüstung kann die Krokodile, Haie und Piranhas abhalten, aber Tarzan hätte ein Kettenhemd sicher zu beschwerlich gefunden, um durch einen Burggraben zu schwimmen.

Ein ähnlicher Wettbewerbsvorteil besteht, wenn Produkte patentiert sind. Hier habe ich bereits Wellcome erwähnt, das Retrovir patentieren lies, ein Medikament für die Behandlung von A.I.D.S., und damit ein Vermögen verdiente. Patente gelten normalerweise sechzehn Jahre, aber wenn sie abgelaufen sind, ist ihr Markenname und die Akzeptanz des Produktes häufig so stark, dass Mitbewerber nur eine kleine Delle in deren Rentabilität verursachen können.

Urheberrechte gelten fünfzig Jahre und können außerordentlich wertvoll sein. Der Verkauf der Virgin Records von Richard Branson an Thorn EMI für 550 Millionen Pfund zeigt den Wert von Urheberrechten. Filmarchive werden durch die Ausbreitung des Kabelnetzes und Satellitenfernsehen immer wertvoller, angesichts der hohen Kosten, heute einen vergleichbaren Film zu drehen. Eine Vielzahl von neuen Fernsehsendern sucht jetzt verzweifelt weitere Produkte.

Die Gesetzgebung ermöglicht manchmal, dass Monopole und Oligopole durch Unternehmensfranchising geschaffen werden. Leistungen der öffentlichen Versorgungsbetriebe und Kabelfernsehsender sind die am besten bekannten Beispiele. Es gibt jedoch einen Haken an dieser Art Geschäfte - sie werden gewöhnlich streng reguliert, damit der Kunde nicht durch ungerechtfertigte Preise benachteiligt werden kann.

Auch zu diesem Thema hat Warren Buffett etwas zu sagen:
'Wenn ich das einzige Wasserversorgungsunternehmen in Omaha hatte, wäre das toll, wenn es keine Aufsichtsbehörde gäbe. Wonach Sie suchen, ist ein unreguliertes Versorgungsunternehmen.'

Etwas schwieriger ist die Position, die einige Unternehmen erreichen, weil sie bei weitem am Größten sind und die Branche dominieren. Potentielle Mitbewerber finden die Idee, in die Branche einzusteigen, entmutigend. Gute Beispiele hierfür sind die *Financial Times* und Rentokil. Sie werden zugeben, dass Skalenvorteile für einen potenziellen Kapitalanleger weniger attraktiv sind als ein '*Unternehmensfranchising*' mit sehr starken Markennamen, mit patentierten Produkten oder Urheberrechtsprodukten oder durch die Gesetzgebung geschützten Produkte. Für große Unternehmen ist die Gefahr von Konkurrenz heute zweifellos größer, da heute international Geschäfte gemacht werden. General Motors und

BMC bemerkten das zu ihrem Leidwesen, als die Japaner begannen sich auf die Automobilindustrie zu konzentrieren. Auch IBM hat diese Problematik seit Anfang der siebziger Jahre zu spüren bekommen.

Ein Vorsprung gegenüber Mitbewerbern kann auch durch ein Nischengeschäft mit einem wesentlichen Marktanteil erreicht werden. Zum Beispiel das Unternehmen "Druck" ist weltweit führend bei der Herstellung von Druckmessgeräten. Ein solches Unternehmen unterliegt immer auch der Gefahr, dass sich ein großes Unternehmen entscheidet, die Branche zu erschließen. Aber um das erfolgreich zu tun, würde wahrscheinlich mehr Geld und Anstrengung notwendig sein, als gerechtfertigt. Die Gefahr wächst, wenn die Märkte größer und lohnender werden, aber inzwischen werden gewöhnlich ausgezeichnete Margen verdient und das Unternehmen wächst zuverlässiger als der Durchschnitt.

Es ist sehr aufschlussreich, die Leistung verschiedener Bereiche der Aktienbörse im Laufe der letzten zwölf Jahre zu studieren. Sie werden umseitig sehen, wie Branchen, die den Vorteil von Patenten und starken Markennamen genossen, massiv diejenigen ohne Franchising überrundeten.

Ich bin nicht im Geringsten überrascht, dass der Haushalts- und Gesundheitssektor für die Kapitalanleger die beste Rendite erbracht hat. In diesem Bereich werden die Produkte häufig international patentiert. Weit oben auf der Liste sind auch Brauereien, Nahrungsmittelhersteller und Nahrungsmitteleinzelhändler, welche durch ihre starken Markennamen profitieren und geschützt sind.

Wie erwartet, weit unten auf der Liste finden sich Maschinenbauunternehmen, besonders Metallverarbeiter ohne Markenprodukte oder Franchising. Neue Mitbewerber können hier leicht eindringen. Auch die schlechte Leistung von Textilverarbeitenden Unternehmen ist keine Überraschung für mich.

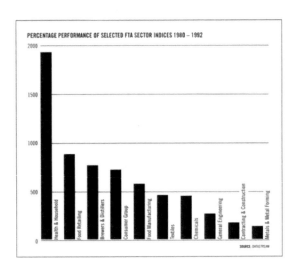

Bei diesen Zahlen werden Sie sich wahrscheinlich fragen, warum man jemals Geld in den Maschinenbau und in Geschäfte mit markenlosen Produkten der Textilindustrie gesteckt hat. Es gibt natürlich für alles einen Preis, aber ich teile Ihre Verwunderung. Ich bin auch überrascht, dass jemand in Unternehmen investiert, deren Gewinne zurückgehen.

Unternehmen, die ein unattraktives Kurs-Gewinn-Verhältnis haben, Unternehmen, die viel zu viel Schulden haben und Unternehmen deren Gewinnspannen sich viel zu schnell verringern. Ich habe vor langer Zeit aufgehört, mir darüber Gedanken zu machen und zum Glück gibt es noch Leute, die in diese Unternehmen investieren.

Wichtig ist nur, dass Sie da nicht mitmachen. Sie müssen ihrem Beispiel nicht folgen. Sie suchen Unternehmen, die etwas Besonderes - einen Wettbewerbsvorteil - haben. Die Anteile, die Sie wählen werden, müssen mehreren ausgewählten zusätzlichen Kriterien entsprechen. Nicht viele Unternehmen werden das schaffen.

Die Markennamen von Unternehmen, wie Coca-Cola und Guinness sind wohl bekannt. Sie kennen ihre Produkte und wissen, dass die fraglichen Gesellschaften einen wesentlichen konkurrenzfähigen Vorteil haben. Ihre Kenntnisse sind ein wichtiger Faktor, wenn es darum geht, führende Anteile und amerikanische Anteile auszuwählen.

Ein Querschnitt von Gewinnspannen vor Steuern 1987-1991

Ausgezeichnet

Jahr	Umsatz Mrd. £	Gewinn vor Steuern Mrd. £	Marge vor Steuern %
Glaxo			
1987	1,74	0,75	43,1
1988	2,06	0,83	40,3
1989	2,57	1,01	39,3
1990	3,18	1,18	37,1
1991	3,40	1,28	37,6

Gut

Jahr	Umsatz Mrd. £	Gewinn vor Steuern Mrd. £	Marge vor Steuern %
MTL			
1987	7,5	1,79	23,9
1988	9,3	2,31	24,8
1989	11,9	3,08	25,9
1990	14,0	3,77	26,9
1991	18,0	4,61	25,6
Rentokil			
1987	174	37,6	21,6
1988	213	50,1	23,5
1989	279	62,0	22,2
1990	309	74,7	24,2
1991	389	94,6	24,3
Spring Ram			
1987	61	10,7	17,5
1988	85	16,6	19,5
1989	121	24,1	19,9
1990	145	30,1	20,8
1991	194	37,6	19,4

Ordentlich

Jahr	Umsatz Mrd, £	Gewinn vor Steuern Mrd, £	Marge vor Steuern %
Victaulic			
1987	51,8	6,5	12,5
1988	62,9	7,6	12,1
1989	78,3	8,8	11,2
1990	99,6	11,5	11,5
1991	115,0	14,3	12,4
Rank Hovis McDougall			
1987	1,540	118	7,7
1988	1,670	157	9,4
1989	1,790	176	9,8
1990	1,770	131	7,4
1991	1,530	150	9,8

Schwach

Jahr	Umsatz Mrd, £	Gewinn vor Steuern Mrd, £	Marge vor Steuern %
Dalgety			
1987	5.000	93	1.9
1988	4.500	100	2.2
1989	4.760	110	2.3
1990	4.630	118	2.5
1991	3.770	111	2.9
Bridon			
1987	196	7.7	3.9
1988	213	13.5	6.3
1989	305	16.0	5.2
1990	336	10.1	3.0
1991	319 -	3.6	-1.1
British Aerospace			
1987	4.100	-159	-3.9
1988	5.600	236	4.2
1989	9.100	333	3.7
1990	10.500	376	3.6
1991	10.600	-81	-0.8

Kleinere Unternehmen werden wahrscheinlich weniger bekannte Marken, Namen, Patente und Urheberrechte besitzen, die unter Umständen sehr bekannt werden können, wenn sie weiterhin erfolgreich sind. Sie werden wahrscheinlich in einer dominierenden oder sehr starken Position im Nischengeschäft sein. Solche Eigenschaften zu erkennen, ist sehr schwierig. Der erste Schritt ist, das Feld einzugrenzen. Wir wissen dass wir uns mit sehr wenigen Ausnahmen nicht für die Textilbranche, die Schwermaschinenindustrie, allgemein das Ingenieur- und Elektrowesen, den Bau, die Automobilindustrie und die Banken interessieren. Sie haben bemerkt, dass ich das Wort 'allgemein' verwendet habe, als ich das Elektro- und Ingenieurwesen ausgeschlossen habe, wobei ich die Textilindustrie ohne Einschränkung ausgeschlossen habe.

Der Grund ist einfach - es gibt eine Vielzahl von Nischengeschäften mit ausgezeichneten Produkten im Elektro- und Technikmarkt. Ihr gesunder Menschenverstand wird Ihnen sagen, dass sowohl MTL als auch Druck auf dem richtigen Weg sind. Es gibt jedoch, eine andere nützliche Faustregel, die Ihnen bei Ihren Nachforschungen helfen kann - wenn ein gut geführtes Unternehmen in einer wachsenden Nische etabliert ist, werden die Gewinnspannen positiv sein und sich wahrscheinlich erhöhen. Vorsicht, wenn sie schnell abstürzen. Bei einem Unternehmen mit einer Gewinnspanne von nur 5 %, gibt es wenig Raum für Fehler. Mit Ausnahme des Lebensmitteleinzelhandels (Gründe hierfür werden in Kapitel 5 erklärt) sind 7,5 % die minimale Startbasis, und 10 % bis 20 % entsprechen eher unseren Voraussetzungen. Die Unternehmen geben immer ihren Umsatz bekannt, so dass die Gewinnspannen leicht zu errechnen sind. Schauen Sie sich die Beispiele auf der vorigen Seite an.

Natürlich muss auch der allgemeine Handel berücksichtigt werden. Aber nicht zu stark - die besten Unternehmen überleben eine Rezession besser als die meisten und einige der stärkeren Nischenunternehmen werden eine Rezession kaum bemerken. Glaxo, MTL, Rentokil und Spring Ram sind alles ausgezeichnete Investitionen gewesen, die Unternehmen ohne Franchising wie Dalgety und Bridon massiv outperformen.

Unternehmen mit starkem Franchising genießen in der Regel eine ausgezeichnete Kapitalrendite. Industrieunternehmen haben in der Regel einen geringeren Kapitalertrag, als Dienstleister, wie Werbeagenturen und Versicherungsunternehmen, die außerordentlich hohe Umsätze zeigen können, wenn der ideelle Firmenwert nicht in die Gleichung einbezogen wird. Bei einem kleinen Industrieunternehmen, sehe ich einen Ertrag zwischen 20 % und 25 %.

Nicht so hoch, dass übermäßige Konkurrenz angezogen wird, aber hoch genug um viel künftiges Wachstum zu erzeugen. Der Prozentsatz wird wie folgt berechnet:
1. Das eingesetzte Kapital ist die Summe des Grundkapitals, der Vorzugsaktien, Schuldscheine, Kreditbestände und anderer Schulden.
2. Das durchschnittlich eingesetzte Kapital zum Anfang und Ende des Finanzjahrs.
3. Fügen Sie zahlbare Zinsen und Vorzugsdividenden den Gewinnen vor Steuern hinzu.
4. Drücken Sie Punkt 3. als Prozentsatz von Punkt 2 aus.

Lassen Sie uns Kalon im Jahr 1991 als Beispiel nehmen. Bei Überprüfung der Konzernbilanz können Sie sehen, dass das Eigenkapital im Jahr 1991 bei 28.002 Millionen lag und 1990 bei 24.463 Millionen Pfund. Weitere Zahlen, die hier berücksichtigt werden müssen, sind Kurzzeitschulden, Beträge, die nach Finanzierungsleasing und Mietkaufvereinbarungen fällig sind, langfristige Schulden und Rückstellungen. Die einzigen kurzfristigen Schulden, die hier berücksichtigt werden müssen, ist der Bereich 'Banküberziehung und Darlehen', unter der allgemeinen Überschrift 'Kreditoren fällig innerhalb eines Jahres'. Unter Hinweis 15 'Sonstige Kreditoren' finden Sie die fälligen Finanzleasing- und Mietkaufvereinbarungen. In den Hinweisen 16 und 17 finden Sie die langfristigen Schulden und Bestimmungen.

Kalon Konzernbilanz
31. Dezember 1991

	Hinweis	1991	1990
		£'000	£'000
Anlagevermögen			
Sachanlagen	10	20.256	19.887
Kapitalanlagen	11	46	500
		20.302	20.387
Umlaufvermögen			
Anteile	13	13.255	13.094
Debitoren	14	16.889	14.664
Kassen-, Bankguthaben		14.607	3.643
		44.761	31.401
Verbindlichkeiten, die innerhalb eines Jahres fällig werden			
Banküberziehung und Darlehen	610	243	
Lieferantenverbindlichkeiten		13.386	14.091
Andere Kreditoren	15	20.727	11.285
		34.723	25.619
Nettoumlaufvermögen		10.038	5.782
Gesamtvermögen abzüglich kurzfristige Verbindlichkeiten		30.340	26.169
Nach über einem Jahr			
fällige Kreditoren	16	(648)	(589)
Rückstellungen für Haftung und			
Ansprüche	17	(1.690)	(1.117)
		28.002	24.463
Kapital und Reserven			
Abgerufenes Anteilskapital	20	17.930	17.824
Reserven			
Kapitalrücklage	21	296	205
Neubewertungsrücklage	21	4.860	4.860
Gewinn- und Verlustrechnung	21	4.916	1.574
Eigenkapital		28.002	24.463

Kalon Rechnungslegungshinweise

	1991		1990	
Hinweis 15 Sonstige Kreditoren	Konzern	Unternehmen	Konzern	Unternehmen
	£'000	£'000	£'000	£'000
Finanzleasing und Mietkaufverträge	572	572	437	437
Unternehmenssteuer	3.834	3.822	2.515	2.515
Andere Steuern und Sozialvers.	3.089	3.004	1.988	1.977
Andere Kreditoren	552	332	533	263
Rückstellungen	10.887	10.673	4.624	4.507
Dividende	1.793	1.793	1.188	1.188
	20.727	20.196	11.285	10.887

Hinweis 16 nach über einem Jahr fällige Kreditoren

Finanzleasing und Mietkaufverträge	323	323	264	264

Fällig innerhalb 2 bis 5 Jahre

8.25% Darlehen, rückzahlbar in in gleichen Raten:

Zwischen 2 und 5 Jahren	81	81	81	81
In mehr als 5 Jahren	244	244	244	244
	648	648	589	589

Hinweis 17 Rückstellungen für Haftung und Ansprüche

Steuerabgrenzung (siehe Hinweis 19)	-	-	160	160
Pensionsversicherung	1.690	1.690	957	957
	1.690	1.690	1.117	1.117

Die Kapitalseite der Gleichung wird deshalb wie folgt berechnet:

	1991	1990
	(£'000)	(£'000)
Eigenkapital	28.002	24.463
Kurzfristige Schulden	610	243
Leasing, Finanzkauf	572	437
Langfristige Schulden	648	589
Rückstellungen	1690	1117
	315.222	26.849

Der Durchschnitt für das Jahr, den man erhält, wenn man die zwei Summen addiert und durch zwei teilt, ist gewöhnlich ein genaueres Maß, denn das eingesetzte Kapital kann im Laufe eines Zeitraums schwanken. In diesem Fall beträgt es 29,186 Millionen Pfund.

Auf der anderen Hälfte der Gleichung sind die Gewinne vor Steuern zu sehen, nach Hinzufügen von rückzahlbaren Zinsen und Vorzugsdividenden. Im Fall von Kalon wird das als operativer Gewinn 9,177 Millionen Pfund gezeigt. Um die Rendite auf das eingesetzte Kapital als Prozentsatz zu erhalten, machen Sie folgende Berechnung:

$$\frac{9.177.000}{29.186.000} \times 100 = 31,4\%$$

Das zukünftige Gewinnwachstum eines Unternehmens entstammt weitgehend aus den Gewinnen, abzüglich Steuern und Dividenden, die in das Unternehmen reinvestiert werden. *Die Fähigkeit, Kapital zu einer hohen Rendite zu investieren, ist das sicherste Zeichen eines wahren Wachstumswertes. Zum Beispiel.* Rentokil hat eine durchschnittliche Fünfjahresrendite von 53 % und Glaxo ist auch gut über der Norm bei 37 %.

Sie werden bemerken, dass ich einen Fünfjahresdurchschnitt für Rentokil und Glaxo erwähnt habe. Das ist eine verlässlichere Möglichkeit, die Fähigkeit eines Unternehmens zu beurteilen, Kapital außergewöhnlich gut einzusetzen. Der Trend kann wichtig sein und der fünfjährige Durchschnitt kann Eigenarten der Buchhaltung ausbügeln. Jetzt die guten Nachrichten - wenn Ihr Broker Zugang zu Datastream hat, sollten sie alle Details erhalten können. Eine andere interessante Möglichkeit, einen Anteil zu prüfen, der regelmäßig und verlässlich hohe Kapitalerträge bringt ist der Vergleich mit einem von der britischen Regierung ausgegebenen Rentenwert. Wenn ein Rentenwert eine Rendite von 20 % pro Jahr bietet, wäre das natürlich ein erstklassiger Preis gut über dem Durchschnitt. Es nützt wenig, in Anteile zu investieren, die eine niedrige Kapitalrendite haben, wenn es genug Unternehmen gibt, die einen ausgezeichneten Wettbewerbsvorteil haben.

Ein gutes Beispiel für ein kleines Unternehmen mit einem ausgezeichneten Franchisinggeschäft ist Glass's Guide, das jetzt der International Thomson Organisation gehört, als definitiver monatlicher Ratgeber für Händler gebrauchter Autos ist sein Produkt nicht übermäßig preisempfindlich. Es ist daher schwierig für Mitbewerber zu konkurrieren.

Sie sollten bereit sein, andere Geschäfte dieser Art zu identifizieren und Unternehmen meiden, die durch andere leicht ersetzt werden können.

Hüten Sie sich auch vor Unternehmen, die stark abhängig von einem Kunden oder Lieferanten sind, weil sie leicht unter Druck geraten können. Unternehmen mit einem Produkt oder einer Dienstleistung, die allgemein verfügbar sind, sind immer anfällig für Preiskriege, die eine verheerende Wirkung auf die Margen haben können. Zum Beispiel in Amerika gab es einen Verdrängungswettbewerb, als die Luftfahrtunternehmen dereguliert wurden und wohl bekannte Unternehmen, wie TWA und Pan Am an den Rand des Bankrotts gezwungen wurden.

Ich finde es besonders erfreulich, dass jede Seite meines Systems die andere Seite so gut mit anderen Facetten ergänzt. Sobald Sie ein Geschäft mit einem Wettbewerbsvorteil gefunden haben- einem starken Franchising - werden Sie gewöhnlich feststellen, dass die Gewinne ausgezeichnet, die Wachstumsaussichten gut, leicht vorauszusagen und zuverlässig sind und dass der Anteil eine hohe relative Stärke an der Aktienbörse hat. Ein Kriterium verstärkt das andere. Sie alle zusammengenommen stellen sicher, dass Ihre Auswahl gut ist.

Mehrere wichtige Argumente wurden in diesem Kapitel vorgebracht:

1. Der Wettbewerbsvorteil eines Unternehmens stützt künftige Erträge und verbessert die Zuverlässigkeit von Gewinnvorhersagen.
2. Der Wettbewerbsvorteil, auch manchmal 'Business Franchise' genannt erscheint in verschiedenen Formen:
   i. Exzellente Markennamen
   ii. Patente oder Urheberrechte

iii. Die Gesetzgebung ermöglicht 'Business Franchise' (wenn auch reguliert)
iv. Eine etablierte Position in einem Nischenmarkt
v. Dominanz in der Branche
Diese Liste verfolgt weitgehend die Größenordnung zur Unverwundbarkeit durch die Konkurrenz.
3. Führende Unternehmen besitzen eher ausgezeichnete Markennamen, Patente und Urheberrechte. Kleinere Unternehmen haben Produkte mit dieser Art Potenzial und/oder eine etablierte Position in einem Nischengeschäft.
4. Meiden Sie Unternehmen, die zu abhängig von einem großen Lieferanten oder Kunden sind und Unternehmen in Branchen, die bekannt sind für die intensive Konkurrenz zwischen Mitbewerbern. Hüten Sie sich auch vor Produkten, die leicht ersetzt werden könnten.
5. Halten Sie sich fern vom allgemeinen Ingenieur- und Elektrowesen, der Textilbranche, dem Bau und der Automobilindustrie. Bevorzugen Sie Unternehmen im Bereich Gesundheit und Haushaltsprodukte, Lebensmitteleinzelhandel und Fertigung, Brauer und Destillerien.
6. Eine Überprüfung des Wettbewerbsvorteils, besonders in den Nischegeschäften, erfolgt durch die Gewinnspannen. Ausgedrückt als Prozentsatz des Umsatzes, sollten diese bei mindestens 7,5 % liegen und vorzugsweise bei 10 % bis 20 %. Vermeiden Sie Unternehmen mit sehr niedrigen Gewinnmargen und achten Sie besonders auf sich vergrößernde Gewinnspannen.
7. Der verlässlichste Beweis eines Unternehmens mit einem starken Wettbewerbsvorteil ist die Fähigkeit des Managements Kapital über der durchschnittlichen Rendite einzusetzen. Über 20 % pro Jahr sind Ihr Ziel für Industrieunternehmen. Ihr Makler sollte die Fünfjahreszahlen von Datastream erhalten.
8. Wenn mein System am Besten funktioniert, hängen alle Kriterien zusammen. Wenn Sie ein Unternehmen mit einem starken Business Franchising gefunden haben, wird die Rendite des eingesetzten Kapitals wahrscheinlich über dem Durchschnitt liegen und die Gewinnaufzeichnungen erster Klasse, die Wachstumsaussichten zuverlässig und die Anteile sollten eine hohe relative Stärke an der Aktienbörse haben..
Ein Unternehmen mit 'Business Franchising' zu finden, ist nicht schwierig, außer wenn Sie einer der letzten sind, die erkennen, dass das Potenzial des KGV astronomisch ist. Wir suchen Vollkommenheit - ein starkes 'Business Franchising' zu einem angemessenen Preis.

8. Eigendynamik und relative Stärke

Vor etwa zwanzig Jahren beobachtete ich, dass Chartisten gewöhnlich schmutzige Regenmäntel und große Überziehungskredite hatten. Zu der Zeit hatte ich einen Bekannten, dem es mit der technischen Analyse sehr schlecht ergangen war. Sogar jetzt kenne ich nicht viele reiche Chartisten. Allerdings sind mir inzwischen ein oder zwei bekannt, die ihr Glück gemacht haben und ich habe von einigen gelesen, die damit gut gefahren sind, deshalb halte ich die technische Analyse für glaubwürdiger als zuvor.

Im Wesentlichen glauben die Chartisten, dass ein Aktienchart, der die Geschichte des Aktienpreises zeigt, die Hoffnungen und Ängste der Gesamtheit aller Anleger reflektiert und im Wesentlichen auf einer unbestreitbaren Tatsache basiert - wie der Aktienpreis sich im Markt tatsächlich entwickelt hat. Ein technischer Analyst wird behaupten, dass es sich bei der Wahrnehmung des Marktes um eine sich ständig verändernde Illusion handelt. So schwankte zum Beispiel der Wert von Glaxo während der Jahre 1985 bis 1992 zwischen 13,4 und 33,8. Glaxo blieb in dieser Zeit ein Wachstumswert. Auf dem Aktienmarkt hat sich jedoch die Wahrnehmung des Werts immer wieder verändert.

Chartisten argumentieren auch, dass, wenn sich der Aktienpreis nach oben bzw. unten bewegt, es sich wahrscheinlich um einen Trend handelt und dass es wichtiger ist, dem Trend zu folgen als zu versuchen die wahrscheinliche Aktienrendite mehrerer Jahre im Voraus zu errechnen. Wenn ein erfahrener Charttechniker eine Aktie untersucht, kann er den besten Einstiegspunkt im Chart empfehlen, ein Punkt wo das Verlustrisiko minimiert wird und das Potenzial nach oben maximiert ist.

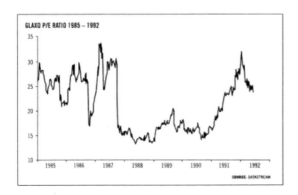

Trends folgen oft Gründen, die nicht schwer zu verstehen sind. Stellen Sie sich einen Anteil vor, der von 50 p auf 100 p steigt und dann wieder auf 80 p zurückfällt, dann wieder auf 100 p steigt, um zurück auf 80 p zu fallen und dann direkt auf 120 p zu steigen.

In der Konsolidierungsphase, wenn der Preis im Bereich von 80 p bis 100p liegt werden viele Verkaufswillige ihre Verkaufslimits senken, um einen Verkauf zu erreichen. Dann dünnt natürlich das Angebot aus. In ähnlicher Weise werden viele Käufer bei unter 80 p ihre Verkaufslimits anheben, das trägt dazu bei, das Angebot und den Aktienpreis zu erhöhen. Der Preis bricht nach oben durch, viele Investoren werden ihre Gewinne laufen lassen und viele neue Käufer werden ihre Limits erhöhen, um die Aktie zu erwerben. Es gibt nichts Schöneres als das Gefühl der Gier, wenn ein Anteil ausbricht. Sie bezahlen mehr und der Aufwärtstrend verstärkt sich von selbst.

Ich ziehe es vor, Charts als Werkzeug im gesamten Baukasten zu sehen, nicht als Bewertungsmethode an sich. Charts geben mir eine weitere Bestätigung, dass ich auf dem richtigen Weg bin oder sie schaffen ein Warnzeichen, bevor sich fundamentale Werte verschlechtern.

Wenn Sie in dynamische Wachstumswerte mit starken Grundlagen investieren, die für eine Statusänderung nötig sind, sollten die Anteile besser als der Durchschnitt des Gesamtmarktes laufen. Ihr Broker kann wahrscheinlich Daten von Datastream zur Verfügung stellen und kann Sie mit Charts versorgen, welche die relative Stärke Ihrer Auswahl zeigen, verglichen mit dem FT-A All-ShareIndex.

Hier sind vier Charts, welche die relative Stärke von MTL, Sage, Rentokil und GEC von Angan 1991 bis Juni 1992 zeigen.

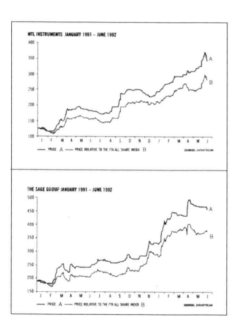

Wie Sie sehen können, gibt es keine Debatte über die hervorragende Leistung von MTL und Sage, beide haben den Markt weit hinter sich gelassen. Rentokil hat ebenfalls eine gute Leistung erbracht aber nicht den Vorteil einer großen Status-Änderung im KGV. GEC ist glanzlos und die relative Performance gegenüber dem Markt ist schwach.

Einige Broker bieten ihren institutionellen Kunden in regelmäßigen Abständen Einzelheiten zur relativen Preisbildung einer großen Anzahl von Anteilen großer Unternehmen. Es gibt auch Chart-Beratungsdienstleistungen, die Sie abonnieren können, aber die meisten Datastream-Charts geben ein Bild der meisten Anteile relativ zum Markt.

Eine weitere Faustregel in diese Art Wachstumswerte zu investieren ist, wenn der Preis bei bis zu 15 % über seinem Höchststand liegt. Das mag paradox klingen, natürlich werden Sie es vorziehen, einen Anteil eher zu einem niedrigeren Preis als zu einem höheren zu kaufen. Wenn ein Wachstumsanteil allerdings mehr als 15% unter seinem Höchststand liegt, könnte mit seinen Grundlagen etwas nicht stimmen - Nachrichten, die Sie bisher noch nicht gehört haben, die Ihnen aber durch den schwachen Preis der Anteile signalisiert werden.

Ein weiterer Beleg für die Bedeutung der relativen Stärke liefert William O'Neil in seinem Buch „Wie man Geld mit Aktien verdient". Er hat eine Studie mit 500 börsennotierten US-Aktien der Jahre 1953 bis 1990 mit der besten Wertentwicklung erstellt und festgestellt, dass diese Bestände gegenüber anderen Werten in der Vergleichsgruppe eine außerordentlich hohe relative Stärke von 87 hatten, in der Zeit vor ihrem großen Preisanstieg. Mit anderen Worten outperformten die 500 Aktien die Aktien in der Vergleichsgruppe während der kritischen Phase vor dem Kauf um 87 %.

Bei Investitionen in Asset-Situationen suchen Sie nicht nach relativer Stärke der Anteile. In Asset-Situationen suchen Sie nach Anteilen, die vernachlässigt werden und die Sie vielleicht sogar kaufen, wenn sie ein wenig fallen. Sie sollten einen Wachstumswert niemals unter dem Durchschnitt kaufen. Ich bin kein Experte für Charts, aber ich bin ein Freund von Brian Marber, einem der führenden Chartisten in England, also beschloss ich, ihn um seine Empfehlungen für den Kauf- und Verkaufssignale zu den einzelnen Anteilen zu bitten. In Kapitel Achtzehn befrage ich ihn auch zum Markt als Ganzes.

Als Brian Marber bei Simon und Coates war, veröffentlichte er in seinem Rundschreiben zur Technischen Analyse einige "große Lügen der Stadt". Sie sind noch heute aktuell:
"Alle frei verfügbaren Aktien sind nun in festen Händen."
"Ich weiß, dass ich mich auf Sie verlassen kann, dass Sie das für sich behalten."
"Ihre Recherchen sind die einzigen, die nicht im Papierkorb landen. "
"Ich fühle mich völlig entspannt, was die aktuelle Situation angeht."
"Wir sind im Wesentlichen langfristige Investoren und haben daher kein Interesse an kurzfristigen Marktschwankungen. "

Brian ist Vorsitzender von Brian Marber und Co. Beratungsgesellschaft für die technische Analyse bei Devisen und Aktienmärkten.

Hier ist das wörtliche Interview mit ihm:

JS: Ich habe erklärt, dass Datastream Charts und meine 15 %-Regel geeignete Methoden zur Überprüfung der relativen Stärke einer Aktie sind. Stimmen Sie dem zu?

BM: Absolut. Ich habe die 15% Regel nicht gekannt, aber für mich macht das sehr viel Sinn.

JS: Gibt es noch andere Möglichkeiten, die für den durchschnittlichen Investor einfach und praktisch sind?

BM Ich liebe es, wenn Anteile von einer Basis ausbrechen, aber sehr oft bilden Wachstumswerte keine Basis aus und sie sind nur durch Anwendung eines Charts zur relativen Stärke zu finden.

Wie liest man ein Diagramm für die relative Stärke? Welches sind die guten und schlechten Zeichen?

BM: Ich lese den Chart, wie jeden anderen. Ich suche nach Mustern, gleitender Durchschnitte, Trendlinien und Dynamik. Eine Abfolge von höheren Hochs und Tiefs ist offensichtlich ein gutes Zeichen, während ein schlechtes Zeichen eine Abfolge von niedrigeren Hochs und Tiefs wäre.

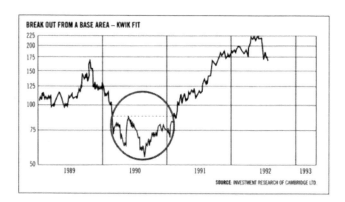

JS: Ich bevorzuge Wachstumsaktien, die eine angemessen lange Zeit der Konsolidierung hinter sich haben und wo der Preis in neue Höhen aufzubrechen scheint. Hat dieses bestimmte Muster eine besondere Bezeichnung und haben Sie irgendwelche Hinweise für die Suche nach dieser Art von Aktien?

BM: Wie ich schon sagte, Wachstumsaktien haben in der Regel keine lange Konsolidierungszeit, auch wenn der Chart ihrer relativen Stärke ein solches Muster aufweist.

Können Sie sagen, wann ein Anteil mit exzellenter relativer Stärke fällt oder eine Wahrscheinlichkeit besteht, dass er fallen wird?

BM: Ich denke, es ist immer schwierig, einen Anteil zu verkaufen, der eine ausgezeichnete relative Stärke hat, aber es ist natürlich möglich, dass während die Kurve der relativen Stärke steigt, der Chart des Anteil selbst im oberen Bereich - eine Kopf-Schulterformation bildet. Ein Doppel-Top oder ein absteigendes Dreieck. Aber in jedem dieser Fälle wäre es unmöglich, an der Spitze des Marktes zu verkaufen. Wie auch immer, viele technische Analysten verkaufen gerne an der Spitze und kaufen unten, die technische Analyse ist im Wesentlichen eine Disziplin, die einem Trend folgt, es ist schwer, mit ihr absolute Hochs oder Tiefs festzustellen. In der Tat glaube ich, dass technische Analysen nicht dazu gedacht sind, den Markt zu prognostizieren - der technische Analyst wird aber möglicherweise Spitzen und Böden erkennen, weil er den Trend erforscht.

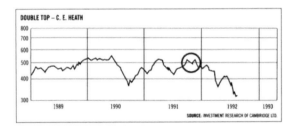

JS: Wenn also ein Aktienpreis unter seinen 90- oder 180-Tage-Durchschnitt fällt, ist das ist ein Signal für eine voraussichtliche künftige Schwäche. Ist das so?

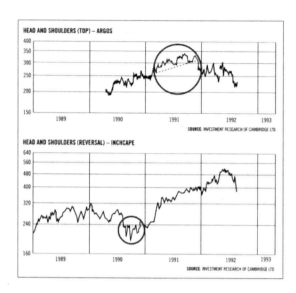

BM: Nicht unbedingt. Eigentlich verwende ich 63- und 253-Tagedurchschnittslinien (Drei-Handelsmonats-Zeiträume und ein Handelsjahr) und ich habe oft festgestellt, dass Reaktionen häufig enden, nachdem eine Aktie wieder auf oder unter ihrem 63-Tage-Durchschnitt liegt. Man kann nicht sagen, ob ein Kontakt mit der 63- oder der 90-Tage-Linie eine Rallye erzeugt. Wenn die Aktie unter den 63-Tage-Durchschnitt fällt und dann darüber geht, ist der Anteil wahrscheinlich nur verwundbar, wenn es eine neue Reaktion nach unten zeigt. Wenn ein Anteil unter seinen 63-Tage-Durchschnitt fällt und sich nicht wirklich darüber etablieren kann, dann ist ein längerer Zeitraum von Schwäche wahrscheinlich.

Falls jemand nicht weiß, welche Durchschnittslinie zu verwenden ist, das ist eine Sache der persönlichen Präferenz. Ich verwende gern Durchschnittswerte von 1 Jahr für lange Betrachtungen, da ändert sich die Richtung seltener als bei kürzeren Durchschnittsbetrachtungen. Aber es gibt Leute, die auch 15-Monatszeiträume verwenden. Es ist wirklich eine Frage der persönlichen Präferenz. Verwenden Sie, was bei Ihnen funktioniert.

JS: Wenn ein Anteil seinen Durchschnitt nach oben durchbricht, kann das ein Kaufsignal sein?

BM: Es ist ein gutes Signal, wenn ein Anteil seine Durchschnittslinie nach oben durchbricht aber wenn der Durchschnitt selbst rückläufig ist, oder der Bereich auf einer der beiden Seiten, könnte sich herausstellen, dass es sich um einen Widerstandsbereich handelt, der weitere Fortschritte blockiert.

JS: Muss der Aktienpreis den gleitenden Durchschnitt für längere Zeit durchbrechen oder sind ein oder zwei Tage als Bestätigung ausreichend?

BM: Eine lange Zeit ist oft besser als nur ein oder zwei Tage, aber manchmal ist ein Tag genug, vor allem bei starken Rückgängen.

JS: Wie relevant ist das Volumen?

BM: Ich hatte viel an der Londoner Börse zu tun, wo Volumina nur für einzelne Anteile in der vergleichsweise jüngsten Vergangenheit angegeben wurden. Ich musste den Großteil meiner Karriere ohne Volumenangaben auskommen. Ich bin kein Volumenspezialist. Ich möchte jedoch darauf hinweisen, dass die technischen Analysten erfolgreicher bei der Vorhersage von Devisenkursen sind als in der Prognose der Aktienmärkte. Und natürlich (mit Ausnahme der IMM) keine Volumenzahlen verfügbar sind. Also, wenn ein technischer Analyst ohne Volumenzahlen im Devisenmarkt überleben kann, verringert das meiner Meinung nach den Wert des Devisenmarkts als wertvollen Indikator für jeden der einen Aktienchart lesen kann.

Ein Witz kann meine Einstellung zu den Volumenangaben besser erklären: Ein Broker ruft seinen Kunden an und sagt. "Ich habe eine gute und eine schlechte Nachricht: "Der Kunde sagt "sagen Sie mir zuerst die schlechte Nachricht." Der Broker antwortet "der Anteil, den wir bei 50 gekauft haben, wird jetzt mit 3 gehandelt." Der Kunde antwortet. "Was ist die gute Nachricht?" Broker: "Der Wert fiel bei schwachem Volumen " Anteile können bei geringem Volumen fallen und sie können bei geringem Volumen steigen. Das erstgenannte soll die gute Nachricht sein und das letztere die schlechte Nachricht, aber keine hat mit der Tatsache zu tun, dass der Anteil sich in die eine oder andere Richtung bewegt.

JS: Sind gleitende Kursdurchschnitte zu langsam, um Marktbewegungen zu erkennen? Gibt es eine Methode, um Vorhersagen zu machen?

BM: Gleitende Durchschnitte sind langsam - sie sind eine Bestätigung, kein Frühindikator. Ein Momentum führt auf der anderen Seite häufig den Markt.

JS: Meinen Sie mit 'Momentum' die Änderungsquote?

BM: Ja - die prozentuale Änderungsquote.

JS: Wo können Anleger Charts erhalten, die gleitende Durchschnitte zeigen?

BM: Charts mit gleitenden Durchschnitten werden von mehreren Firmen, wie z.B. der Investment Research Cambridge Ltd angeboten.

JS: Jeder hat schon von der Kopf-Schulter-Formation gehört, ist das immer ein Zeichen, das auf einen Rückgang hinweist?

BM: Überhaupt nicht. Eine Kopf- Schulterformation kann an der Spitze des Markts und ganz unten eintreten, dann wird sie als umgekehrte Schulter-Kopf-Schulter-Formation bezeichnet.

Es gibt auch ein Kopf-Schulter-Konsolidierungs-Muster im Markt. Nachdem sich der Markt in eine Richtung bewegt hat, bildet das Muster eine Pause und dann läuft der Markt in die gleiche Richtung weiter.

JS: Was sind die anderen bekannten Signale? Ist ein Doppelboden zum Beispiel von Bedeutung?

BM: Ein Doppelboden hat eine Bedeutung und wie die Kopf- Schulterformation ermöglicht er eine genaue Berechnung, wohin der Anteil gehen wird. Was die anderen Signale betrifft, erscheinen Dreiecke häufig sowohl als Umkehr- wie auch als Konsolidierungsmuster.

JS: Auf welche Zeichen, Signale oder Muster sollte der Anleger denn achten, wenn er eine dynamische Wachstumsaktie kaufen will?

BM: Auf eine steil ansteigende relative und absolute Preis-Kurve.

JS: Vermutlich sind die Muster in einer Asset Situationen, oder bei einem Turnaround oder einer zyklischen Aktie ganz anders. Können Sie das etwas näher erläutern?

BM: Bei Asset Situationen, Turnarounds oder zyklischen Aktien werden eher Grundflächen wie Kopf-Schulter-Umkehr-Formationen oder doppelte Böden gebildet. Ich erinnere mich, während der großen Baisse in den frühen 1970er Jahren, dass Albright und Wilson einen sehr breiten doppelten Boden ausbildeten und auf der bullishen Seite aus dem Muster ausbrachen, während der Markt noch weiter abstürzte. Natürlich zeigten sie auch eine gute relative Stärke.

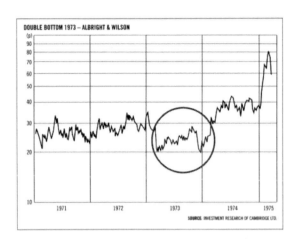

Ist es richtig zu sagen, dass die relative Stärke am besten in einem Bullenmarkt funktioniert und in einem Bärenmarkt gefährlich sein kann?

BM: Ja. Alles funktioniert besser in einem Bullenmarkt und kann gefährlich in einem Bärenmarkt werden- es ist immer gefährlich den Kurs-Chart zu ignorieren. In einem Bärenmarkt kann ein Anteil hervorragende relative Stärke beim Fallen zeigen und weniger fallen als der Markt selbst. In diesem Fall wäre die relative Stärke positiv irreführend, während der Kurs-Chart dem Investor helfen sollte, die schlimmsten Fallstricke zu vermeiden.

JS: Haben Sie noch weitere allgemeine Tipps oder Charttipps, besonders für dynamische Wachstumswerte?

BM: Ein dynamischer Wachstumsanteil zeigt klar eine steil ansteigende Kurve im Chart und je länger die Trendlinie besteht, desto wichtiger ist es, wenn die Trendlinie durchbrochen wird. Zum Beispiel wurde bei Poseidon im Frühjahr 1970 angenommen, dass es sich um einen dynamischen Wachstumswert handelt, er konnte einen sehr langen Aufwärtstrend aufweisen. Sobald der Aufwärtstrend abbrach, gab es keinerlei Unterstützung, weil keine langen Konsolidierungsphasen auf dem Weg nach oben vorhanden waren, somit fiel der Wert auf den Bereich zurück, wo er herkam.

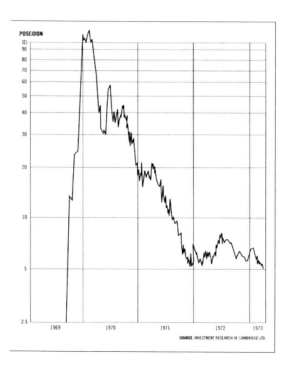

JS: Ich erinnere mich sehr gut an Poseidon.

Brian Marber schloss seine Ausführungen mit einem warnenden Märchen hinsichtlich relativer Stärke. Eines Tages kam ein Chirurg in die Sterbestation im zehnten Stock eines Krankenhauses. Die Patienten sahen überrascht zu, wie er das Fenster öffnete und hinaus sprang. Auf dem Weg nach unten fühlte sich der Chirurg relativ gut, verglichen mit der Art, wie er sich fühlte, als er auf das Pflaster auftraf. Einer der Patienten bestätigte, dass er sich besser fühlte als der Chirurg, als er sah, wie er aus dem Fenster sprach. Ein paar Tage später starb der Patient auch. Die Moral ist klar - unter Berufung auf die relative Stärke ist alles sehr gut, vorausgesetzt, Sie sterben nicht im Verlauf.

Wir haben die technische Analyse nur mit einigen oberflächlichen Gedanken gestreift. Wenn Sie an weiteren Einzelheiten interessiert sind, kann ich Ihnen *Technical Analysis of Stock Trends* empfehlen- ein ausgezeichnetes Buch das zum Thema geschrieben wurde. Ich empfehle das Kapitel 16 im Detail zu lesen.

In der Zwischenzeit schlage ich vor, dass Sie die Datastream Charts zur relativen Stärke und meine 15%-Regel verwenden. Denken Sie auch daran, dass Sie die relative Stärke der Anteile überwachen, nachdem Sie sie gekauft haben, falls sie sich schwach entwickeln. Die Preisentwicklung gibt Ihnen möglicherweise eine Warnmeldung über künftige schlechte Nachrichten.

9. Andere Kriterien

Die wichtigsten Kriterien für die Auswahl kleiner dynamischer Wachstumsunternehmen sind ausführlich in den vorangegangenen Kapiteln erläutert worden. Die übrigen werden in diesem Kapitel behandelt:

Geringe Marktkapitalisierung

Es ist eine Tatsache, dass Elefanten nicht galoppieren und kleine Unternehmen viel größeren Spielraum für künftiges Wachstum haben, als sehr große. Der Wiles Konzern mit einer Kapitalisierung von unter 2 Mio. £ hatte ein viel größeres prozentuales Potenzial als Hanson mit über 10 Milliarden Pfund. Einige der heutigen sehr kleinen Unternehmen werden die Hansons, Glaxos und Tomkins von Morgen. Obwohl ich vorhin ein Limit von 100 Millionen Pfund Marktkapitalisierung erwähnt habe, würde ich dies gern auf 200 oder mehr steigern, wenn alle meine anderen Kriterien erfüllt sind. Die 100 Millionen Pfund Grenze ist mehr eine Sache der Präferenz als eine Notwendigkeit und sie ist noch lange nicht in Stein gemeißelt.

Dividendenertrag

Ich bevorzuge Unternehmen, die eine Dividende zahlen, weil die meisten Institutionen eine Einnahmequelle aus ihren Investitionen brauchen. Die Dividendenzahlung und Prognose (wenn vorhanden) bestätigt zu einem gewissen Grad das Vertrauen der Geschäftsleitung in die Zukunft. Das ideale Unternehmen verfügt über eine stetige Steigerung der Dividende, die weitgehend im Einklang mit dem Gewinn wächst. Wenn Sie ein Unternehmen finden, das sagen wir 20 % Kapital pro Jahr einsetzen kann, Sie sind wirklich viel besser dran, wenn sie den Gewinn einsetzen.

Sie sollten sich daher keine Sorgen machen, wenn Ihre Dividende gering ist, vorausgesetzt, sie ist gut abgedeckt. Mit dem richtigen Unternehmen ergibt sich künftiges Wachstum in Ergebnis und Kapitalwert aus dem Ergebnis (abzüglich bezahlter Dividenden) sie werden wieder in das Unternehmen investiert und zu einer außergewöhnlich hohen Rendite eingesetzt.

Jede Verringerung bei der Dividende eines Unternehmens ist ein wichtiges Ereignis mit starken Auswirkungen auf den Aktienpreis. Wenn die Ankündigung gemacht wird, wird bereits ein Großteil der Schäden abgewickelt sein. In der Regel werden Sie eine Art Vorwarnung erhalten, dass die Dividende gefährdet ist und mein Rat ist, Ihre Anteile bei den ersten Anzeichen eines Problems zu verkaufen.

Vernünftige Vermögensverhältnisse

Es gibt ein spezielles Kapitel zum Value Investing, das sich im Detail mit Vermögenswerten befasst. Bei der Investition in Wachstumswerte sind Vermögenswerte von begrenzter Bedeutung. Immobilien-Unternehmen, wie Speyhawk und Rosehaugh, die offensichtlich erhebliche Vermögenswerte hatten, litten alle erheblich unter der Rezession. Im Juni 1992, musste Speyhawk 205 Millionen Pfund seiner Vermögenswerte in den letzten Abschlüssen abschreiben. Im Gegensatz dazu haben Cadbury Schweppes und Unilever wunderbare internationale Marken in ihren Bilanzen zu einem Bruchteil der wahren Werte.

Jedes Unternehmen, das zuverlässig wächst, wird auch zu einem überdurchschnittlichen Kurs-Gewinn-Verhältnis neigen, das sich auch in einem Anteilspreis niederschlägt, der deutlich über dem Buchwert liegt. Je mehr ein Unternehmen am eingesetzten Kapital verdient, umso höher ist die Wachstumsrate und desto höher sind das Kurs-Gewinn-Verhältnis und die nachfolgende Prämierung des Aktienpreises über dem Buchwert. Mit einem Super-Wachstums-Wert werden Sachanlagen an einem bestimmten Punkt fast irrelevant. Spielt es wirklich eine Rolle, dass Rentokil Vermögenswerte hat, die bisher nur von einem kleinen Bruchteil des Aktienpreises reflektiert werden? Niemand kümmert sich um den Vermögensanteil einer Aktie, wenn das Unternehmen ausreichend Betriebskapital hat, nicht überrepräsentiert wird und eine relativ starke Bilanz hat. Sie müssen nur wissen, dass das Unternehmen Ihrer Wahl auf Kurs bleibt – und überdurchschnittlich wächst.

Aktienbesitz des Managements

Ich mag Vorstände, die ausreichend Anteile besitzen, um ihr Unternehmen mit den "Augen des Eigentümers" zu führen, aber ich mag es nicht, wenn sie so viele Anteile haben, dass sie die Kontrolle haben, sich zurücklehnen und zu einem späteren Zeitpunkt ein Angebot blockieren können. Wichtig ist, dass der Aktienanteil für den entsprechenden Vorstand ausreichend wichtig ist.

Ich finde Vorstände mit hinreichenden Beteiligungen vertrauenerweckend und ich mache mir Sorgen, wenn der Finanzvorstand keine Anteile hat.

Verkäufe von Vorständen sind von großem Interesse. Wenn der Finanzvorstand 10.000 seiner 15.000 Aktien verkauft, wäre das ein Grund zur Sorge. Wenn der Gründer oder ein Großaktionär ein paar Anteile verkauft, würde ich mir keine Sorgen machen - er muss ja von etwas leben. Wenn einer jedoch die Hälfte seiner Anteile verkauft, würde mich das verunsichern. Ich sehe es gerne, wenn mehr als ein Vorstand einkauft, vor allem diejenigen, die aktiv an der Verwaltung des Unternehmens beteiligt sind, das ihre Gehälter zahlt.

Es gibt eine ausgezeichnete Publikation, Directus, diese nennt Einzelheiten zu Käufen und Verkäufen von Vorständen. Ihr Broker wird diese oder eine ähnliche Veröffentlichung mit ziemlicher Sicherheit abonnieren und er sollte in der Lage sein, Sie über nennenswerte Bewegungen bei Unternehmensanteilen zu beraten.

Jetzt haben Sie eine bessere Vorstellung aller Kriterien für die Investition in kleine dynamische Wachstumsunternehmen, jetzt werden wir die Gewichtung der Kriterien noch genauer im Detail betrachten.

10. Gewichtung der Kriterien

Ich werde die Kriterien für die Auswahl kleiner dynamischer Wachstumswerte neu formulieren, bevor wir ihre relative Bedeutung neu beurteilen:

1. Eine positive Wachstumsrate der Aktienrendite in mindestens vier der letzten fünf Jahre.
2. Ein niedriges Kurs-Gewinn-Verhältnis bezogen auf die Wachstumsrate.
3. Eine optimistische Erklärung des Vorsitzenden.
4. Starke Liquidität, niedrige Hypothekenforderungen und hoher Cashflow.
5. Ein wesentlicher Wettbewerbsvorteil.
6. Etwas Neues.
7. Geringe Marktkapitalisierung.
8. Hohe relative Stärke der Anteile.
9. Ein Dividendenertrag, der höher als der Durchschnitt ist.
10. Vernünftige Vermögensverhältnisse.
11. Das Management sollte einen nicht unwesentlichen Aktienanteil haben.

Das erste Kriterium ist sehr wichtig: die 5 Jahre bieten den Hintergrund, ob im nächsten Jahr ein Gewinnwachstum das Unternehmen in einem günstigeren Licht sehen lässt, was wiederum eine Status-Änderung des KGV erleichtert. Es ist jedoch nicht notwendig sich genau auf die 5 Jahre festzulegen - ein kürzerer Zeitraum genügt auch, wenn es eine starke Beschleunigung im jüngsten Gewinnwachstum aus einer leicht identifizierbaren Quelle gibt. Einige der besten Schnäppchen sind zu machen, wenn das Gewinnwachstum vorübergehend unterbrochen wurde.

Lesen Sie die Ergebnisse von Betterware aus dem Jahr 1992 im *Investors Chronicle*. 1989 schien die Aufzeichnungen zu ruinieren aber 1,8 Millionen Pfund vor Steuern wurde durch laufende Geschäftätigkeit erzielt und 1,25 Millionen Pfund wurden durch nicht fortgeführte Geschäftsfelder verloren, geben das Nettoergebnis der 550.000 £ vor Steuern. Die Betterware Zahlen waren fantastisch und im Juni 1992 war das hohe KGV der Anteile mehr als gerechtfertigt. Es gibt viele andere ähnliche Beispiele. Wegen einem kurzzeitigen Phänomen sollten Sie die Kaufentscheidung für einen großen Wachstumswert nicht in Frage stellen. Es spielt keine Rolle, was vor vier oder vor fünf Jahren passiert ist. Natürlich suchen Sie nach 5 Jahren, aber bleiben Sie flexibel, wenn die neuen Zahlen ausgezeichnet und die Vorhersagen sehr stark sind. Darauf sollten Sie Wert legen. Das zweite Kriterium ist ein niedriges Kurs / Gewinn-Verhältnis in Bezug auf die Wachstumsrate, mit einem PEG-Faktor unter 0,75 und vorzugsweise unter 0,66 stellt sicher, dass die Aktien zu einem sehr attraktiven Niveau gekauft werden. Dies macht eine Statusänderung sehr wahrscheinlich. Der Kauf von Aktien mit niedrigem PEG-Faktor bietet dem Anleger auch einen Sicherheitsfaktor. Ein Anteil der jährlich um 20% bei einem KGV von 15 wächst, mit einem entsprechenden PEG Faktor von 0,75 ist natürlich viel sicherer, als eine Aktie, die um 15% pro Jahr auf ein KGV von 30 wächst, mit einem PEG-Faktor von 2,0

Investors Chronicle
Betterware
Haushaltswaren

Bestellpreis: 336p   Marktwert £134m
1991-2 Hoch: 338p Tief: 73p
Dividendenrendite: 1,2%   KGV: 27
Nettobuchwert: 40p, Netto Cash: 4.6m £

Jahr bis 31 Dez.	Umsatz Brutto £m	Gewinn vor Steuern £m (p)	Gewinne pro Anteil (p)	Dividende
1988	21.7	1.25	2.2	1.48
1989	16.2	0.55	1.3	1.85
1990	19.2	2.78	4.6	2.43
1991	28.9	4.02	7.0	3.10
1992	41.7	7.04	12.2	4.08
% Änderung:	+44	+75	+74	+32

Letzer IC Kommentar: 15 November 1991, Seite 44
Betterware hat seit 1989 eine erstaunliche Leistung vollbracht und die jüngsten Zahlen sind vor dem Hintergrund der Rezession in Großbritannien beeindruckend. Das Wachstum stammt aus der Erweiterung der geografischen Abdeckung des Tür-zu-Tür-Vertriebs. Obwohl die durchschnittlichen Provisionskosten von 9 £ auf 7 £ gefallen sind, stieg die Neuanwerbung von Vertriebshändlern weiter. Der Vorstoß des Konzerns in Frankreich befindet sich in einem frühen Stadium und aller Voraussicht nach wird in diesem Jahr kein Gewinn damit gemacht, obwohl das längerfristige Potenzial vielversprechend ist und ein früherer Avon Mitarbeiter nun die europäische Expansion übernimmt. Die Aktien sind hoch bewertet und sind schwer einzuschätzen. **Das größte Potenzial liegt im Preis.**

Die Stellungnahme des Vorstands und alles, was er im Jahr sagt, müssen optimistisch klingen, da sonst das künftige Wachstum anzuzweifeln ist. Wenn Sie wissen, dass der Vorstand in der Regel sehr vorsichtig ist, kann eine leicht positive Prognose akzeptiert werden. Bei negativen

Nachrichten oder Ansagen sollten Sie sich schnell vom Wert trennen und eine andere Aktie kaufen.

Starke Liquidität. Niedrige Hypotheken und ein hoher Cashflow haben eine große Bedeutung, vor allem im Rezessionsklima, so dass ich die Kriterien zur Pflicht mache. Ich habe ein gewisses Maß an Toleranz, besonders wenn die Wachstumsrate außergewöhnlich ist und ich sehen kann, dass eine schlechte liquide Position in Kürze durch ein sehr hohes Cash-Flow gebessert wird.

Wenn ein Anteil alle meine anderen Kriterien außer dem Wettbewerbsvorteil erfüllt, stelle ich in der Regel schnell fest, dass das Unternehmen einen Vorteil hat, den ich bisher nicht bestimmen konnte. Ein starkes Franchise- oder Nischengeschäft zeigt sich in der Regel durch relativ hohe Kapitalerträge. Mein Ziel sind 20% pro Jahr, die ich nach Ermessen festlege, aber in den meisten Fällen sind sie obligatorisch.

Es ist wichtig zu verstehen, dass die ersten fünf Kriterien die wichtigsten Punkte des Systems und absolut verpflichtend sind. Die übrigen Kriterien liefern einen weiteren Schutz, der hilft, das Risiko zu verringern.

Untersuchen wir die restlichen Kriterien eines nach dem anderen und markieren diese auf einer Skala von 1 bis 10 und geben ihnen damit eine Vorstellung ihrer relativen Bedeutung. Sie werden sehen, wie sie miteinander zusammenhängen und ein Sicherheitsnetz bilden bei der bereits sehr konservativen Richtlinie, nur Anteile mit einem niedrigen PEG-Faktor zu kaufen, der eine starke finanzielle Position hat und einen Wettbewerbsvorteil bietet.

1. Etwas Neues

Etwas Neues ist sehr wichtig, wenn die Gewinnaufzeichnungen kürzer als üblich sind, weil es hilft, den Grund für eine starke Beschleunigung der Ergebnisse zu erklären. Häufig eine wunderbare Bestätigung für weiteres Aufwärtspotenzial in der Aktienpreis und Verringerung des Risikos.

Bewertung 8

2. Geringe Marktkapitalisierung

Erhöhtes Aufwärtspotenzial, was zu einem besseren Chance / Risiko-Verhältnis führt. Sie werden vielleicht überrascht sein, nach allem, was ich über Elefanten gesagt habe, die nicht galoppieren, dass eine geringe Marktkapitalisierung als wichtig aber nicht zwingend eingestuft wird. Wenn alle meine anderen Kriterien erfüllt sind, würde ich gerne in größere Unternehmen investieren, aber ein führendes Unternehmen zu finden, das sich qualifiziert, ist

unwahrscheinlich, da der FT-SE 100 Index erschöpfend von Maklern und Institutionen analysiert wird. Allerdings. Ist im Bereich zwischen 100 Millionen und 300 Millionen Pfund manchmal ein Edelstein zu finden.
Bewertung 7

3. Hohe relative Stärke

Die hohe relative Stärke der Anteile reduziert im Wesentlichen das Risiko, dass es zu bösen Überraschungen kommt. Eine schlechte Kursentwicklung kann manchmal ein hilfreiches Warnsignal sein, das Sie in Alarmbereitschaft versetzt.
Bewertung 6

4. Dividendenertrag

Immer ein Trost. Gelegentlich kann die Dividendenpolitik ein früher Indikator für anstehende Probleme sein.
Bewertung 5

5. Vernünftige Vermögensverhältnisse

Bei einem Anteil mit einem niedrigen Netto-Buchwert scheint eine Übernahme weniger wahrscheinlich.
Bewertung 5

6. Unternehmensbeteiligung des Managements

Zu wissen, dass das persönliche Vermögen der Vorstände auf dem Spiel steht, ist sehr beruhigend. Behalten Sie die Handlungen der Vorstände fest im Auge, das schützt Sie auch vor Nachteilen.
Bewertung 5

Die Bewertungen sind sehr willkürlich. Sie müssen nicht addiert werden, sondern Sie sollen Ihnen einfach eine Vorstellung davon geben, wie wichtig die einzelnen Punkte sind.

Ich werde nun die Kriterien in drei Hauptkategorien unterteilen.

Verpflichtend
1. Fünf-Jahres-Aufzeichnungen
2. Niedriger PEG-Faktor
3. Optimistische Stellungnahme des Vorstands
4. Starke Finanzielle Position
5. Wettbewerbsvorteil

Wichtig
6. Etwas Neues
7. Geringe Marktkapitalisierung
8. Relative Stärke

Wünschenswert
9. Dividendenertrag
10. Vernünftige Vermögensverhältnisse
11. Teilhabe des Managements

Bezüglich der ersten fünf Kriterien ist kaum ein Kompromiss möglich. Bei den folgenden drei, könnten Sie es hinnehmen, wenn einer von ihnen sehr schwach oder gar nicht erfüllt is, vorausgesetzt, alle anderen Kriterien sind stark. Zum Zeitpunkt des Kaufs, ist die relative Stärke das unwichtigste Kriterium, aber anschließend ist eine hervorragende Möglichkeit die Schwäche des Aktienkurses zu überwachen.

Bei den letzten drei Kriterien, können erhebliche Kompromisse gemacht werden, solange die meisten anderen Faktoren vorhanden sind. Man muss immer bedenken, dass die Auswahl eines Wachstumswertes eher eine Frage der Einschätzung und des Gefühls ist, als der Arithmetik. Wir werden nun ein paar Beispiele aus der Praxis ansehen.

Lassen Sie uns zuerst die Platzierung der Industrial Control Services Group plc durch Börsenmakler Panmure Gordon im Mai 1992 ansehen. Der Markt stimmte mit mir überein, dass der Platzierungspreis von 110p eher niedrig war.

Die Aktie startete Ende Mai bei 150p und die Panmure-Kunden konnten sofort einen Gewinn von etwa einem Drittel des investierten Kapitals genießen, nicht jeder ist Panmure-Kunde, deshalb betrachten wir die Aktien zu einem Preis von 150p, wie sie am ersten Tag gehandelt wurden und prüfen, ob sie meine Kriterien erfüllten:

1. **Positive Fünf-Jahres-Zahlen**

1987   1988   1989   1990   1991
4.2p   0.4p   3.2p   4.5p   7.3p

Wie Sie sehen können gab es im Jahr 1988 einen großen Rückschlag, aber seitdem haben sich die Gewinne gut erholt und waren in den nachfolgenden Jahren gut gestiegen. Kein Wachstum über fünf Jahre, aber die Ergebnisse für das erste Halbjahr des Jahres 1991/2 waren bereits bekannt und waren sehr zufriedenstellend. Innerhalb weniger Monate werden die Ergebnisse des kompletten Jahres bekannt gegeben und die 5-Jahres-Aufzeichnungen werden dann ersetzt, das Basisjahr 1988 sollte ignoriert werden.

2. **Niedriges Kurs-Gewinn-Verhältnis im Verhältnis zur Wachstumsrage**

Die erwarteten Ergebnisse lagen bei 9,1 p für das Geschäftsjahr, welches am 31. Mai 1992 endet. Der Unterschied zwischen 9,1 p und 7,3p liegt bei 1,8 p, was einer Wachstumsrate für das Jahr von 25 % entspricht.

Jetzt kommen wir zu einer kleinen Komplikation - das Ergebnis je Aktie von 9,1 p muss nach unten korrigiert werden, um die Auswirkungen der 50 % des Verkaufs der Tochtergesellschaft, ICS Bailey, zu berücksichtigen. Es wird klargestellt, dass sich der Beitrag von ICS Baileys zum Gewinn von 4,5 Millionen Pfund auf 1,19 Millionen Pfund vor Steuern beläuft. Die Hälfte davon geht nach dem Verkauf verloren, wodurch die Prognose nach Steuern von 2,94 auf 2,54 Millionen Pfund reduziert wird, was zu einem revidierten Ergebnis von 7,7 p je Aktie auf Basis des durchschnittlich angepassten, gewichteten Kapitals führt. Jedoch wurde keine Zulage für Gewinne aus Barvermögen berücksichtigt, für die 50% von ICS Bailey und Gewinnprognosen für Prognosen so nahe zum Ende des Geschäftsjahres sind in der Regel konservativ, so dass ich mich mit einem Gewinn je Aktie von 8p zur Berechnung des Kurs-Gewinnverhältnisses sehr wohl fühle.

Da der letzte Monat des Finanzjahrs bei Industrial Control Systems der Mai ist, ist es vernünftig von einem voraussichtlichen Kurs-Gewinnverhältnis von 1992/3 auszugehen. Im wachsenden Markt für Sicherheitssysteme, kann man vernünftigerweise davon ausgehen, dass die Wachstumsrate weiter um 25 % pro Jahr in den nächsten Jahren steigt. Dies würde das Ergebnis von 8p auf 10p erhöhen bei einem voraussichtlichen KGV von 15 für 1992/3 zu einem Preis von 150 p. Der mögliche PEG liegt daher bei 25 (die Wachstumsrate), geteilt durch 15 (das mögliche Vielfache) – wären attraktive 0,60.

3. Optimistische Erklärung des Vorstands

Sie wissen bereits aus den Platzierungsangaben, dass die Gewinne für das am 30. November 1991 endende Halbjahr gut auf Kurs waren. Unter der Überschrift "Aussichten" erfährt man, dass 'die Vorstände glauben, dass das Potenzial für weiteres Wachstum exzellent ist.' Sie erfahren auch, dass der Markt für Sicherheitssysteme, welcher bei über 750 Millionen Dollar liegt, um etwa 10% pro Jahr wächst und in Großbritannien einige Stromerzeugungsprojekte angekündigt wurden, von welchen der Konzern profitieren sollte. Gekoppelt mit den jüngsten Zahlen, ist das genug.

4. Starke Liquidität, niedrige Kreditzinsen und hoher Cash-Flow

Nach der Platzierung wird das Nettovermögen 16,6 Millionen Pfund übersteigen. Die Überziehungskredite, Verpflichtungen aus Ratenkauf- und Finanz-Leasing und Hypotheken abzüglich Bargeld liegen bei insgesamt etwas mehr als 6,9 Millionen Pfund, was einer Nettoverschuldung von etwa 40% entspricht. Der Quick-Ratio liegt bei 1.15:1.00. Nicht sehr attraktiv, aber passabel.

5. Wettbewerbsvorteil

Der ICS-Konzern ist ein führendes Unternehmen in der wachsenden Sicherheits-Industrie. Größere Anlagen wurden für wichtige Kunden wie British Gas, BP, Exxon, Shell, Chevron und Total eingerichtet. Der operative Gewinn liegt bei knapp über 10 % des Umsatzes im Jahr 1991 und die Kapitalerträge in diesem Jahr liegen bei mehr als 25 %.

6. Etwas Neues

Das Offshore Sicherheitsgesetz von 1992 gab dem Amt für Gesundheit und Sicherheit neue Regelungsbefugnisse und die Möglichkeit, höhere Strafen für Verletzungen der Off-Shore-Sicherheitsvorschriften zu verhängen.

7. Geringe Marktkapitalisierung

Bei 150 p lag die Marktkapitalisierung etwas unter 60 Millionen Pfund. Gut innerhalb unseres Limits.

8. Hohe relative Stärke

Beim Vergleich des Eröffnungskurses zum Platzierungspreis, sollte die künftige relative Stärke der Aktie hervorragend sein.

9. Dividendenrendite

Die Rendite bei 150 p liegt bei akzeptablen 3,2 %.

10. Angemessene Vermögensverhältnisse

Das Nettovermögen von knapp einem Drittel der Marktkapitalisierung ist an sich nicht attraktiv, bietet aber ein gewisses Maß an Sicherheit.

11. Beteiligung des Managements

Die Vorstände besitzen über 60 % der Aktien nach der Platzierung. Nicht ideal, aber akzeptabel.

Die ICS-Aktien sind ein Kauf, da sie die meisten Kriterien meines Systems erfüllt sind, insbesondere ist der potenzielle PEG-Faktor mit 0,60 sehr attraktiv. Lassen Sie uns zu MTL Instruments zurückkehren und sehen, wie das Unternehmen meinen Kriterien, nach einer massiven Preiserhöhung von 150 p im März 1991 auf 295 p ein Jahr später und 340 p im Mai 1992 entspricht.

Die Gewinne lagen im Durchschnitt während der vorigen fünf Jahre bei über 20 %. Im Jahr 1991 lagen die Gewinne bei 16,6 pro Anteil. Im Mai 1992 lag die Konsensusprognose von zwei Brokern für die Gewinne von 1992 bei 18,3 p Gewinn – einem Gewinn über 10%. Nimmt man die Konsensuszahl, liegt das voraussichtliche Vielfache mit 340 p bei dem 18,6-fachen der Gewinne. Der PEG wäre bei einer Wachstumsrate von 10% mit 1,86 sehr hoch und die Anteile wären deshalb ein klarer Verkauf.

Ich glaube jedoch, dass MTL ein gutes Unternehmen ist, welches mit seinen ausgezeichneten Zahlen letzten Endes lohnenswert ist.

Ich selbst glaube, dass die Prognosen der Makler in der Vergangenheit eher konservativ waren und das Ergebnis je Aktie für 1992 eher bei 19 p pro Aktie liegen wird, was ein mögliches KGV von 17,5 und eine Wachstumsrate von 14,5% ergibt. Das würde den PEG-Wert von 1,86 auf 1,20 verringern. Wie Sie wissen, glaube ich, dass hervorragende Wachstumsaktien wie MTL langfristig durch dick und dünn gehalten werden sollten, aber dass ein möglicher PEG-Wert von 1,20, basierend auf einer optimistischen Annahme ein Test ist, der wahrscheinlich scheitern wird. Sicherlich können die Anteile bei 340p kein Kauf sein im Vergleich mit anderen wachstumsstarken Unternehmen, die reif sind für die gleiche Status-Änderung, welche MTL bereits genossen hat.

Auf der anderen Seite ist MTL ein klassisches Wachstumsunternehmen, das ich immer im Auge behalten und auf einen besseren Moment warten würde, um sie zu kaufen.

Lassen Sie uns einen andern Wert ansehen, Victaulic, diese gelben Rohre, die Sie schon oft gesehen haben, wenn sie gestapelt am Straßenrand liegen und darauf warten, verlegt zu werden. Die Gas- und Wasserwirtschaft ist der wichtigste Kunde. Das Gewinnwachstum in den letzten Jahren war hervorragend, wie der Artikel im Investors Chroncile vom 6. März 1992 zeigt.

Investors Chronicle
Victaulic Plastikrohre und Anschlüsse

Bestellpreis: 769p   Marktwert 168 Millionen Pfund
1991-2 Hoch: 769 p Tief: 403 p
Dividendenredinte: 2.5%   KGV: 18
Substanzwert: 172p Nettobarvermögen: 9,7 Millionen Pfund

Jahr bis 31. Dez.	Umsatz Mio. £	Gewinn vor Steuer Mio. £	Angegebene Gewinne pro Anteil (p)	brutto Dividende pro Anteil (p)
1987	51,8	6,5	21,9	10,0
1988	62,9	7,6	25,2	11,3
1989	78,3	8,8	28,8	13,0
1990	99,6	11,5	34,9	16,0
1991	115,0	14,3	42,5	19,6
% Veränderung	+15	+25	+22	+23

Letzter **IC** Kommentar: 25. August 1991, Seite 35
Ein weiteres hervorragendes Ergebnis von Victaulic, begünstigt durch steigende Investitionen in die Wasserversorgung von Großbritannien. Es handelt sich um den führenden Hersteller von Rohren, Rohrverbindungen und Formstücken für die rezessionsbeständige Wasser- und Gaswirtschaft, welche 78 Cent des Umsatzes ausmacht. Letztes Jahr wurde eine zunehmende Nutzung des neuen Excel Hochleistungsrohrs festgestellt und eine Umstellung auf längere Drei-Jahres-Verträge. Die Margen verbesserten sich um einen halben Punkt auf 12,2 Prozent und ein starker Cashflow konnte die Schulden eliminieren. In diesem Jahr erwarten die Broker Gewinne von mindestens 15,5 Millionen Pfund, womit das KGV von 16 gerechtfertigt ist, während die Ausgaben der Versorger sich immer noch erhöhen, langfristig muss Victaulic eine Diversifizierung anstreben, um das Momentum aufrechtzuerhalten. Bei einem Allzeithoch, aber immer noch ein **guter Wert**

Die Branche ist relativ krisensicher und der Finanzmittelbestand stark, aber die Prognose der zukünftigen Gewinne, liegt bei nur 15,5 Millionen Pfund, was bedeutet, dass das Wachstum nachlässt. Im April 1992 zeigte die *Bewertungsdatenbank* einen Konsens von zehn Maklerprognosen bei 15,9 Millionen Pfund. Nimmt man diese Zahl, gibt es eine Steigerung von 1,6 Millionen Pfund gegenüber dem Vorjahreswert von gesamt 14,3 Millionen Pfund, das ergibt ein Wachstum von 11%. Nach Abzug von Steuern auf 15,9 Millionen Pfund wäre das mögliche KGV bei etwa 16, der mögliche PEG-Wert würde dann errechnet, indem man 16 (das KGV) durch 11 (das Wachstum) teilt, was zu einem hohen PEG-Faktor von 1,45 führen würde.

Viel zu hoch - eine ausgezeichnete Aktie vielleicht, aber unzureichende Sicherheitsmargen für unser System.

Nun, ich schlage vor, wir sehen uns bei Sage nochmals an, ob das Unternehmen nach einem solch erstaunlichen Wachstum, noch unseren Kriterien entspricht. Sie werden sich erinnern, dass Sage bei 203 p ein Kauf war und im Mai 1992 auf 469 p gestiegen war. Sollten sie auf diesem viel höheren Level gekauft, gehalten oder verkauft werden? Diesmal zeige ich einen Auszug aus der *Bewertungsdatenbank* aus dem Mai 1992, mit dem wir die meisten für eine Bewertung notwendigen Informationen erhalten.

Sage Konzern PLC

Normale Anteile von 5p   Preis 477 p

Marktkapitalisierung   96 Millionen Pfund

Aktivitäten: Die Entwicklung und Herausgabe von Software für PCs und der Verkauf von Computerstationen und -zubehör.

				9/92F			9/93F		
	Anm,	Datum Vorhers,	PBT	EPS	DPS	PBT	EPS	DPS
BZW	B	14/4/92	8,7	29,1	9,00	10,0	33,1	10,00
County NatWest	B	24/4/92	9,0	30,2	9,00	10,5	35,0	10,50
Matheson	H	30/3/92	8,1	27,0	9,00	9,1	30,5	10,00
Panmure Gordon	B	10/2/92	8,4	29,3	9,25	-	-	-
UBS Phillips & Drew	-	23/4/92	9,0	30,9	9,00	10,5	36,2	10,00
Warburg	H	5/3/92	8,5	30,2	9,00	9,4	33,5	10,00
Wise Speke	LTB	24/4/92	9,0	30,1	9,50	10,1	32,8	10,40
Consensus			8,7	29,5	9,11	9,9	33,5	10,15
% Veränderung voriges Jahr			+31	+16	+13	+15	+13	+11
Möglicher KGV und Dividendenrendite Konsensus			16,1	2,5		14,2		2,8

Jahr ended 9/91

PBT	6,6	K/G	18,7	Kurs realtiv	
Ertrag je Aktie	25,5	Dividendenrendite	2,2	1m	+2%
Steuerbelastung	29			3m	+17%
Nettodividende	8,05			12m	+90%

Größere Anteilseigner
A Wylie   13,44%
A Goldman   10,51%
Lever P   7,78%
Morgan Grenfell Group 4,26%
Fmr Corp   4,12%
Framlington Group Plc 3,22%
Standard Life   3,18%
Norwich Union Life 3,04%

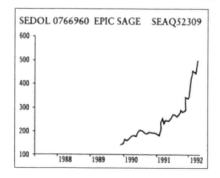

Ankündigungen
Vorläufige Ergebnisse 14/4/92
Abschlüsse 10/12/91
Rechenschaftsberichte 27/1/92
Hauptversammlung 20/2/92

Wie Sie sehen können, scheint sich die phänomenale Wachstumsrate der jüngsten Vergangenheit zu verlangsamen. Die Broker Konsensprognose für das Geschäftsjahr, welches im September 1992 endet, liegt bei einem Ergebnis von 29,5 p je Aktie was einer Wachstumsrate von 16 % für dieses Jahr entspricht. Allerdings kam ich durch die Halbjahresergebnisse, welche im April veröffentlicht wurden, zu einem anderen Ergebnis. Im Jahr 1991 ergab sich in der ersten Hälfte ein Gewinn pro Anteil von 11,6 p gefolgt von 13,9 p in der zweiten Hälfte, was insgesamt für das Jahr 1991 25,5 p ergab. Im ersten Halbjahr 1992 stieg der Gewinn pro Anteil im Rahmen einer US-Akquisition, DacEasy, um 25 % auf 14, 5 p. Ich vermute, dass die Gewinne für das zweite Halbjahr sich um mindestens 20 % erhöhen, mit 17,4 p für die zweite Hälfte, und insgesamt 31,9 p für das gesamte Jahr 1992. Wie Sie sehen, liegt meine Schätzung von 31,9 p über allen Broker-Schätzungen, so nehme ich die obere Prognose von 30,9 p als Basis für die Berechnung, dass bei 469 p die Aktien 1991/2 bei einem KGV von knapp über 15 sind.

Die künftige Konsensprognoseschätzung zeigt, dass der Gewinn pro Anteil 1993 bei 33,5 p mit einem Wachstum von 13 % liegen wird (sehr gut in einer Rezession, aber nicht für Sage). Die im April veröffentlichten Prognosen der Broker nach den Zwischenergebnissen zeigen einen höheren geschätzten durchschnittlichen Gewinn pro Anteil für 1993 von 34,3 p. Ich glaube jedoch, dass wie im Vorjahr die obere Prognose von UBS Phillips & Drew über 36,2 p eher zutreffen wird. Sie werden feststellen, dass es sich in der Regel auszahlt, großen Wachstumswerten einen Vertrauensvorschuss zu geben, vor allem solchen wie Sage, die Kapitalerträge von weit über 100% haben.

Was bedeutet das alles? In der oberen Prognose des Gewinns pro Anteil für 1992 haben wir einen Wert von 30,9 p und für 1993 36,2 p. Das geschätzte Wachstum beim Gewinn pro Anteil von 5,3 p beträgt 17 %. Das mögliche KGV für 1991/2 ist 15, der mögliche PEG-Wert für 1991/2 ist 15 geteilt durch 17, das entspricht etwa 0,9. Kein Kauf, aber definitiv eine Halte-Position, insbesondere angesichts der Kosten für eine Neuinvestition. Außerdem gibt es den Vorteil des zinsfreien Kredits von der Regierung von etwa 100 p pro Aktie, welchen Aktionäre nutzen können, die ihre Aktien bei 203p gekauft und noch nicht verkauft haben und als Folge keine Kapitalertragsteuer auf ihren Gewinn zahlen mussten.

Das Sage Geschäftsjahr endet am 30. September. Wenn der Kurs der Aktie gleich bleibt, blickt der Markt bei Sage für 1992/3 auf ein mögliches KGV von ca. 13. Mit einer Wachstumsrate von schätzungsweise 17% für das Jahr, läge der PEG-Faktor 1992/3 bei attraktiveren 0,75 - nach unserem System ein Kauf. Wie ich in Kapitel drei an unserem Beispiel MTL Instruments dargestellt habe, kann ein schnell wachsender Anteil oft sehr billig sein, wenn Sie Ihren Kauf gut timen und kaufen, kurz bevor die Wahrnehmung des Markts sich vom historischen zum möglichen KGV verlagert. Der einzige Haken bei diesem Ansatz ist, dass Sie mehr Zeit verlieren als üblich, während Sie darauf warten, bis der Wert der Aktien richtig eingeschätzt wird und es zwei Jahre dauert, anstatt nur einem. Wenn Sie warten, bis die Ergebnisse für das vergangene Jahr bekannt gegeben werden, gehen Sie nur ein Risiko bezüglich des prognostizierten Gewinns ein. Allerdings, wenn Sie den Zug vorher mit Aktien wie Sage verpasst haben und bereit sind, das Risiko einzugehen, kann Ihnen dieser Ansatz manchmal die Möglichkeit bieten, einzusteigen.

Lassen Sie uns The Body Shop ansehen, ein großes Wachstumsunternehmen, von welchem häufig berichtet wird, eine sehr lohnende Investition für Mutige. Wenn Sie unmittelbar nach der Börsennotierung im Jahr 1984, Aktien am Markt gekauft haben, haben Sie ein Aufgeld von 50% gegenüber dem Angebotspreis bezahlt. Da die Aktien bei einem möglichen KGV von 24 gestreut wurden, würde das bedeuten, Sie zahlen 36 Mal die Ertragsaussichten. Es gab mehrere Berichtigungsaktien und Bezugsrechte hinsichtlich der Aktie, aber Sie hätten mehr als das 60-fache Ihres Geldes gemacht. Die Aktien hatten schon immer ein hohes KGV und schienen in Bezug auf den Markt als Ganzes teuer. Wenn man jedoch den PEG-Wert in Bezug auf die Aktien anschaut, waren sie oft relativ billig. Mit einer Wachstumsprognose von bis zu 50% pro Jahr, bedeutet ein interessantes KGV von 36, dass der PEG-Wert bei 0,72 liegt, damit in unser System fallen würde.

Das Problem liegt in der Frage, ob eine Wachstumsrate von 50% pro Jahr für längere Zeit aufrechterhalten werden kann. Die Vergangenheit ist einfach. Lassen Sie uns The Body Shop im Juli 1992 ansehen.

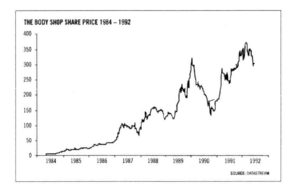

Das *Bewertungsverzeichnis* zeigt den Preis bei 278 p, die Konsensusprognose des Wachstums für nächstes Jahr liegt bei 29 % und bei dieser Annahme liegt das mögliche KGV bei 24,6. Der mögliche PEG-Faktor wird berechnet, indem man 24,6 durch 29 teilt, was 0,85 ergibt, das ist relativ attraktiv für einen führenden Wachstumswert.

The Body Shop International PLC

Stammaktien von 5p Kurs 278p

Marktkap. £520m

Aktivitäten: Die Generierung, Produktion und der Vertrieb natürlicher Haut- und Haarpflegeerzeugnisse und zugehöriger Artikel in eigenen Läden und Franchise-Outlets. Zum Geschäftsjahr endend am 29/02/92 hatte der Konzern 210 Filialen in Großbritannien und 517 im Ausland, das entspricht einer Steigerung von 148 Verkaufsstellen international. Die durchschnittliche Zahl der Arbeitnehmer während des am 29/02/92 endenden Geschäftsjahres lag bei 1926 (1991: 1.844).

	Hinweis,	Dat. Prognose	PBT	2/93F EPS	DPS	PBT	2/94F EPS	DPS
Beeson Gregory	B	28/5/92	32,95	11,4	2,00	40,0	14,5	2,40
Carr Kitcat	B	30/6/92	32,0	11,4	2,00	-	-	-
County NatWest	B	25/6/92	31,5	11,2	2,10	42,0	14,9	2,70
Fleming Securities	H	1/6/92	33,0	11,4	1,70	40,0	13,8	2,20
Girozentrale Gilbert Elliot	H	1/6/92	32,0	11,4	2,00	38,0	13,6	2,40
Hoare Govett	OV	28/5/92	31,5	11,1	2,00	38,0	13,5	2,45
James Capel	A3	29/6/92	32,0	11,0	2,00	41,0	14,3	2,50
Kleinwort Benson	-	26/6/92	32,0	11,3	2,00	37,0	13,0	2,25
Nomura	H	28/5/92	31,5	11,1	2,00	39,0	13,9	2,50
Panmure Gordon	B	3/6/92	33,0	11,5	2,10	42,0	15,0	2,70
Peel Hunt	-	13/2/92	34,0	12,0	2,25	-	-	-
S,G,S,T, Securities	H/B	29/6/92	31,1	11,0	2,00	40,2	14,2	2,40
Warburg H		1/6/92	30,0	10,3	1,90	35,0	12,0	2,30
Williams de Broe	B	28/5/92	34,5	12,4	2,20	47,0	16,8	3,00
Konsensus			**32,2**	**11,3**	**2,02**	**39,9**	**14,1**	**2,48**
% Veränderung zu Vorjahr		+28	+29	+26	+24	+25	+23	
Vorauss. Kursgewinn und D.R. gem. Consensus			24,6	1,0		19,7	1,2	

Jahr endend 2/92

Gewinn vor Steuern	25,2	KG		31,6	Relativer Kurs
Gewinn pro Anteil	8,8	Dividendenrendite	0,7		1m -2%
Steuern		34			3m -19%
Nettodividende		1,60			12m +12%

Größere Anteilseigner

I Mcglinn 27.97%

T Roddick 13.87%

A Roddick 13.76%

Ankündigungen

Interims 12/11/91

Finals 27/5/92

Reports and accounts 10/6/92

AGM 30/6/92

Der entscheidende Punkt bei The Body Shop ist, dass das Unternehmen durch seine hervorragende Wachstumsrate ein hohes KGV hat. Wenn Sie die Aktien gekauft hätten, wäre es ein paar Mal sehr unruhig geworden, wenn die Vorstände einige ihrer Werte verkauft hatten, und als es noch ungünstige Publicity gab.

Doch im Großen und Ganzen wäre der PEG-Wert bis 1990 nicht groß über 1,20 gestiegen, da das Wachstum vorübergehend abgeflacht war.

Das Problem beim Kauf einer Aktie wie The Body Shop ist, dass wenn das Wachstum plötzlich nicht mehr steigt, die Aktien tief fallen können. Auf der anderen Seite können Sie nicht erwarten, Ihr Geld in ein paar Jahren um das sechzigfache zu vermehren und das ohne Risiko.

Es ist interessant festzustellen, dass The Body Shop eine Neuemission im letzten Jahrzehnt war. Sage ist aus der jüngeren Vergangenheit. Beide sind außergewöhnliche Wachstumsaktien, die als Jährlinge begannen, von denen man hofft, dass sie Charakterstärke, die Fähigkeit und Ausdauer eines Weltklassepferds haben.

Es gibt immer noch viele Möglichkeiten im Markt der Neuemissionen. Ich habe bereits ICS erwähnt. Ein weitere aktuelle Emission war British Data Management die von Rothschild im späten März 1992 platziert wurden, um die Zeit der allgemeinen Wahl. Das Unternehmen scheint alles zu haben, was ein außergewöhnlicher Wachstumswert beraucht, so schlage ich vor, wir analysieren die Statistik gemeinsam im Detail. Es lohnt sich, meinen Ansatz, zu überprüfen, denn wenn man den Kauf rechtfertigen will, muss man beim Umgang mit der künftigen Wachstumsrate und dem PEG ein wenig erfinderisch sein.

BDM ist in der Branche des Speichermanagements tätig und beschäftigt sich mit der kommerziellen Nutzung von Daten in der Ölförderung. Der Konzern besitzt einen Marktanteil von 40% an der schnell wachsenden Öl- und Gasförderungsbranche, mit wichtigen Kunden des Kalibers von BP. Die Gebühren werden für die Speicherung und den Abruf von Daten erhoben, wenn erforderlich. Die Dienstleistung ist sehr anspruchsvoll und erfolgt, unnötig es zu sagen, auf Computerbasis.

Aufgrund der Unsicherheiten vor der Wahl war die Emission ein Flop und die Aktien verweilten einige Zeit unter dem Ausgabepreis von 125p. Seien wir doch konservativ und blicken auf die Zahlen auf Basis des Emissionspreises.

Wie Sie durch das Studium des Emissionsdokuments sehen können, ist das Ende des Geschäftsjahres der Juni, und auf Grundlage der Vorstandsprognose von 2,38 Millionen Pfund, liegt der Gewinn pro Anteil 10,9 p.

Gewinn-und Ergebnisprognose für das Geschäftsjahr zum 30. Juni 1992

(£'000)	Vorstandprognose	Proforma Prognose
Gewinn vor Zinsen und Steuern	3.500	3.500
Zu zahlende Nettozinsen	(1.120)	-
Gewinn vor Steuern	2.380	3.500
Steuern	(490)	(850)
Gewinn nach Steuern	1.890	2.560
Anzahl Stammaktien (gewichtet)	17.262.398	23.262.398
Gewinn pro Stammaktie (p)	10,9	11,4
KGV bei Zahlpreis	11,4 fach	11-fach

Sie steigen jedoch auf 11,4 p an, wenn man davon ausgeht, dass die Emission zu Beginn des Geschäftsjahres erfolgte. Lassen Sie uns jetzt auf einen Blick auf die letzten Gewinne und das Gewinnwachstum pro Anteil werfen.

Handelsgewinn und Gewinnprognose

	Prognose endend Juni	Jahr endend 30. Juni		6 Monate ended 31. Dez		Jahr 30.
	1989	1990	1991	1991		1992
	£'000	£'000	£'000	£'000		£'000
Umsatz	8.131	11.155	12.679	6.203		
Gewinn/(Verlust) vor Zinsen	(253)	989	2.306	1.466		3.500
Zu zahlende Nettozinsen	(221)	(1.291)	(1.166)	(687)		(1.120)
Außergew.Posten	(1.257)	-	-	-		-
Gewinn/(Verlust) vor Steuern	(1.731)	(302)	1.140	779		2.380
Steuern	311	-	45	10		(490)
Gewinn/(Verlust) nach Steuern	(1.420)	(302)	1.185	789		1.890
Gewinne pro Anteil (p)	(9,3)	(2,0)	7,8	5,3		10,9

Wir bräuchten eine Prognose bis 1993, um zu ermitteln, ob die Aktien unsere wichtigsten Kriterien einer hohen künftigen Wachstumsrate und eines relativ niedrigen KGV erfüllen. Wir wollen dieses Unternehmen nicht ignorieren, so müssen wir improvisieren und ein paar Vermutungen anstellen. 1991 waren die Gewinne mehr als doppelt so hoch wie 1990, und 1992 Gewinne stiegen die Gewinne um mehr als 50 % von den Gewinnen in 1991. Der Unterschied zwischen der ersten Jahreshälfte 1991/2 von 1,46 Millionen Pfund und der

Prognose für das gesamte Geschäftsjahr von 3,5 Mio. Pfund liegt bei über 2 Millionen Pfund. Bei Verdoppelung dieser Zahl kommen wir auf 4 Millionen Pfund und bei Berücksichtigung des Wachstums im nächsten halben Jahr könnten wir sicher weitere £ 500.000 addieren, um für 1992/3 auf eine Schätzung von 4,5 Millionen Pfund zu kommen.

In ähnlicher Weise würde ich die Gewinne für 1993/4 mit etwa 5,5 Millionen Pfund berechnen. Ich weiß, dass mögliche saisonale Faktoren in den Halbjahresergebnissen nicht berücksichtigt wurden und dass mein Ansatz sehr vereinfacht ist, aber ich habe ein gutes Gefühl bei dem Unternehmen, es scheint mir ausgezeichnetes Potenzial für weiteres Wachstum zu haben.

Nun wollen wir uns noch einmal der Gewinnprognose von 3,5 Mio. Pfund für 1991/2 und den 11,4p Gewinn pro Anteil im Platzierungsdokument ansehen. Wie Sie aus den Aufzeichnungen sehen können, gab es erhebliche Verluste in den ersten Jahren, was zu steuerlichen Verlusten führte, die als Verlustvorträge für künftige Gewinne verfügbar sind. Das Ergebnis ist, dass die Steuern in Höhe von 850.000 Pfund in der Pro-forma-Prognose außergewöhnlich niedrig sind und die Steuerbelastung für die Ergebnisse 1991 fast nicht existent ist. Die geschätzte Steuerbelastung für 1991/2 erhöht sich um £ 360.000 - indem einfach die Einsparung von 1.120.000 Pfund durch inländische Zinseinsparungen, zu den Gewinnen addiert wurde. Eine normale Steuerbelastung liegt bei etwa einem Drittel, in diesem Fall wären das zusätzlich 373.000 Pfund gewesen – das liegt nahe bei 360.000 Pfund, und weist deutlich darauf hin, dass die steuerlichen Verlustvorträge aufgebraucht sind und das Unternehmen in Zukunft eine normale Steuerbelastung hat.

Wenn wir von normalen Steuern in Höhe von einem Drittel für 1991/2 auf den Pro-forma-Gewinn von 3,5 Millionen Pfund ausgehen, kommen wir bei einem Netto-Wert von ca. 2.335.000 Pfund an. Nach der Platzierung befinden sich 23.262.398 Aktien in der Emission, so dass sich das Ergebnis je Aktie fast genau auf l0 p beläuft (Ich begreife nicht, warum Platzierungsunterlagen diese Tatsache nicht absolut klar aufzeigen). Für 1992/3, würde unsere Schätzung mit 4,5 Millionen Pfund bei einer normalen Steuerbelastung von einem Drittel einen Nettogewinn pro Anteil von etwa 13 p ausmachen und für 1993/4 mit 5,5 Millionen Pfund, läge er bei 16 p.

Wir gehen jetzt zurück ans Reißbrett, um den PEG zu berechnen. Da wir nahe am Ende des Geschäftsjahres sind und das Unternehmen schnell wächst, werde ich den voraussichtlichen PEG für 1992/3 verwenden.

Der geschätzte Gewinn pro Anteil liegt bei 13 p pro Aktie, der Ausgabepreis bei 125 p, so dass der voraussichtliche KGV etwa 10 beträgt. Das Wachstum des folgenden Jahres beträgt etwa 22 %, der mögliche PEG kann berechnet werden, indem man 10 durch 22 teilt und auf einen sehr attraktiven Wert von 0,45 kommt.

Die restlichen Kriterien sind in Ordnung: nach der Platzierung gibt es keine Schulden, das Unternehmen ist in der Branche etabliert, die Kapitalrendite liegt bei sehr zufriedenstellenden 22,5 % eine neue Runde der Nordsee-Lizenzen wurde dem Markt im März 1992 angekündigt, die Marktkapitalisierung ist mit 29,1 Millionen Pfund gering und die Dividendenrendite beträgt 4,25%.

Wenn man berücksichtigt, dass der Grundbesitz den Buchwert nicht wert ist, beträt das Eigenkapital etwa ein Drittel des Aktienkurses, und das Management hat eine wesentliche Rest-Beteiligung. Das einzige Kriterium, das nicht erfüllt ist, ist die relative Stärke. Es ist jedoch leicht zu verstehen, dass die Wahl, die allgemeine Stimmung beeinflusst haben dürfte, also lege ich dieses Manko nicht auf die Goldwaage.

Ich habe sehr ausführlich über BDM nachgedacht, weil ich, wie man sehen kann, einige Hausaufgaben zu erledigen hatte, um herauszufinden, ob die Aktien wirklich ein Kauf waren. Da gab es die Lektion mit der abnormen Steuerbelastung, vor allem aber die Möglichkeit, die Gewinnprognose zu "konstruieren" und die künftige Wachstumsrate zu schätzen. Die Zeit wird zeigen, ob meine Einschätzung richtig war. Abgesehen von unglücklichen Zufällen, bin ich ziemlich sicher, dass sie sich als konservativ erweisen wird.

Der wichtigste Einzelpunkt, den es zu verstehen gilt, ist, dass es schwierig ist, eine Aktie mit einem sehr niedrigen KGV in Bezug auf die Wachstumsrate zu finden. Einige werden Sie über das Jahr finden, wenn Sie den *Investors Chronicle* durchblättern oder über Empfehlungen Ihrer Broker- und Investmentzeitung und durch allgemeine Lektüre. Dort finden Sie auch einige ausgezeichnete Investitionen unter den Neuemissionen, die oft mit einem Abschlag im Vergleich zu marktüblichen Preisen angeboten werden. Jedoch, werden Sie manchmal wie bei BDM ein wenig arbeiten müssen, bevor Sie entscheiden können, ob es sich um die richtige Wahl handelt.

Dies ist besonders der Fall bei Neuemissionen, die häufig am Ende des Geschäftsjahres auf den Markt kommen.
Sie müssen vielleicht ein paar Monate in die Zukunft gehen, wie die Aktien dann aussehen.
Sie müssen sich die Zahlen möglicherweise genauer ansehen und etwas mehr Risiko auf sich nehmen, als Sie normalerweise gerne tragen, so dass Sie andere Investoren schlagen. Sie werden wahrscheinlich verkaufen, wenn andere die Attraktivität der Aktie realisiert haben.
Sie werden bemerkt haben, dass ich schon ziemlich abfällig über die meisten anderen Kriterien gesprochen habe, die ich nicht als verbindlich betrachte. Nachdem ein attraktiver PEG vorhanden ist, die Prognose des Vorstands (oder die konstruierte Prognose) optimistisch ist, und das Unternehmen über eine starke finanzielle Position und eine hohe Kapitalrendite verfügt, beginne ich mich für die Aktien zu begeistern. Seltsam, die meisten der anderen Kriterien fallen in Position. Das ist kein Wunder - wenn ein Unternehmen einen Wettbewerbsvorteil hat und sich etwas Neues ereignet hat, kann man erwarten, dass das Gewinnwachstum außergewöhnlich ist.

Von schlechter relativer Stärke allein, sollten Sie sich nicht abschrecken lassen, aber jede Schwäche des Aktienkurses sollte Sie auf die Möglichkeit aufmerksam machen, dass etwas schief gehen könnte. Bei einem etablierten Wachstumswert ist ein indifferenter Nettosubstanzwert kein Grund zur Besorgnis. Sie sollten nur beginnen, sich Sorgen zu machen, wenn mehrere nicht obligatorische Kriterien nicht vorhanden sind. Zusammengenommen bilden sie ein Sicherheitsnetz, das nur brechen kann, wenn mehrere der Stränge beschädigt sind oder fehlen.

11. Zykliker und Turnarounds

Die meisten Unternehmen profitieren von einem Aufschwung in der Wirtschaft und leiden wenn die Wirtschaft sich abschwächt. Doch ein wirklich toller Wachstumswert kann in der Regel erhöhte Gewinne auch in einer tiefen Rezession schaffen. Einige Unternehmen mit starkem Franchise-Geschäft scheinen erstaunlich unbeeindruckt von der Düsternis und Verzweiflung zu sein. Zyklische Aktien leiden viel mehr als die meisten - Bauunternehmen, Stahl- und Automobilhersteller können sich nicht gegen den Trend stemmen. Die meisten können nur hoffen ist, dass sie im nächsten Zyklus, die bisherige Spitze übertreffen werden und im unteren Bereich besser platziert sind als beim letzten Mal.

Das sind haarsträubende Dinge, aber man kann viel Geld verdienen, wenn man das Timing richtig macht. Um dies zu tun muss man die Anatomie der Konjunkturzyklen verstehen. Nehmen wir zum Beispiel den Hausbau. Am Boden des Zyklus profitieren ein paar Überlebende in der Branche vom reduzierten Wettbewerb und beginnen, den Trend umzukehren. Gute Arbeitskräfte und Grundstücke sind leichter und günstiger zu finden, als in der Hochkonjunktur. Wenige Häuser befinden sich im Bau, so dass die Preise günstiger, die Margen gesünder und die Gewinne besser sind.

Dann beginnen andere Unternehmer, die wachsenden Möglichkeiten wahrzunehmen, eröffnen Bauunternehmen, bestehende Unternehmen werden erweitert und konkurrieren sowohl in Bezug auf Arbeitskräfte, wie auch auf Grundstücke. Der Kostendruck beginnt, zu steigen.

Einige der Bauunternehmen leihen sich Geld, um Grundstücke auf Vorrat zu kaufen, es wird immer schwerer, sie zu erwerben und damit teurer. Sehr bald, gibt es Überkapazitäten in der Branche, einige Bauunternehmen reduzieren die Preise, um ihren Marktanteil zu wahren. Die Margen erodieren aufgrund niedrigerer Preise und erhöhter Kosten. Die Banken haben Angst, dass ihre Kredite in Gefahr sind, und konzentrieren sich auf eher kleine Unternehmen, die in Konkurs gehen. Einige der Unternehmer entscheiden, dass sie vielleicht anderswo bessere Chancen haben.

Der Wettbewerb fällt weg, der Preisdruck verringert sich, die Gewinne beginnen, sich zu erholen. Der Zyklus beginnt von neuem.

Natürlich sollte man kaufen, bevor die Gewinne steigen und die Zeit zu verkaufen ist, wenn die Voraussetzungen sich verbessern. Wichtig zu wissen ist, dass zyklische Aktien sollten *niemals* ein sehr hohes KGV und eine niedrige Dividendenrendite haben, nahe der Spitze des Zyklus. Lassen Sie uns bei GKN, einem typischen Zykliker schauen, wie die Gewinne und der Aktienkurs in den beiden letzten Konjunkturzyklen betroffen waren.

Natürlich werden Sie am Tiefpunkt des Zyklus kaufen wollen, aber Sie wollen auch sicherstellen, dass der gewählte Wert überleben wird. Natürlich hätten Sie einen weit größeren Gewinn, wenn Sie in einen Kandidaten investieren, bei dem es unwahrscheinlich ist, dass er überlebt und alle überrascht sind, dass er unbeschadet durch die Rezession kommt. Je größer das Risiko, desto größer ist der potenzielle Ertrag. Riskantere Unternehmen haben in der Regel sehr hohe Kredite am unteren Ende eines Zyklus. Wenn das Geld ausgeht, hängt viel von der Haltung ihrer Banker und Aktionäre ab.

Hier sind einige Richtlinien, die Ihnen bei der Auswahl helfen:

1. Firmen mit bekannten, nationalen Namen haben eine bessere Chance, zu überleben, wenn auch nur, weil es schwieriger scheint, sie aufzugeben. Sie sind ein wichtiger Teil unserer Gesellschaft, deshalb sind Banker, Aktionäre und andere Gläubiger ein wenig hilfsbereiter. In einigen Fällen, wird versucht unerwünschte Publicity zu vermeiden, wenn man versucht, den Stecker zu ziehen, manchmal gibt es ein echtes Bedürfnis, dem Unternehmen zu helfen.

2. Üblicherweise wird ein Unternehmen mit bekanntem Namen bereits einige hochkarätige Börsenmakler und einige starke institutionelle Aktionäre auf sich aufmerksam gemacht haben, die eher helfen können, den Wiederaufbau zu finanzieren. Sie müssen sicherstellen, dass der Börsenmakler führend ist.

3. Wählen Sie Firmen mit bekannten Markennamen und andere starke Business Franchises. Schauen Sie vor allem nach Unternehmen, die in der Regel eine hohe Kapitalrendite aufweisen.

4. Die Qualität des Managements ist von entscheidender Bedeutung. Wenn die alte Garde verantwortlich bleibt, sollten Sie vorsichtiger sein. Eine Änderung des Managements durch jemanden, der in der Lage ist, immer Vorstand oder Vorstandsvorsitzender zu sein, ist ein gutes Omen für die Zukunft und macht die Investition zu einer besseren Wette.

5. Halten Sie die Augen offen, wenn große Konkurrenten sich aus dem Geschäft verabschieden. Das ist immer ein sehr gutes Zeichen. Ihre Auswahl sollte dann in der Lage sein, ein größeres und rentableres Stück des eventuellen Kuchens zu sichern.

6. Wählen Sie Unternehmen mit Rückendeckung in Form von Vermögenswerten. Diese Vermögenswerte sollten dazu beitragen, Erträge zu generieren, wenn die Wirtschaft sich erholt.

In der Zwischenzeit können sie ins Auge eines Raubtiers fallen. Mit der Hoffnung auf eine Übernahme, sollten Sie Unternehmen den Vorzug geben, die eine Beteiligung auf breiter Basis ohne Kontrollsperren haben.

7. Wie üblich, gibt es kein Entrinnen vor einer kleinen Rechenaufgabe. Wie ist die Konsensus-Prognose der Broker im Falle einer Erholung? Wie war das KGV an der Spitze des letzten Zyklus? Mit diesen beiden Zahlen, können Sie Sie Ihr Aufwärtspotenzial einfach berechnen, für ein Unternehmen mit Anleihen (siehe 8. unten) sollte es bei mindestens 100% und möglicherweise sehr viel liegen.

8. Das Zauberwort "Anleihen" bringt mich zu einem weiteren wichtigen Punkt. Man sollte das Limit bei der Gesamtverschuldung höchstens am Substanzwert ansetzen. Mit anderen Worten, der Verschuldungsgrad sollte nicht über 100% liegen.

In den seltenen Fällen, wo Sie feststellen, dass der Rest der Kriterien überwiegend zufriedenstellend ist, könnten Sie das 100%-Limit auch ausdehnen, in diesem Fall sollten Sie ein Aufwärtspotenzial von mehr als 100% haben. Das erhöhte Risiko muss durch das Versprechen von zusätzlichen Belohnungen ausgeglichen werden.

9. Es ist unbedingt notwendig, dass die Prognose für das kommende Jahr steigende Gewinne oder eine Rückkehr in die Gewinnzone zeigt. Verluste könnten eine Fatalität auslösen, die Sie vermeiden wollen.

10. Das Timing ist von größter Bedeutung. Wenn jemand einen Safe aus dem Fenster des Penthouses eines Wolkenkratzers wird, werden Sie schwer verletzt sein, wenn Sie sich im dritten Stock aus dem Fenster zu lehnen sich im dritten Stock und versuchen, ihn zu fangen. Warten Sie, bis Sie wirklich sicher sind, dass der Zyklus seinen Tiefpunkt erreicht hat. Sie werden nach dem ersten Anschein einer Veränderung suchen – den ersten Hinweis auf eine gute Nachricht nach der Düsternis. Sie bezahlen auf diese Weise ein wenig mehr, doch betrachten Sie die zusätzlichen Kosten als Versicherung.

11. Sie wollen, dass Ihre Auswahl massiv vom Aufschwung profitiert. Deshalb sollte so gut wie möglich sichergestellt sein, dass die Infrastruktur des Unternehmens während der Rezession intakt bleibt. Die Broker Consensus Gewinnprognose reflektiert dies in arithmetischen Begriffen, aber es gibt einige weitere spezifische Hinweise:

a) Das Unternehmen sollte seine Kapazitäten erhalten haben und größere Anlagen sollten nicht verkauft worden sein.

b) Der Umsatz sollte weitgehend erhalten sein, nur die Margen sollten leiden. Das ist ein ausgezeichneter Indikator, da sich die Margen schnell erholen können.

c) Prüfen Sie, ob es wesentliche Kosteneinsparungen gegeben hat. Das Unternehmen sollte beim Aufschwung schlank sein.

d) suchen Sie nach Unternehmen, die in der Regel viel Cash generieren. Wenn steuerliche Verluste zur Aufrechnung mit künftigen Gewinnen zulässig sind, können kurzfristige Schulden sehr schnell zurückgezahlt werden.

12. Der Aktienhandel des Vorstands ist sehr wichtig bei der Betrachtung zyklischer Situationen. Kaufen einige Vorstände Aktien am Tiefpunkt des Zyklus ist das offensichtlich ein sehr ermutigendes Zeichen. Sie könnten falsch liegen, aber eigentlich sollten sie es wissen.

13. Kaufen Sie zum Zeitpunkt einer Kapitalerhöhung, das kann eine sehr attraktive Möglichkeit sein, an einer Erholung teilzunehmen. Sie haben den großen Vorteil, dass sie in der Lage sind, aktuelle Rundschreiben an die Aktionäre zu lesen, in welchen Sie sehen, was die Vorstände mit ihren Ansprüchen tun, wie viel Schulden bleiben, und Sie erhalten eine Feststellung zu den künftigen Gewinnaussichten.

14. Vor allem sollten Sie nach einem Unternehmen suchen, das unter normalen Bedingungen im gewählten Bereich eine starke Kraft darstellt. Eine der besten Maßnahmen dafür ist der Umsatz im Verhältnis zur Marktkapitalisierung. Alles, über fünffach ist relativ billig.

Next ist ein gutes Beispiel. Im Jahr 1985 lag der Umsatz bei 146 Millionen Pfund und die Marktkapitalisierung betrug 195 Millionen Pfund. Ein Verhältnis Umsatz zu Marktkapitalisierung von 0,75. Bis Dezember 1990 sackte die Marktkapitalisierung auf 24 Millionen Pfund, obwohl die Umsätze auf 800 Mio. Pfund prognostiziert wurden. Das Verhältnis Umsatz zu Marktkapitalisierung hatte sich auf ein sehr attraktives 33-faches eingependelt. Die Aktien stiegen in der Folge von 6.5p im Dezember 1990, auf 95 p im Juni 1992.

Wann sollte man einen Zykliker verkaufen? Bei einem Wachstumsanteil könnte man eine lange Fahrt genießen, aber bei einem Zykliker ist der Preis tendenziell eher eingeschränkt. Sie werden sicherlich sofort verkaufen, wenn Sie sehen, dass ein Brokerkommentar darauf hindeutet, dass das betreffende Unternehmen ein Wachstumswert ist. Sie verkaufen auch wenn das KGV auf den prognostizierten Gewinn im zweiten Jahr der Erholung auf 75% des höchsten je erreichten KGV gestiegen ist. Im Wesentlichen, verkaufen Sie, wenn allgemein erkannt wird, dass das Unternehmen den Abschwung überlebt hat und sich nun weit besseren Handelsbedingungen erfreut. Warten Sie nicht, bis es eine unvermeidliche Zunahme des Wettbewerbs gibt, denn dann werden die Kosten beginnen, wieder zu steigen und versuchen Sie mit einer erheblichen Sicherheitsmarge, zu verkaufen, bevor der Höhepunkt des Zyklus erreicht ist.

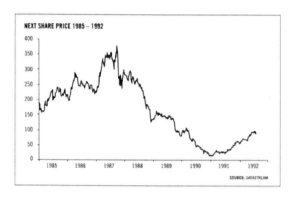

Obwohl ich mathematische Formeln für den Verkauf nicht mag, würde ich vorschlagen, dass für alles andere als Extremsituationen (in welchen Sie ein erhebliches Risiko in der Hoffnung auf eine unverhältnismäßige Belohnung eingehen), Sie zumindest in Betracht ziehen sollten, die Aktien zu verkaufen, wenn sie sich verdoppelt haben.

Jetzt kommt die schwierigere Frage, wie die Verluste zu begrenzen sind. Denken Sie daran, Sie sollten nur kaufen, wenn der Zyklus nach oben geht. Wenn das nicht passiert ist, und der Zyklus immer noch nach unten zeigt, oder Sie in irgendeiner Weise enttäuscht sind, müssen Sie die Situation natürlich wieder neu beurteilen. Wie bei all meinen anderen Investitionssystemen, sollte sofort verkauft werden, wenn die Geschichte sich wesentlich verschlechtert.

Unerklärliche Kursverluste müssen beurteilt werden und das ist mehr eine Frage des Urteilsvermögens und Gefühls. Ich habe dieses besondere Problem ausführlicher in Kapitel Siebzehn im Portfolio Management abgedeckt.

Ich investiere selten in zyklische Werte, da das Aufwärtspotenzial beschränkt auf einmaligen Gewinn zu sein, scheint. Es können jedoch große Gewinne gemacht werden, wenn Sie Experte sowohl in Timing und Auswahl sind.

Durch das Beispiel „Next" wird das gut illustriert, es lohnt sich dies detailliert anzusehen. Zwar war es schwierig, das Tief bei 6.5 p zu erkennen und dort zu investieren, es gab aber ein wenig später weitere Chancen in der Geschichte. Wie der Großteil des Einzelhandels, erweiterte Next in den späten achtziger Jahren, seine Ladenkette mit rasanter Geschwindigkeit und stieg in den Kreditfinanz- und Versandhandel ein.

Im Dezember 1988, warnte die Gruppe vor einem anstehenden deutlichen Gewinnrückgang und George Davies, früher ein Star im Handel, wurde um seinen Rücktritt gebeten. Bis Dezember 1990 waren die Anleger der Verzweiflung nahe, das Unternehmen fuhr schwere Verluste ein mit der Aussicht auf zwei Wandelanleihen nahe der Einlösung mit 150 Mio. Pfund im März 1991, Next hatte Grattan für 167 Millionen Pfund verkauft, zusammen mit einigen anderen kleineren Verkäufen, brachte dies das Unternehmen aus der Verschuldung. Zu diesem Zeitpunkt lag Next, gemessen an den meisten unserer Kriterien recht gut:

1. Next ist eine bekannte Firma und es wäre ein sehr großer Profilverlust, wäre das Unternehmen untergegangen.
2. Next hatte einen guten bekannten und einflussreichen Börsenmakler.
3. Next ist eine hervorragende Marke.
4. George Davies war durch David Jones und Lord Wolfson von Sunningdale ersetzt worden, beide sehr fähige, finanziell-orientierte Männer, die entschlossen waren, die Bilanz von Next wieder in ein gesundes Gleichgewicht zu bringen.
5. Wichtige Wettbewerber wie Burton waren auch unter erheblichem Druck.
6. Nach dem Verkauf von Grattan waren Schulden kein Problem mehr.
7. Die Verluste waren gestoppt und die Verbesserung der Gewinnprognosen wurde bei den Brokern Mode.
8. Die Absicht war, das Kerngeschäft wieder herzustellen. Läden wurden geschlossen, Lagerbestände verbessert, und Produktlinien überarbeitet. Dabei wurde der Umsatz reduziert und die Margen dramatisch verbessert.
9. Das Verhältnis Umsätze zu Marktkapitalisierung war immer noch hoch. Auch nach dem Verkauf von Grattan lag der Umsatz bei prognostizierten 450 Mio. Pfund. Bei 30p, war das Verhältnis beim vierfachen der Marktkapitalisierung von 110 Mio. Pfund.

Am Naheliegendsten war es, Next nach dem Verkauf von Grattan, zu kaufen, als die Angst vor dem Konkurs beseitigt werden konnte. Sie hätten die Aktien dann zwischen 25p und 30p über mehrere Monate bis Juni 1992 kaufen können und Ihr Geld mindestens verdreifachen können.

Turnarounds können mit zyklischen Werten und der Ertragslage in Zusammenhang gebracht werden. Eine Ertragslage, die seit Jahren vernachlässigt worden ist und sich verschlechtert, bis an den Rand des Scheiterns, ermöglicht eine Trendwende. Ein schlecht gemanagter Zykliker, erlebt oft eine Trendwende am unteren Ende des Zyklus. Ein schlecht geführtes Wachstumsunternehmen, könnte bei einer unerwarteten Katastrophe auch ein Kandidat geworden sein.

Es gibt keine genaue Definition für einen Turnaround. Ich verwende den Ausdruck für ein Unternehmen, bei dem ich hoffe, dass es von den Toten aufersteht. Ein Unternehmen, das in einem solchen Ausmaß geschlagen wurde, dass seine Fähigkeit zum Überleben stark bezweifelt werden muss. Der Markt übertreibt Hoffnungen auf dem Weg nach oben und übertreibt Ängste auf dem Weg nach unten. Häufig wird der Rückgang des Aktienkurses übertrieben, weil Institutionen und andere Aktionäre zum Ausgang eilen.

Die meisten der Kriterien für die Auswahl eines Turnarounds sind gleich wie bei einem Zykliker. Viele Turnarounds leiden bei ihren Tiefständen unter einem Abschwung aufgrund eigener Umstände, die manchmal weniger mit ihrem grundlegenden Geschäft zu tun haben, als mit Änderungen im Management zu tun und der Ausrichtung.

Ein wirklich schlechtes Management kann jedes Unternehmen in die Knie zwingen, und ein wirklich gutes Management kann schnell Abhilfe schaffen. Verschwenden Sie keine wertvolle Zeit und riskieren Sie kein kostbares Geld, bis das neue Management ankommt. Eine wesentliche Veränderung im Management (zum besseren hoffentlich) ist in der Regel ein ausgezeichnetes Kaufsignal, obwohl es manchmal noch schlimmer wird, bevor es besser werden kann.

Lassen Sie uns zum Beispiel das namhafte Unternehmen English China Clays untersuchen, das sich aus unerklärlichen Gründen von einem wunderbaren Kerngeschäft diversifizierte und beschloss, seinen attraktiven Namen in das schreckliche Akronym - ECC zu ändern. Ein neuer Chef, Andrew Teare, der zuvor mehrere Jahre erfolgreich Rugby Group leitete, übernahm am 1. Juli 1990. Die Akquisition von Georgia Kaolin in den USA wurde bereits im Mai angekündigt, und Teare beschloss, diesen Kauf zu verwenden, um das Kerngeschäft aufzubauen und alle bisherigen Diversifikationen zu beseitigen. Im September 1991 gab das Unternehmen seinen schrittweisen Rückzug aus dem britischen Hausbau bekannt, so wie ein Programm zur Rationalisierung im Kernbetrieb Kaolin. Sonstige Veränderungen waren der Umzug der Hauptverwaltung, die Einführung eines umfassenden Management-Incentive-Plans, der Verkauf von zehn Unternehmen innerhalb von achtzehn Monaten und eine Reduzierung der Belegschaft 13.800 auf 10.800 Personen. Im Februar 1992 hatte das Unternehmen eine Kapitalerhöhung für eine Fremdfinanzierung in den USA. Einen Monat später, kündigte der Vorstand einen Gewinnanstieg vor Steuern um mehr als 50% an und schlug vor, dass der Firmennamen wieder in den viel populäreren Namen Englisch China Clays geändert werden soll.

Im Juli 1990 lagen die Aktien bei 414 p und einem historischen KGV von 9,2 und einem zu erwartenden KGV von etwa 18. Gegen Ende des Jahres 1990 waren die Aktien bei 275p sehr schwach, da das Unternehmen von der Rezession am Bau stark belastet war. Doch im Juni 1992 zeigten sich die Auswirkungen der Reorganisation und die Anteile erreichten 555 p.

Eine andere Art Turnaround kann durch schreckliche oder unerwartet auftretende Finanzergebnisse oder einer Katastrophe wie dem Unglück im Union Carbide Werk in Bhopal entstehen. Ich empfehle, nicht in Turnarounds zu investieren, die aus Geschehnissen resultieren, die unmöglich zu quantifizieren sind und ein Fass ohne Boden sein können. Der Vorfall Bhopal hat ohne Zweifel Ansprüche von Verwandten der Opfer entstehen lassen, die von unvorstellbarem Ausmaß sind. Ich kenne den gegenwärtigen Stand der Dinge nicht, aber ich vermute, dass Jahre vergehen, bevor die vollen finanziellen Auswirkungen vollständig bekannt sein werden.

Wenn jemals eine Klage gegen eines großes Tabakunternehmen in Bezug auf gesundheitliche Schäden Dritter oder Passivraucher Erfolg hat (wenn im gleichen Büro andere Leute, die nicht rauchen an Krebs sterben) werden die Auswirkungen unermesslich sein. Bei solchen Ereignissen muss viel Gras über die Sache wachsen, bevor Sie Ihr Geld riskieren. Wie Sie aus den Beispielen Next und English China Clays sehen können, können sehr große Gewinne gemacht werden, mit vielversprechenden Zyklikern oder Turnarounds, vor allem wenn sich ein neues Management dem Unternehmen annimmt. Es ist natürlich ein Risiko, so sollten Sie niemals mehr als 10% Ihres Portfolios in solche Werte investieren. Die Sicherheitskriterien, die ich skizziert habe, sollen auch dazu beitragen, Sie zu schützen.

Die Zeit, um einen Turnaround zu verkaufen, ist herrlich klar - wenn das Unternehmen die Trendwende geschafft hat und gute Gewinne macht. Wenn Institutionen sich nicht mehr schämen, die Aktie zu besitzen und beginnen, vorsichtig zu investieren: die Konsensprognose gut über dem Vorjahr liegt und es vielleicht ein paar Bemerkungen über das Unternehmen gibt, dass es als Wachstumsaktie erkannt wird. Seien Sie nicht gierig - überlassen Sie dem Markt Ihre Aktien. Sie haben mindestens 100% aus Ihrem Geld gemacht und möglicherweise viel mehr.

12. Shells

Ich habe einmal sehr große Unternehmen mit Elefanten verglichen, mit dem Kommentar, dass "Elefanten nicht galoppieren". Die wichtigsten Gründe liegen auf der Hand - die Größe eines sehr großen Unternehmens zu verdoppeln, das sagen wir mit 10 Mrd. Pfund kapitalisiert ist, ist harte Arbeit. Für ein kleines und obskures Unternehmen ist die Verdoppelung viel einfacher, und ein Shell-Unternehmen mit einer Marktkapitalisierung von ein paar Millionen, hat es noch leichter. Ich habe nach einer Analogie für Shells gesucht, um den Kontrast zu meinem Elefanten herzustellen. Der beste Vorschlag, den ich Ihnen so weit anbieten kann, ist ein Floh, der auf das 200-fache der eigenen Größe springen kann –das ist, wie wenn ein Mann über die St. Pauls Kathedrale springt. Lassen Sie uns einen Floh in Aktion ansehen, und wie Shells funktionieren und wie Sie davon profitieren können.

Ein Shell ist ein sehr kleines Unternehmen, das in der Regel einem kleinen und unscheinbaren Geschäft nachgeht, von geringfügiger Bedeutung, und vor allem an der Börse notiert ist. Die Idee des Unternehmers ist eine Börsennotierung für sein eigenes Unternehmen durch die Hintertür zu erreichen, dessen Aufzeichnungen in der Regel noch nicht lange genug erfolgt sind, oder die ein anderes Manko hat, das es verbietet, eine Börsennotierung auf konventionellem Weg zu erhalten. Oft steigt das bisherige Management kurz darauf aus und das Original-Geschäft wird verkauft, da es weniger relevant ist für die Hauptaktivität der neuen Gruppe. Der angehende Unternehmer hat dann die wirksame Aufsichtsratkontrolle über das Geschäft zusammen mit der Notierung, die er wollte. Die Aktien steigen häufig stark im Preis, in der Hoffnung, dass es zahlreiche Aktivitäten gibt. Mit den hochfliegenden Aktien, macht das Unternehmen dann einige Akquisitionen. Der Aktienkurs steigt wieder in Vorfreude auf noch mehr Aktionen und der Prozess wiederholt sich. Das ist das Hütchenspiel in seiner schönsten Form. Der private Anleger profitiert im ersten Beispiel, oder kurz danach, durch die Teilnahme an einer der frühen Platzierungen von Aktien oder durch den Kauf am Markt.

Um sich über Unternehmen zu informieren, die wahrscheinlich als Shells genutzt werden, oder ihre Karriere als Shell gestartet haben, empfehle ich Ihnen zwei Newsletter, die auf Shells spezialisiert sind - *The Penny Share Guide* und *Penny Share Focus*. Beide sind hilfreiche Publikationen und überprüfen jeden Monat die Fortschritte der meisten Shells. Darüber hinaus berichten Sie über potentielle Shells zusammen mit einer Vielzahl von anderen sehr kleinen Unternehmen, die oft als Penny Stocks bezeichnet werden. Ihre Kommentare werden Sie über die wichtigsten Entwicklungen in der Shell-Szene auf dem Laufenden halten. Eine weitere mögliche Informationsquelle ist der *Fleet Street Letter*, der in seinem Portfolio Abschnitt C häufig Shells erwähnt, sich aber in der Hauptsache auf mittlere bis größere Unternehmen konzentriert.

Ihr Broker kann auch von einigen interessanten Shells berichten. Fragen Sie nach seiner Ansicht - er wird Ihnen gerne helfen. Zeitungen, vor allem die *Sundays* und die *Daily Mail*, geben häufig Kommentare zu Shells ab. Michael Walters, der stellvertretende Lokaleditor der *Daily Mail*, hat ein umfassendes Buch geschrieben, *How To Make A Killing From Penny Shares*, es gibt wertvolle Ratschläge und beschreibt Fallstricke. Wenn Sie sich auf Shells konzentrieren wollen, sollten Sie es lesen.

Es ist wichtig, zu verstehen, wie ein erwerbsorientierter Shell eine gute Investition für frühe Aktionäre sein kann. Nehmen wir das Beispiel eines Immobilienunternehmens (als sie der letzte Schrei waren) mit 1.000.000 Aktien im Umlauf im geregelten Freiverkehr (USM) bei 50 p pro Stück, mit einer Marktkapitalisierung von 500.000 Pfund. Der Substanzwert liegt unter Umständen nur bei 250.000, und die Prämie von 100% bzw. 250.000 Pfund ist der Hoffnungsfaktor – Hoffnung, dass das Unternehmen als Shell verwendet wird.

Der angehende Unternehmer bringt sein eigenes Immobiliengeschäft im Wert von sagen wir 2 Millionen Pfund für 4.000.000 Aktien in das Unternehmen ein. Das Ergebnis ist ein börsennotiertes Immobilienunternehmen mit einem Vermögen von 2,25 Millionen Pfund und 5.000.000 Aktien im Umlauf, so dass durch strenge Arithmetik, wenn der Kurs der Aktie bei 50p bleibt die Marktkapitalisierung 2,5 Millionen Pfund betragen würde.

Allerdings würde die begleitende Publicity wahrscheinlich den Aktienkurs erhöhen, sagen wir auf 100 p, die Kapitalisierung des Unternehmens läge bei 5 Mio. Pfund. Dies ist ein sehr kleiner Sprung für unseren Floh, denn es gibt nur eine Million Anteile des ursprünglichen Shells, die den Marktumlauf bilden, diese werden in festen Händen von Anhängern sein. Es gibt vielleicht nur 200,000-300,000 Aktien, die am Markt verfügbar sind, und diese werden in der Regel schnell zu höherem Wert verkauft werden. Der Schlüssel zu einem erfolgreichen Shell ist, dass es mehr Nachfrage nach bestehenden Aktien gibt, als durch das relativ begrenzte Angebot zu finden ist. Deshalb sind sehr kleine Unternehmen die besten Shells. An diesem Punkt macht unser Shell eine größere Akquisition von sagen wir 2,5 Millionen Pfund gemacht. Der Kaufpreis wird mit einem auf das Grundstück gesicherten Darlehen von 1 Mio. Pfund beglichen, und der Rest wird durch Ausgabe von Stammaktien im Wert von 1,5 Millionen finanziert, die Freunden, Geschäftspartnern und Institutionen angeboten werden. Die zusätzlichen 1,5 Millionen Aktien, die ausgegeben werden, werden dem Umlauf hinzugefügt, aber dieses Problem wird dadurch beschränkt, dass in den frühen Phasen Freunde und Geschäftspartner, die Aktien als langjährige, langfristige Investition halten.

Die Wirkung von all dem ist, das Nettovermögen je Aktie zu erhöhen. Es gibt drei bestimmte Phasen:

	Stufe 1	Stufe 2	Stufe 3
Im Umlauf befindlichen Anteile	1m	5m	6,5 m
Nettovermögen	£ 250.000	£ 2.250.000	£ 3.750.000
Substanzwert je Aktie	25p	45p	58p

In der Spalte für die Stufe 3 habe ich das Nettovermögen um 1,5 Millionen Pfund erhöht, was 2,5 Millionen Pfund erworbene Vermögenswerte ausmacht, abzüglich des Darlehens von 1 Million Pfund. Die Aufbruchstimmung aus dem Substanzwachstum von 25p auf 58p pro Aktie wird in der Regel von dem Gefühl begleitet, dass die neue 2,5 Millionen-Akquisition sehr klug ist und das fragliche Vermögen wirklich sehr viel mehr wert, besonders wenn eine Baugenehmigung erteilt wird, für eine aufregende neue Entwicklung.

Ich habe zuerst das Beispiel eines Immobilien-Shells genannt, weil die Arithmetik mit einem Nettovermögen leichter nachzuvollziehen ist, als mit Gewinnen. In der Tat eignen sich Gewinnsituationen für Shell-Operationen viel besser, weil künftige Gewinnschätzungen im Wesentlichen Hoffnungen sind, die realisiert werden können oder nicht. Bei einem ähnlichen Beispiel mit einem Industrie-Unternehmen, würden Aktien mit einem hohen KGV für auf einem niedrigeren KGV geschätzte Gewinne ausgegeben werden. Nehmen wir an, dass das gleiche erste Shell-Unternehmen 250.000 Pfund Vermögenswerte hätte, das in Bargeld von 25.000 Pfund pro Jahr umgewandelt werden könnte. Der übernehmende Unternehmer bringt wiederum 4.000.000 Aktien in sein Unternehmen ein, aber anstatt Aktiva von 2 Millionen Pfund, gibt es Gewinne von 300.000 Pfund pro Jahr vor Steuern. In Erwartung der kommenden Geschäfte und Hoffnungen für die Zukunft des zugrunde liegenden Unternehmens, verdoppeln die Aktien sich wieder auf ein Pfund. Dann wird ein anderes Unternehmen für die gleichen 2,5 Millionen Pfund gekauft, aber in diesem Fall liegen die Gewinne vor Steuern 400.000 Pfund pro Jahr. Wieder stimmt der Verkäufer einem Darlehen von 1 Million Pfund zu und die Bilanz wird durch die Ausgabe von 1,5 Millionen neuen Aktien von 1 Pfund pro Stück ausgeglichen. Unsere drei Stufen sehen wie folgt aus:

	Stufe 1	Stufe 2	Stufe 3
Im Umlauf befindliche Anteile	1m	5m	6,5 m
Der Gewinn vor Steuern pro Jahr	25.000 £	325.000 £	625.000 £
Das Ergebnis vor Steuern je Aktie	2.5p	6.5p	9,6 p

Die Steuern wurden ignoriert, da die Sätze bei Unternehmen auf den unteren Ebenen variieren und ich das Problem nicht zu kompliziert machen möchte. Ich habe 100.000 Pfund pro Jahr für die Darlehenszinsen vom Gewinn abgezogen. Die Summe von 625.000 £ Gewinn vor Steuern pro Jahr ist die Summe von £ 25.000 zuzüglich £ 300.000 zuzüglich 400.000 £ abzüglich £ 100.000. Sie werden leicht erkennen, dass als Folge der Übernahme des Shells und der ersten Akquisition, das Ergebnis je Aktie auf Vorsteuerbasis dramatisch von 2.5p auf 6.5p und schließlich auf 9.6p stieg. Das Ergebnis vor Steuern je Aktie hat sich nahezu vervierfacht. Darüber hinaus gibt es Spielraum für eine Rationalisierung und in einigen Fällen für eine radikale Verbesserung durch Re-Organisation da weitere Akquisitionen in der gleichen Branche gemacht werden. Jede Menge neue Hoffnung. - Das Rohmaterial für ein hohes KGV.

Sie sollten beachten, dass es sehr habgierige Unternehmen gibt, bei welchen es die Wahrscheinlichkeit einer Gewinnerhöhung durch kreative Buchführung gibt. Wenn Sie beispielsweise die Kosten für Akquisitionen abschreiben, kann das Kapital in künftiges Ergebniswachstum umgewandelt werden. Ein anderer einfacher Trick wäre, wenn das Shell-Unternehmen ein wenig mehr für das Unternehmen zahlen würde, das es akquiriert und das Darlehen zinslos vereinbart wird. Dadurch gäbe es 100.000 Pfund mehr Gewinne vor Steuern pro Jahr. Unternehmen, die häufig akquirieren, handeln häufig so, also denken Sie daran, dass ihre Gewinne nicht das sind, was sie auf den ersten Blick zu sein scheinen. Nicht viele Leute lesen das Kleingedruckte. Die Investition in Shells ist mehr eine Kunst als eine Wissenschaft. Zu entscheiden, ob ein Unternehmen ein Shell ist, oder einfach nur ein sehr kleines Unternehmen mit einer Notierung, ist Ansichtssache. Der entscheidende Punkt, wenn ein Unternehmen invertiert wird, ist das zugrunde liegende Motiv, eine Hintertür für eine Notierung zu erhalten. In einigen Fällen bleibt das ursprüngliche Geschäft erhalten und wird entwickelt. Ein lohnendes Vermögen bei einem Shell zu finden, ist ein Bonus für den Unternehmer, selten seine Intention, hinter dem Geschäft.

Eine der Definitionen im Oxford Wörterbuch für das Wort Shell ist:
"*Unwichtige Firma, die zum Gegenstand eines Übernahmeangebots wird, wegen dessen Status an der Börse*".
Eine weitere relevantere Bedeutung ist '*nach außen zeigen, Schein*'.
Um Ihnen eine bessere Vorstellung von den Gefahren und dem Reiz der Shells in den letzten zwanzig Jahren zu geben, wollen wir uns vier bekannte Beispiele anschauen und sehen, wie es ihnen auf dem Markt ergangen ist.

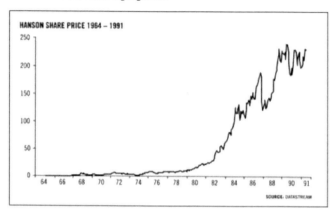

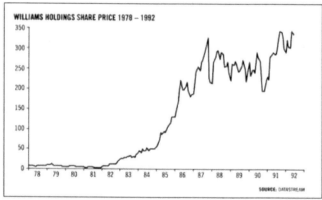

Sie können in vier bestimmten Stadien der Entwicklung in Shells investieren, wenn:
1. Wenn ein Geschäft erwartet wird, aber nichts in Aussicht ist.
2. Wenn es Gerüchte über ein Geschäft gibt und die Spekulation beginnt.
3. Wenn ein Geschäft angekündigt wird und das Unternehmen an den Markt zurückkehrt.
4. Wenn die neuen Manager einige Monate oder länger tätig sind und sich etwas tut.

Die ersten beiden Stufen sind zu vage und gefährlich für die meisten Investoren. Sie werden wahrscheinlich versehentlich in ein Unternehmen in Not investieren, das bald insolvent ist. Oder Sie warten vielleicht sehr lange auf ein neues Management, das die Kontrolle übernimmt. Daher empfehle ich, dass Sie sich auf die letzten beiden Methoden konzentrieren, damit Sie sicher wissen, dass das Unternehmen als Shell verwendet wird. Sie werden den Namen und Hintergrund des übernehmenden Unternehmers kennen und eine feste Vorstellung von seinen Zielen und den Fundamentaldaten des Unternehmens haben. Einige Unsicherheiten werden beseitigt sein.

Nach der erfolgreichen Umwandlung in ein Shell-Unternehmen werden die Aktien immer für etwa sechs Wochen gesperrt. Während dieser Zeit wird ein Prospekt erstellt, das die Details der Transaktion festlegt und auch häufig eine Platzierung von weiteren Aktien gegen Barzahlung enthält. Wenn das Shell-Unternehmen wieder auf dem Markt ist, werden die Grundlagen häufig ignoriert und der erste Preis hat in der Regel Bezug zum Preis vor der Sperre. Wenn die Aktien eines Unternehmens einen zugrunde liegenden Wert von 5p haben und bei 8p gesperrt werden, können Sie vielleicht hören, dass die Aktien "10p im Blick haben". Bei einem Shell sind Grundlagen, wie Vermögenswerte und Ergebnis je Aktie häufig von geringerer Bedeutung. Viel mehr Aufmerksamkeit wird zu Recht dem neuen Mann an der Spitze gewidmet, seiner Erfolgsbilanz, seinen Hintermännern und was er wahrscheinlich durch Übernahmen, Rationalisierungen und gelegentlich spektakuläre Geschäfte erreichen wird.

Eine weitere Möglichkeit für einen Unternehmer, ein Shell-Unternehmen zu erschaffen, ist durch eine einfache Einladung. Ein wichtiger Aktionär mit effektiver Vorstandskontrolle könnte eine bekannte Persönlichkeit einladen, Vorstandsvorsitzender zu werden. Danach gäbe es eine Kapitalerhöhung und Platzierung, um dem neuen Mann eine Chance auf eine wesentliche Beteiligung zu geben. Er würde auch durch Anreize mit Aktienoptionen belohnt.

Um Ihnen die verschiedenen Methoden für die Übernahme eines Shells zu zeigen, lassen Sie mich Ihnen die Details der drei jüngsten Shellübernahmen zeigen:

1. Clarke Foods

Ein amerikanischer Geschäftsmann, Henry Clarke, übernahm zusammen mit seiner Familie, die effektive Kontrolle über Yelverton Investments - ein kleines Investment-Unternehmen, das er in ein Shell-Unternehmen verwandelte. Im Jahr 1991 erwarb er das Eiscremeunternehmen Hillsdown Holdings und Lyons Maid von Allied Lyons. Obwohl die Handelsgewinne noch ausstehen, wurde das Unternehmen über Nacht zu einem der führenden britischen Hersteller und Vertreiber von Qualitätseiscreme. Bevor das Wagnis bezüglich des Eiscremeunternehmens bekannt gegeben wurde, stiegen die Aktien von 39 p; bis zum Juni 1992 auf etwa 150p.

2. Maddox

Im Februar 1992 stiegen Hugo Biermann und Julian Askin bei *Pathfinder* ein und brachte zwei Telefonkabelunternehmen für Bargeld und Aktien ein, im Verlauf erwarben sie eine 26%ige Beteiligung am Unternehmen, das in Maddox Group umbenannt wurde. Die beiden Männer hatten zuvor Thomson T-Line von einem 900.000 £ Unternehmen in einen Konzern verwandelt, den sie dann für über 180 Mio. Pfund an Ladbroke verkauft hatten. Die Anteile an Pathfinder / Maddox stiegen nach der Ankündigung auf 12,5p, auch wenn sie im Juni 1992 wieder auf 8p rutschten, da der Markt auf ein weiteres Geschäft wartete.

3. Wharfedale

Im Dezember 1991 kündigte Wharfedale an, ein neues Management-Team unter der Leitung von Sir Gordon Brunton an, der sechzehn Jahre als Vorstandsvorsitzender von International Thomson- tätig war. In dieser Zeit erhöhte sich das jährliche operative Ergebnis von etwa 0 auf über $ 500 Mio.

Andere Mitglieder des Teams waren Pieter Totte und Gordon Owen, der Geschäftsführer von Cable & Wireless war.

In der gleichen Zeit kündigte das Unternehmen eine 2,25 Millionen Pfund Platzierung von Aktien zu 12,5 p an, für die Rückzahlung einiger Schulden von Wharfedale. Bei der Jahreshauptversammlung im März 1992 skizzierte die Geschäftsführung ihre Pläne für die Neuorganisation des Unternehmens und stellte im Detail ihre Fortschritte bei der Kostensenkung und Rationalisierung vor. Der Marktpreis stieg auf 24p, fiel aber im Juni 1992 wieder auf 16p, da weitere Entwicklungen erwartet wurden.

Wie Sie sehen können, preisen alle drei Unternehmen Erwartungen ein. Im Gegensatz dazu wird die Emission eines einfachen Unternehmens streng nach Fundamentaldaten wie der aktuellen Wachstumsrate, dem Ergebnis je Aktie, der Prognose, dem KGV, der Vermögenslage, Dividendenrendite und Liquidität bewertet werden. Sie werden leicht erkennen, dass Richtlinien zur Beurteilung von Shells und die Auswahl eines geeigneten Shells für Ihr Portfolio fast unmöglich sind. Ich sage fast, weil ich es versuchen werde:

1. Am Wichtigsten ist die Herkunft des nachfolgenden Managements. Achten Sie auf Qualität. Suchen Sie nach einem Schwergewicht, das ein leichtgewichtiges Unternehmen führt. Suchen Sie nach früheren positiven Errungenschaften, auf welchen Sie Ihre Hoffnungen für die Zukunft aufbauen können. Ausführliche Informationen über das neue Management sollten im Prospekt enthalten sein und es gibt in der Regel reichlich Presse- und Newsletterkommentare über bekannte Persönlichkeiten.

Vielleicht hat der Geschäftsführer vorher noch kein Unternehmen geleitet – vielleicht hat er bereits seit vielen Jahren für ein anderes namhaftes Unternehmen gearbeitet. Eine gute Stabilität ist eine der besten Prophezeiungen.

Bevor Greg Hutchings zu F.H. Tomkins kam, arbeitete er als Leiter der UK Unternehmensentwicklung bei Hanson Trust. Als er zum ersten Mal Geschäftsführer von Tomkins wurde, lagen die Aktien bei einer Kapitalisierung von 6 Mio. Pfund bei 12p. Im Juni 1992 standen die Aktien bei knapp 500p mit einer Marktkapitalisierung des Unternehmens von 1,4 Milliarden Pfund.

Nach Berücksichtigung von Rechten und Gratisaktien, haben die Tomkins ' Aktionäre bisher einen enormen Wertzuwachs genossen und Greg ist immer noch stark.

Bernard Taylor war Geschäftsführer von Glaxo, bevor er zu Medeva kam. Die Aktien lagen bei 80 p zu der Zeit, und im Juni 1992 weniger als drei Jahre später standen sie bei 220p, ein Plus von 175%. Hanson und Glaxo sind offensichtlich Spitzenklasse, aber es gibt andere ähnliche Shell-Situationen, in denen die Chancen zu Ihren Gunsten stehen können.

Ich habe ausführlich erklärt, wie wichtig gutes Management für ein Shell-Unternehmen ist, da dieses Kriterium viel wichtiger ist, als alle anderen. Wenn der übernehmende Unternehmer absolut erstklassig ist, sollte dem Rest der Kriterien deutlich weniger Gewicht gegeben werden.

2. Als wichtige Ergänzung zu meinem ersten Kriterium, möchte ich sicherstellen, dass das neue Management am Unternehmen wesentlich beteiligt ist. Da dies fast immer der Fall ist, sollten Sie ein wachsames Auge auf 'Käufe und Verkäufe' haben und größere Verkäufe sollten Sie als klares Signal verstehen, das Gleiche zu tun, unabhängig von etwaigen zugehörigen Erläuterungen.

3. Da die künftigen Fortschritte des Shells zu einem großen Teil von Aktienplatzierungen abhängen, ist das Kaliber des Börsenmaklers, Bankers und der investierenden Institutionen eine wesentliche Überlegung. Ein erstklassiges Management Team wird in der Regel erhebliche Unterstützung genießen.

4. Die Aufzeichnungen des Unternehmens, welches per Reverse-Takeover in ein Shell-Unternehmen verwandelt wird, sollten eine Erhöhung der Gewinne und des Gewinns pro Aktie aufweisen, es sei denn natürlich es handelt sich um ein Immobilienunternehmen, wo unterschiedliche Überlegungen gelten. Wenn der neue Geschäftsführer relativ unbekannt ist, sind die Zahlen häufig die einzige Möglichkeit für Sie, Errungenschaften der Vergangenheit zu beurteilen.

5. Stellen Sie sicher, dass nach der Fusion, Ergebnisse je Aktie vorhanden sind, die eine vernünftige Ausgangsbasis für das Unternehmen liefern. Sie können den PEG-Faktor nicht verwenden, um den Preis zu messen, den Sie bezahlen. Sie müssen Shells in umfassenderer Weise beurteilen, versuchen Sie aber bei Ihrem Einstiegskurs für Hoffnungen nicht zu viel zu

bezahlen.

Es ist der absolute Wert der Prämie über dem reellen Wert, über den Sie sich Sorgen machen sollten, nicht über den Prozentsatz. Das ist natürlich ein weiteres Argument zugunsten kleiner Shells. Zum Beispiel, wenn ein Shell-Unternehmen einen Gewinn nach Steuern von £ 200.000 und der KGV für diese Art von Unternehmen normalerweise 15 betragen würde, wäre das Unternehmen bei 3 Mio. Pfund kapitalisiert. Doch mit dem Hoffnungsfaktor für einen wirklich guten neuen Geschäftsführer, könnte das KGV bei 25 liegen, die Kapitalisierung des Unternehmens bei 5 Mio. Pfund. Die zusätzlichen 2 Mio. Pfund sind eine Prämie von 66,7%, aber eigentlich sollte man sich nicht auf den Anteil konzentrieren, sondern auf die 2 Mio. Pfund konzentrieren.

Das ist eine "Lücke heißer Luft", die durch Werte ersetzt werden muss. Mit einem hohen KGV und einer guten Unterstützung wäre es nicht allzu schwierig.

Nun lassen Sie uns dies mit einem Unternehmen vergleichen, das mit 50 Millionen Pfund kapitalisiert ist und einem wahren Wert von nur 30 Millionen Pfund. Das Schließen einer Lücke heißer Luft von £ 20 Millionen, mit der gleichen prozentualen Prämie wäre für das übernehmende Management eine weitaus schwierige Aufgabe, zumal sie sich auch Sorgen über einen sehr viel größeren Marktumlauf der Aktie machen müssten.

6. Aus dem obigen Vergleich, können Sie leicht erkennen, dass ein kleines Shell-Unternehmen, bei 1 Million Pfund kapitalisiert und mit einem zugrunde liegenden Geschäft im Wert von 500.000 Pfund ein Juwel sein könnte.

Eine Prämie von 100%, aber heiße Luft von nur 500.000 £. Ich liebe kleine Unternehmen. Ich mag Shells, die mit einem Börsenwert von unter 10 Millionen Pfund beginnen. Je kleiner desto besser – denken Sie an unseren Floh.

Die Geschichte des Wassail ist sehr lehrreich. Christopher Miller und Philip Turner, die Führungskräfte bei Hanson waren, kamen zusammen mit einem Geschäftspartner, David Roper von Dillon Read, in den Vorstand von Wassall plc. Es gab sofort eine Bezugsrechtsemission und Institutionen wurden aufmerksam, sowie Hanson, der 20% kaufte und die drei Führungskräfte, die jeweils eine Beteiligung von 1 Mio. Pfund kauften. Die Marktkapitalisierung zum Bezugsrechtsemissionspreis von 125p lag bei mehr als £ 18 Millionen.

Die meisten der Zutaten für einen erfolgreichen Shell waren vorhanden: vor allem drei sehr fähige Unternehmer mit hervorragenden Zahlen und wunderbarer Unterstützung. Die Aktien stiegen und mehrere Akquisitionen wurden gemacht, von welchen die meisten danach sehr erfolgreich reorganisiert und rationalisiert wurden. Der Aktienkurs von 180p (nach einer Ausgabe von Gratisaktien - eine für zwei -) welche im Juni 1992 nun auch durch das Ergebnis gesichert waren und mit 125p für die Rechte im September 1988 zu vergleichen sind. Ein Gewinn von 116 % in knapp vier Jahren - sehr gut für ein konventionelles Industrieunternehmen, aber bescheiden für ein erfolgreiches Shell-Unternehmen. Das Management, das ausgezeichnet (und wird, ich bin mir sicher, auch in der Zukunft sehr erfolgreich sein wird), nicht einen falschen Tritt machte, außer dem allerersten - angefangen bei einem zu hohen Preis für das Shell-Unternehmen. Befolgen Sie meinen Rat und vermeiden Sie große Shells. Halten Sie sich an Flöhe - Elefanten galoppieren nicht.

7. Ich bevorzuge preisgünstige Aktien. Unternehmen verlieren oft ihre Shell-Qualität, wenn die Aktienkurse über 1 £ steigen. Wir alle wissen, dass der Preis für eine Aktie wirklich keinen Unterschied macht, dass es das Gleiche ist vier Aktien mit einem Nennwert von 25p zu besitzen oder eine Aktie für 1 £. Wenn jedoch eine Aktie "schwerer" wird und der Preis über £ 1 Pfund steigt, werfen die Presse und Broker eher einen ernsthaften Blick auf das Unternehmen und die Analyse der Fundamentaldaten. Shells gedeihen auf künftiger Hoffnung und einem Hauch von Geheimnis. Bei Shells geht es um den Weg, nicht das Ziel, so dass aus der Sicht des Investors die Ankunft so lange wie möglich hinausgeschoben werden sollte. Mein Lieblingspreis für einen Shell liegt zwischen 5p und 10p. Meine zweite Wahl wäre unter 15p, unter 20p und dann anschließend unter 25p. Je kleiner und wie ein Floh, desto besser. Ein Problem bei Shells auf preislich sehr niedrigem Niveau ist die Verbreitung am Markt, und das ist ein Grund nicht unter 5p zu gehen. 3p Aktien, zum Beispiel, würden wahrscheinlich bei 2.75p-3.25p bepreist werden, damit hätten die Marktmacher kolossale 0.5p - das entspricht 16,7%. Trotz dieses Nachteils, ziehe ich preisgünstige Shell-Werte vor. Eine 8p Aktie kann leicht in ein paar Stunden auf 10p und 12p am nächsten Tag steigen - das wäre ein Plus von 50%. Einige Aktien im Wert von 80p könnten in den gleichen 48 Stunden auf 120p steigen eine 8 Pfund-Aktie würde es sehr schwer haben 12 Pfund in sechs Monaten zu erreichen, geschweige denn in ein paar Tagen. Für einen Shell ist ein Preis von 5p bis 50p sehr attraktiv, da die erste große psychologische Barriere von 1 Pfund noch weit entfernt ist. Die Stunde der Wahrheit kann manchmal verschoben werden, auch wenn die Aktie auf viel höheren Ebenen von £ 2 bis 3 £ liegt, wenn der Aktienkurs immer mehr steigt, beginnt der Anteil wesentliche Merkmale eines Shells zu verlieren. Bei einem Preis von 3 Pfund, sind sie in großer Gefahr, dass jemand die Entscheidung trifft, dass es sich um ein seriöses Unternehmen handelt, das entsprechend bewertet werden sollte.

8. Meiden Sie Shells, die nicht notiert oder auf dem Freiverkehrsmarkt sind. Bulletin Board Notierungen und Schnäppchen sind nicht gut genug für Ihre Zwecke. Institutionen meiden sie wie die Pest.

9. Mein letztes Kriterium ist die Liquidität des Unternehmens. Shells sind offensichtlich eine viel riskantere Art, zu investieren als führende Unternehmen. In Rezessionszeiten ist es schwieriger, sich Geld zu leihen – es wird eher das Geld ausgehen. Stellen Sie sicher, dass Ihres zumindest mit einem Guthaben oder vorhandenen Anleihen beginnt.

Das hohe Risiko bei der Investition in Shells kann durch ein gutes Portfolio-Management reduziert werden. Lassen Sie sich nicht durch Bemerkungen täuschen wie '5 p ist nur Optionsgeld" und "alles was Sie verlieren können, sind 5p." Wenn Sie 5p investiert und 5p verloren haben, haben Sie Ihr ganzes Geld in diese Investition verloren. Es kann sehr leicht passieren und ist bei Shells eher zu erwarten als bei etablierten Unternehmen.

Die erste Regel im Shell-Portfolio-Management ist die Verteilung Ihrer Investitionen über mindestens 10 Aktien, vorzugsweise in gleichen Mengen. Ein paar mehr, wenn Sie mögen, aber nie weniger als zehn.

Die zweite Regel ist, Verluste zu begrenzen, wenn Aktien um 40 % sinken. Dies mag ein sehr hohes Limit sein, aber die Marktmacher können auf der anderen Seite für 10% -15% verantwortlich sein und die Shells sind in einem sehr engen Markt, volatile Aktien. Sie wollen sicher nicht aus Ihren sorgfältig ausgewählten Investitionen genommen werden, wegen einem geringfügigen und vorübergehenden Phänomen. Wenn Sie Ihre 40%-Grenze erreicht haben, begrenzen Sie einfach Ihren Verlust. Der neue Geschäftsführer könnte tot umgefallen sein, in ein anderes Unternehmen gewechselt sein, oder es könnte andere größere negative Entwicklungen gegeben haben. Unnötig zu sagen, wenn sich die Geschichte zum Schlechteren verändert, sollten Sie immer sofort verkaufen.

Die dritte und schwierigste Regel ist, Gewinne laufen zu lassen. Bevor wir entscheiden, wie weit sie laufen, lassen Sie uns die Arithmetik der Leistung eines fiktiven Shell-Portfolios mit 10 Aktien über einen Zeitraum von einem Jahr ansehen.

Unternehmen Wert	Anfängliche Investition (£)	Verlust %	Gewinn %	Abschließender (£)
A	1000	40	-	600
B	1000	-	60	1600
C	1000	-	30	1300
D	1000	40	-	600

E	1000	-	250	3500
F	1000	40	-	600
G	1000	-	150	2500
H	1000	60	-	400
I	1000	-	350	4500
J	1000	100	-	-
	10,000			£15,600

Bei Unternehmen H haben wir es versäumt, bei 40% Verlust zu verkaufen, als der Anteilspreis plötzlich abstürzte. Unternehmen J wurde ausgesetzt und in der Folge insolvent, so dass wir hier die komplette Investition verloren haben. Unternehmen E, G und I waren die wirklichen Gewinner – insbesondere Unternehmen I.

Bei zehn sorgfältig ausgewählten Aktien würde ich normalerweise drei große Gewinner, vier moderate Gewinner und drei Verlierer erwarten. Um konservativ zu sein, bin ich davon ausgegangen, dass wir fünf Verlierer haben, von welchen uns einer mehr kosten würde, als zu erwarten gewesen ist. Auf der positiven Seite, nahm ich an, dass wir fünf Gewinner hätten, von welchen drei einen durchschnittlichen Gewinn von 250% hätten. Wir haben diese großen Gewinne nur genossen, weil wir die Gewinne laufen ließen. Die meisten der Verluste wurden eingeschränkt, bevor sie ernster wurden.

Unser durchschnittlicher Gewinn für das Jahr betrug 56% - eine sehr lohnenswerte Leistung. Selbst wenn wir alles mit den fünf Verliereraktien verloren hätten, wäre der durchschnittliche Gewinn noch bei zufriedenstellenden 34 % gelegen. Diese überdurchschnittlichen Gewinne müssen der Taktik zugeordnet werden, die Gewinne laufen zu lassen. Es gibt keine andere Erklärung. Stellen Sie sich die schreckliche Performance vor, wenn wir die Hoffnung verfolgt hätten, dass die Aktien sich erholen würden, und Gewinne nervös und vorzeitig eingefahren hätten, weil wir Angst haben, sie würden verschwinden. Wir würden mit ziemlicher Sicherheit Geld verloren haben.

Es gibt kein einfaches Rezept, wann man einen Gewinn einfährt. Häufig, kaufe ich meine Gewinnträger nach, wenn sie gut gelaufen sind, aber das finden Sie psychologisch vielleicht sehr schwierig. Mein einfacher Vorschlag ist, lassen Sie Ihre Gewinne ein Jahr laufen, es sei denn, natürlich die Story ändert sich. Die wichtigste Überlegung ist, dass Ihr kleiner Floh so hoch springt, wie er kann. Geben Sie Ihrem Floh ein Jahr Zeit um zu zeigen, wie gut er sein kann. Sie werden manchmal überrascht sein.

Nachdem das Jahr um ist, überprüfen Sie die Grundlagen und bewerten jeden einzelnen Wert danach, was er wirklich wert ist. Was sagen Presse, Broker und Investment-Newsletter über

die Aktie? Würden Sie die Aktien kaufen?
Wie sind die Ertragsaussichten, das KGV und die Vermögenswerte?
Gibt es eine große Streuung der Aktien und haben die Vorstände verkauft? Das sind die Fragen, die Sie sich stellen sollten. Wenn es eine erfolgreiche Investition ist, ist das Unternehmen mit ziemlicher Sicherheit kein Shell mehr und sollte wie jede andere Investition, streng nach der Leistung im Vergleich zu anderen Aktien im gleichen Sektor des Marktes überprüft werden.

Denken Sie daran, dass es einen weiteren Vorteil gibt, die Gewinne laufen zu lassen und die Verluste zu begrenzen - Sie werden Ihre Steuern auf ein Minimum reduzieren. In gewisser Weise gibt Ihnen das Finanzamt ein zinsloses Darlehen, wenn Ihre Gewinne realisiert werden. Bei Shell-Investitionen kann dies insbesondere ein zu berücksichtigender Faktor sein, aber steuerliche Überlegungen sollten ein starkes Gefühl nicht überlagern, das besagt, dass die Aktien verkauft werden sollten.

Im Zweifel kann man immer die Hälfte eines großen Gewinnbringers verkaufen. Ich mag nicht halb richtig und halb falsch liegen, aber einige Leute finden es einfacher, die restlichen Gewinne laufen zu lassen. Worüber machen Sie sich Sorgen? Einen sehr großen Gewinn mitzunehmen oder nicht, ist ein großer Luxus, deshalb sollte uns die Entscheidung nicht quälen. Die Investition in Flöhe soll Spaß machen.

13. Vermögenswerte und Value Investing

Investoren, die sich auf Vermögenswerte konzentrieren, sind nicht so interessiert an unmittelbaren Gewinnen. Begründet wird dies damit, dass mit den richtigen Vermögenswerten schließlich Gewinne fließen werden. Wenn das vorhandene Management nicht liefert, kommt ein neues Management oder eine feindliche Übernahme, dann zahlen sich Vermögenswerte aus.

Die Bestimmung des realen Vermögenswerts eines Unternehmens ist keine leichte Aufgabe, besonders heutzutage. Einst konnte man sich auf wesentliche Vermögenswerte, zum Beispiel größere Immobilien, die in der Bilanz zu niedrig ausgewiesen wurden, verlassen. In einem sehr rezessiven Klima ist oft das Gegenteil der Fall. Im Juni 1992, hatte Speyhawk die massive Abschreibung von Vermögenswerten in Höhe von 205 Millionen Pfund angekündigt. Die Aktien lagen im Jahr 1991 bei 140p auf ihrem höchsten Stand und nach diesen Nachrichten bei 2,5p. Vor dem Zusammenbruch wurden die Aktien bereits mit einem Abschlag von 87 % auf ihren zuletzt veröffentlichten Substanzwert gehandelt. Den Anlegern war es offensichtlich bewusst, dass man sich auf die bisherigen Zahlen nicht verlassen konnte. Wie kam eine solche Überbewertung zustande? Es gibt eine Reihe von Möglichkeiten. Einzelne Liegenschaften können auf der Basis von Mieten geschätzt worden sein, die von anderen Vermietern von vergleichbaren Gebäuden genommen werden.

In einigen Fällen gab aber vielleicht wesentliche Anreize für angehende Mieter, wie einige mietfreie Jahre oder Übernahme der Mieterkosten für Ausstattung von Büros. Inzwischen werden die Nachteile eines hohen Verschuldungsgrads immer deutlicher, da die Immobilienwerte während des Jahres abstürzten.

Ein weiterer Punkt, der schwer zu bewerten ist, sind Maschinen und Anlagen. Für ein gut gehendes Geschäft kann die Bewertung erheblich sein, aber wenn ein Werk geschlossen wird und die Maschinen verkauft werden müssen, ist der Erlös oft lächerlich, vor allem in einem schwierigen Handelsklima. Selbst Warren Buffett hatte ein paar Probleme damit, als er beschloss die New Bedfords Textilfabrik zu schließen, die eine seiner ersten Akquisitionen war.

Das Management hoffte auf einen guten Preis für den Verkauf der Maschinen, die einen Buchwert von 866.000 $ hatten. Doch es gab eine Überraschung – bei der öffentlichen Versteigerung wurde ein Erlös von nur 163.000 $ erzielt.

Markennamen sind kaum zuverlässig zu bewerten. In einigen Bilanzen wird diesem Wert kaum eine Bewertung beigemessen, aber in anderen Bilanzen werden sie auf Hunderte Millionen Pfund geschätzt. Die meisten Unternehmen bewerten ihre Markennamen in den Bilanzen nicht. Die wenigen, die es tun, haben in der Regel eine bestimmten Grund

- RHM, zum Beispiel, wurde von der Übernahme bedroht.

Es wird empfohlen den imaginären Firmenwert und die immateriellen Anlagen im ersten Jahr gegen Rücklagen abzuschreiben.

Allerdings soll dieses Thema in Kürze durch Bilanzierungsrichtlinien geregelt werden und in der Zwischenzeit, sollte der Investor auf Nummer sicher gehen und prüfen, ob die Markennamen stark sind und auch weiterhin für unabhängige Ertragsströme des Unternehmens in der Zukunft sorgen.

Der imaginäre Firmenwert ist ein weiteres heikles Thema. Ich empfehle, ihn abzuschreiben, wenn Sie den Substanzwert eines Unternehmens berechnen, an dem Sie interessiert sind. Zumindest Ihre Bewertungen werden konsistent und untertrieben sein.

Es gibt einen neuen Bilanzierungs-Vorschlag, mit dem versucht wird, in der Bilanz aktuelle Werte oder Marktwerte zu zeigen und nicht historische und aktuelle Bewertungen zu mischen. Im Moment werden Anlagevermögen, wie Immobilien, nicht höher als mit dem Marktpreis bewertet. Allerdings haben wir bereits gesehen, dass Gutachter den Marktpreis unterschiedlich interpretieren.

Bei Investitionen in Vermögenswerte suchen Sie nach Vermögenswerten, die mindestens 50% über dem gegenwärtigen Anteilspreis liegen. Tun Sie Ihr Bestes, um nochmals genau das angegebene Nettovermögen zu überprüfen, aber vergessen Sie nicht, dass dies keine leichte Aufgabe ist.

Es gibt auch eine Reihe weiterer Sicherheitskriterien, die erfüllt sein sollten:
1. Die Gesamtverschuldung darf nicht bei über 50 % des Substanzwerts liegen.
2. Es müssen moderate Gewinne vorhanden sein. Kaufen Sie keine erheblichen Verlustbringer.
3. Das grundlegende Geschäft des Unternehmens muss ausreichend attraktiv sein und es muss offensichtlich Spielraum für eine Erholung vorhanden sein. Vermeiden Sie zum Beispiel Schiffsbauer.

Ein großer zusätzlicher Anreiz ist, wenn einige Vorstände Aktien kaufen. Kein zwingendes Kriterium, aber ein ausgezeichneter Indikator.

Unternehmen, die aus mehreren separaten Teilen bestehen, sind besonders attraktiv für feindliche Übernahmen. Ideal ist ein Unternehmen mit einem erheblichen Verlustbringer, der die anderen gewinnbringenden Aktivitäten des Konzerns aufhebt.

Es würde nicht lange dauern, bis ein Käufer für den Verlustbringer gefunden ist, auch wenn das störende Tochterunternehmen fast verschenkt werden muss. Der resultierende Rentabilitätsschwung ist oft spektakulär.

Ich bin nicht übertrieben scharf auf Vermögenswerte und konzentriere mich lieber auf Wachstumswerte, Shells und Turnarounds. Bei Slater Walker, veranlasste ich die Aktivierung von Vermögenswerten. Wie andere Investoren, so erlebte auch ich eine lange und langweilige Wartezeit, während Wachstumsaktien und Turnarounds in der Regel sofortige Befriedigung geben.

Ben Graham, der „*The Intelligent Investor*" schrieb, ist der amerikanische Guru des 'Value Investing', was nicht zu verwechseln ist mit Investitionen in Vermögenswerte. Seine berühmteste Anlageformel lautet, Aktien zu einem Preis zu kaufen, der höchstens zwei Drittel des Nettoumlaufvermögens eines Unternehmens beträgt, wobei Sachanlagen des Unternehmens wie z. B. Anlagen und Maschinen, Marken- und Firmenwerte unberücksichtigt bleiben.

Mit anderen Worten, Vermögenswerte kaufen, die mit einem Abschlag in Bargeld umgetauscht werden und der Rest des Geschäfts für nichts! Graham empfahl den Verkauf, wenn der Aktienkurs bei einem Preis in Höhe des Netto-Umlaufvermögens abzüglich alle vorherigen Kosten angelangt war. Wenn die Formel funktioniert, lag der Gewinn damit bei 50 %. Zwischen 1946 und 1976 stellte Graham bei dieser Methode eine durchschnittliche jährliche Rendite von über 19% fest.

Viele Menschen glauben, dass der Begriff "Value Investing" sich nur auf den Erwerb von Vermögenswerten mit einem Abschlag bezieht. In der Tat ist Value-Investing mehr als das - Das wesentliche Konzept ist es, Werte mit einer deutlichen Sicherheitsmarge relativ zu den Aktienkursen zu suchen.

Graham arbeitete an mehreren verschiedenen Ansätzen im Investment, aber der Kauf von Werten in der einen oder anderen Form war immer sein grundlegendes Prinzip. Bevor wir seine anderen Ideen untersuchen, ist es wichtig zu erkennen, dass die anderen Systeme, die ich skizziert habe, auch eine Form des Value Investing sind.

Wenn Sie Aktien in einem dynamischen Wachstumsunternehmen bei einem niedrigen KGV und bei einem niedrigen PEG-Faktor kaufen, kaufen Sie Wachstumsaussichten mit einem Abschlag. Damit erreichen Sie ein besseres Preisleistungsverhältnis als beim Kauf des Marktes als Ganzes. Wenn Sie in einen Turnaround investieren, bevor die Trendwende kommt oder in einen Zykliker, bevor der Zyklus sich dreht, werden Sie in ein Unternehmen mit erheblichen Abschlag seines vollen Potenzials investieren.

Der Marktpreis einer Aktie und der zugrunde liegende Wert der betreffenden Aktie sind zwei sehr unterschiedliche Dinge. Der Wert ist immer subjektiv – wie sind die Vermögenswerte, hier sind immer zu viele unterschiedliche Interpretationen möglich – wie sind die künftigen

Gewinne, das ist Ansichtssache. Deshalb konzentriert Graham sich bei seinem ersten System auf das Nettoumlaufvermögen, das in Bargeld umgewandelt werden könnte, Vermögen, das einen unbestreitbaren Wert hat.

Graham glaubt, dass der Marktpreis, oft für geraume Zeit ohne Sinn und Verstand um den realen Wert schwankt, aber sich am Ende der wahre Wert durchsetzt.

Auf lange Sicht passen sich die Aktienkurse dem Gewinn je Aktie, den Dividenden, dem Cashflow und der Vermögenslage an. Dies ist ein wesentlicher Hintergrund, um Grahams andere Investitionsansätze zu verstehen.

Grahams *zweitbekanntestes* System war es, Aktien zu kaufen, welche eine Gewinnrendite (der Kehrwert des Kurs / Gewinn-Verhältnisses - zum Beispiel ein Anteil mit einem KGV von 8, hat eine Gewinnrendite von 12,5%) von nicht weniger als dem Doppelten der Rendite eines Triple A Bonds haben. Wenn die Rendite einer solchen Anleihe 10% war, würde das bedeuten, Aktien mit einem *Vielfachen* von nur 5 zu kaufen. Darüber hinaus nutzte Graham einen zusätzlichen Sicherheitsvorbehalt, indem er darauf besteht, dass die gesamten Schulden eines Unternehmens den *Tangible Net Worth* (Eigenkapital abzüglich immateriellen Vermögenswerten) nicht überschreiten sollten.

Aus der Analyse der letzten 30 Jahre, schloss Graham, dass dieses Verfahren eine durchschnittliche jährliche Rendite von 19% erreicht hatte - weit mehr als der Markt insgesamt im gleichen Zeitraum.

Grahams dritter Ansatz bestand darin, Aktien mit einer Dividendenrendite zu kaufen von nicht weniger als zwei Dritteln der Rendite eines Triple A Bonds. Auch hier bestand er darauf, dass die betreffenden Unternehmen nicht mehr Schulden haben sollten, als sie wert waren. Die durchschnittliche jährliche Rendite lag bei fast 18,5%.

Ein wichtiges Merkmal von Grahams Methode war, dass jede Aktie, die sich qualifiziert hatte, gekauft werden musste. Persönliche Vorlieben und Abneigungen waren nicht erlaubt. In allen drei Fällen verkaufte Graham Aktien, wenn sie entweder 50% gestiegen waren, oder wenn ein Zeitraum von zwei Jahren verstrichen war, je nachdem, welches Ereignis zuerst eintrat. Er verkaufte auch, wenn Dividenden ausgelassen wurden und bei ertragsorientierten Aktien, wenn das Ergebnis so weit gesunken war, dass der aktuelle Marktpreis 50% höher war als der hypothetische Kaufpreis.

Graham war eine sehr systematischer und genialer Kerl, der gern Vermögenswerte mit Abschlägen kaufte und Aktien mit einem niedrigen KGV.

Dann legte er ein schützendes Netz vor seine Auswahl mit dem Sicherheitskriterium, die Schulden auf das Eigenkapital abzüglich immaterieller Vermögenswerten zu begrenzen. In meinem System zum Kauf dynamischer Wachstumsaktien bin ich bereit, bei einem höheren KGV als Graham zu kaufen, aber ich verbinde dies mit der geschätzten Wachstumsrate und finde meinen Wert mit einem niedrigen PEG-Faktor. Ich errichte dann mit meinen anderen Kriterien ein viel umfassenderes Sicherheitsnetz.

Warren Buffett war ein Schüler von Ben Graham, veränderte aber seinen Ansatz. Es ist wichtig zu verstehen, dass Graham immaterielle Werte wie imaginäre Firmenwerte und Markennamen nicht berücksichtigt. Im Gegensatz dazu bevorzugt Buffett Aktien mit gutem allgemeinen Wert und starkem Business Franchise, das vorzugsweise durch sehr starke Markennamen gesichert ist.

Im Wesentlichen versucht Buffett, Wachstumsaktien zu kaufen und zu halten.

Graham bevorzugt sofortige und offensichtliche Werte, die verkauft werden, sobald die Aktie um 50% gestiegen ist. Buffett zieht es vor, für einen Gewinn von ein paar tausend Prozent ein Jahrzehnt zu warten.

Die Schwierigkeit des berühmtesten Systems von Ben Grahams (max. zwei Drittel des Nettoumlaufvermögens, nach Abzug aller Kosten, wobei Sachanlagen des Unternehmens wie z. B. Anlagen und Maschinen, Marken- und Firmenwerte unberücksichtigt bleiben) ist, dass nur sehr wenige, Aktien wenn überhaupt welche, dieses unglaublich hohe Niveau erreichen. Wenn Graham noch leben würde, würde er wohl sagen, dass Sie sich einfach ein paar Jahre vom Markt zurückziehen sollten, bis Umstände eintreten, die das Preis-Leistungsverhältnis bieten, dass Sie sich wünschen. Graham mag Recht haben, aber mein Problem ist, dass das Warten sehr langweilig würde.

14. Leitaktien

Große Unternehmen sind nicht anders als kleinere Unternehmen. Sie werden nicht alle Shells darunter finden, aber viele Wachstumsaktien, Zykliker, Turnarounds und Vermögenswerte. Ein Vorteil beim Handel mit Leitaktien ist, dass es zweifellos ein höheres Maß an Sicherheit gibt. Große Unternehmen sind etabliert, sie sind ein Teil der Gesellschaftsstruktur, und es ist daher weniger wahrscheinlich, dass sie aus Mangel an Geldern oder wegen unerwarteten Katastrophen scheitern. Darüber hinaus ist der Markt bei den Leitaktien weit liquider. Bei einem kleinen Unternehmen, werden Sie ziemlich oft feststellen, dass sich der Markt plötzlich auf nur 1000 Aktien mit einer weiten Streuung verdichtet hat. Bei führenden Aktien, sollten Sie immer in der Lage sein werden, Ihre Gewinne mitzunehmen oder Verluste zu begrenzen.

Ein Nachteil der Leitaktien ist, dass sie in der Regel teuer sind, da sie ausnahmslos genau analysiert wurden. Auf der nächsten Seite sehen Sie zwei Auszüge aus der Bewertungsdatenbank des Juni 1992 – einen von MTL Instruments und einen von GEC. Achtzehn Broker haben über GEC recherchiert und geschrieben und nur zwei haben sich bei MTL die Mühe gemacht. Die umfangreiche Berichterstattung von GEC sollte Ihnen eine zuverlässigere Konsensprognose geben, aber die starke Exposition, gepaart mit der besseren Vermarktbarkeit, hat höhere PEGs für Blue Chips zur Folge.

Ein weiterer Nachteil der Leitwerte ist natürlich, dass Elefanten nicht galoppieren, obwohl sie gelegentlich stürmen. Wenn Sie beabsichtigen, in sie zu investieren, sollten Sie einen Wert suchen, der sich von der Masse abhebt. Sie werden sich vielleicht fragen, wie Sie einen solchen Wert finden. Die Antwort ist einfach – verwenden Sie genau die gleichen Grundsätze, wie bei kleineren Unternehmen, wenn Sie in Leitwerte investieren. In Bezug auf den PEG müssen Sie Ihr Limit vielleicht ein wenig ausdehnen, denn Sie werden nur sehr wenige Werte mit einem PEG von unter 0,66 oder unter 0,75 finden. Um die Sache nicht zu kompliziert zu machen, schlage ich ein Limit von 1 vor, - das zu erwartende Vielfache sollte nicht höher sein als die geschätzte Wachstumsrate.

The MTL Instruments Group PLC

Stammaktien von 10p   Kurs 356p
                        Marktkap. £63m

Aktivitäten Die wichtigsten Aktivitäten sind die Entwicklung, Herstellung und Vermarktung von elektronischen Explosionsschutzgeräten und Geräten für den Einsatz bei der Messung und Steuerung von industriellen Prozessen in gefährlicher Umgebung. Der Konzern fertigt auch Sicherheitseinrichtungen für Elektro- und Überspannungsschutz und Gasanalysegeräte. Die Fertigung erfolgt vor allem in Großbritannien, aber auch in Indien zum Zweck des lokalen Vertriebs. Die Produkte werden in rund 50 Ländern vermarktet.

	Hinweise	Datum der Prognose	PBT	12/92 F EPS	DPS	PBT	12/93F EPS	DPS
BZW	B	5/3/92	5,1	18,5	4,30	3,85	5,7	20,6
Beeson Gregory	B	28/5/92	5,0	18,1	4,50	3,90	5,6	20,2
Konsensus			5,1	18,3	4,40	3,88	5,7	20,4
% Veränderung zum vorigen Jahr			+10	+10	+14	+14	+12	+11

Voraussichtliche Kursgewinn und
Dividendenrendite Konsensus   19,5   1,5   17,5
1,6
Jahr ended 12/91
Gewinn vor Steuern   4,6   K/G   21,4
Kurs relativ
Gewinn pro Anteil   16,6   Div,R 1,2
1m   +4%
Steuern   37
3m   +13%
Nettodividende   3,40
12m +65% Größere Anteilseigner
I Hutcheon   10,37%
E Low   8,97%
L Towle   7,36%
T Barrett   6,96%
Hilary Menos   6,65%
J Burkitt   5,72%
C Burkitt   5,72%
C Oudar   5,70%
Ankündigungen
Vorläufige Ergebnisse   12/9/91
Abschlüsse   5/3/92
Rechenschaftsbereichte   1/4/92
Hauptversammlung   1/5/92

General Electric PLC

Stammaktien von 5 p
Kurs 222 p
Marktkap. £ 5993 m

Aktivitäten Die Herstellung von elektronischen, elektrischen und Stromerzeugungsgeräten und -systemen. Die Aktivitäten sind in elf Sparten unterteilt: Telekommunikation, Konsumgüter, elektronische Messtechnik, Bürogeräte und Drucken, medizinische Geräte, elektronische Komponenten, Industrieanlagen, Vertrieb und Handel, und andere Aktivitäten.

	Hinweise	Datum der Prognose	PBT 3/92 F	EPS	DPS	PBT 3/93F	EPS
BZW	B	30/3/92	820,0	18,4	9,40	860,0	19,7
10,06							
Charles Stanley	BI	13/1/92	840,0	18,8	9,50	900,0	20,0
10,00							
County NatWest	H	24/4/92	815,0	18,4	9,30	845,0	19,4
9,70							
Credit Lyonnais L,	B	1/4/92 820,0	18,7	9,60	870,0	19,8	10,20
Girozentrale G, El,	B	26/5/92	830,0	19,0	9,50	865,0	19,7
10,00							
Hoare Govett	UV	22/4/92 810,0	18,3	9,25	835,0	19,0	9,25
James Capel	B3	27/4/92 820,0	18,4	9,50	865,0	19,7	10,00
Kleinwort Benson	B	24/3/92 840,0	18,7	9,50	920,0	20,9	10,30
Lehman Brothers	3M	20/5/92	835,0	19,1	9,25	917,0	21,0
9,90							
Nikko	LTB	4/12/91	840,0	19,1	9,30	900,0	20,5
9,80							
Nomura	H	28/5/92	815,0	18,6	9,40	855,0	19,9
9,80							
Panmure Gordon	H/B	3/6/92 830,0	18,8	9,55	890,0	20,1	10,20
S,G,S,T, Securities	ADD	2/6/92 850,0	19,3	9,60	900,0	20,7	9,90
Salomon	B	23/4/92	830,0	18,6	9,25	870,0	19,8
10,00							
Smith New Court	B	24/1/92	830,0	18,9	9,40	855,0	19,6
9,70							
UBS Phillips & Drew B		10/4/92	830,0	18,8	9,60	880,0	20,1
10,10							
Warburg	ADD	7/4/92 820,0	18,6	9,50	860,0	19,6	9,90
Williams De Broe	H	2/4/92	855,0	19,2	9,20	910,0	20,1
9,80							
Konsensus			829,1	18,8	9,43	877,0	20,0
9,93							
% Veränderung Vorjahr			+1	+1	+2	+6	+6
+5							
Voraussichtlicher KG und Dividendenrendite Konsensus			11,8	5,7		11,1	6,0

Jahr endend 3/91
Kurs
relativ

Gewinn vor Steuern	817,6	K/G		11,9	1m	- 0%
Gewinn pro Anteil	18,6	Div,R		5,5	3m	- 1 %
Steuern	35				12 m	+ 3%
Nettodividende	9,25					

Größere Anteilseigner

Prudential Corp. Group 7,04%
Phillips & Drew Fund Management 3,01%

Ankündigungen
Vorläufige Ergebnisse 4/12/91
Abschlüsse 2/7/91
Rechenschaftsbereichte 5/8/91
Hauptversammlung 6/9/91

Wie Sie wissen, ziehe ich Wachstumsaktien mit einer Marktkapitalisierung von unter 100 Millionen Pfund vor. Die meisten der Anteile am FT-A 500 Share Index liegen gut darüber. Um meinem Ansatz bei Leitwerten zu verdeutlichen, werde ich mich für den Moment auf den FT-SE 100 Index im Juni 1992 konzentrieren. Die beeindruckende Liste auf der folgenden Seite muss untergliedert und im Detail analysiert werden. Lassen Sie uns zunächst einmal die Superwachstumsaktien bestimmen – nicht bezüglich ihrer Reputation, sondern nach ihrer tatsächlichen Leistung in den letzten Jahren. Mit einer Datastream-Analyse kann dies mit ein paar selektiven Kriterien ganz einfach gemacht werden:

1. 15% Gewinnwachstum pro Anteil in den letzten fünf Jahren.
2. Mindestens vier Jahre Wachstum.
3. Mindestens 15% höhere Gewinne pro Anteil im Vergleich zum Vorjahr.
4. Ausgezahlte Dividenden in jedem Jahr und keine Verringerung der Dividende in den letzten fünf Jahren.

Von den 100 Aktien im Index gab es nur sieben Überlebende -
Rentokil, Rothmans, Sainsbury, Tate & Lyle, Tesco, Inchcape und Wellcome.

Ein paar bekannte Wachstumsaktien fehlen, weil das 15% Gewinn-Wachstumsziel im letzten Rezessionsjahr kaum zu erreichen war. Wenn wir das Limit auf 12% Wachstum für dieses Jahr senken, kann noch eine Aktie mithalten, Glaxo.

Wenn das Limit für das durchschnittliche Wachstum in den letzten fünf Jahren auf 12% pro Jahr reduziert wird, dann können sich vier weitere Aktien qualifizieren, Argyll Group, Associated British Foods, British Telecom und Scottish & Newcastle. Reuters, mit einem durchschnittlichen Wachstum von 23%, und Guinness mit 19,5%, hatten Pech, nur an einem Punkt zu scheitern, mit einem Gewinn pro Anteil im Jahr von 1991 von 9 % bzw. 11 %. Wir werden sie zusammen mit Vodafone und SmithKline Beecham zulassen, die ein starkes Wachstum hatten, aber kurze Aufzeichnungen.

Viele bekannte Namen konnten unsere Kriterien nicht erfüllen, zum Beispiel Marks & Spencer und Tomkins, weil sich die Gewinne im vergangenen Jahr nur geringfügig erhöhten und bei Hanson die Gewinne im letzten Jahr ein wenig nach unten gingen.

FT-SE 100 Index am 18. Juni 1992

Unternehmen	Letztes Jahresende	\multicolumn{5}{c}{Wachstum beim Gewinn pro Anteil}	1992
		1987	1988	1989	1990	1991	
ABBEY NATIONAL	12/91	-	-	-	+16.7%		+9.3%
ALLIED-LYONS	2/92	+34	+17	+14	+4	+8	-
ANGLICAN WATER	3/91	-	-	-	-	+7	-
ARGYLL GROUP	3/92	+7	-1	+17	+25	+27	-
ARJO WIGGINS APL	12/91	-	-	-	-	-25	-
ASSD.BRIT.FOODS	9/91	+20	+2	+14	+21	+13	-
BAA	3/92	-	-	+30	+36	+21	-
BANK OF SCOTLAND	2/92	+21	+15	+29	+13	-44	-23
BARCLAYS	12/91	-71	+296	-54	-13	-39	-
BASS	9/91	+22	+12	+22	+9	-1	-
BAT INDS.	12/91	+1	+20	+21	-64	+34	-
BET	3/92	+19	+13	+16	+11	-35	-
BLUE CIRCLE IND.	12/91	+22	+19	+5	-23	-36	-

BOC GROUP	9/91	+39	+22	+11	+4	-15
BOOTS	3/92	+9	+7	+18	+20	-3
BOWATER	12/91	+34	+26	+26	-8	-2
BRIT. AEROSPACE	12/91	-100	-	-9	+63	-56
BRIT. PETROLEUM	12/91	+139		-20	+60	-1	-76
BRITISH AIRWAYS	3/91			+7	+22	+42	-43
BRITISH GAS	12/91	-	-	- 3	+8	-4	+34
BRITISH STEEL	3/92	-		-	-	+1	-47
BRITISH TELECOM	3/92	+25		+10	+10	+10	+13
BTR	12/91	+11		+23	+27	-11	-10
CABLE & WIRELESS	3/92	+9		-5	+35	+20	-3
CADBURY SCHWEPPES	12/91	+30		+23	+8	+2	+7
CARLTON COMMS.	9/91	+35		+49	+34	-16	-33
COATS VIYELLA	12/91	+26		-41	-7	-20	-6
COMMERCIAL UNION	12/91	+7		+3	+9	-91	-100
COURTALDS	3/92	+28		+6	-12	+16	+6
ENG. CHINA CLAYS	12/91	+22		+27	+5	-46	+24
ENTERPRISE OIL	12/91	+74		+5	+61	+14	-19
FISONS	12/91	+14		+21	+22	+18	-21
FORTE	1/92	+22		+16	-	-	+3
GENERAL ACCIDENT	12/91	+7		+25	-43	-100	-
GENERAL ELEC.	3/91	+5		+9	+14	+5	-7
GLAXO HDG.	6/91	+42		+15	+14	+21	+12
GRANADA GROUP	9/91	+21		+2	+23	-28	-47
GRAND MET.	9/91	+18		+24	+15	+16	+7
GT.UNVL.STORES	3/91	+24		+11	+4	+5	+4

Unternehmen						
GUARDIAN RYL.EX.	12/91	+6	+44	-41	-100	-
GUINNESS	12/91	+6	+25	+33	+24	+11
HANSON	9/91	+34	+11	+18	-2	-11
HILLSDOWN HDG.	12/91	+38	+22	+17	-19	-24
IMP.CHM.INDS.	12/91	+24	+13	-1	-33	-16
INCHCAPE	12/91	+48	+31	+6	-15	+21
KINGFISHER	1/92	+25	+9	+17	+11	+1
LADBROKE GROUP	12/91	+28	+34	+24	+14	-40
LAND SECURITIES	3/92	+14	+11	+10	+16	+22
LASMO	12/90	-	-42	+176	+35	-
LEGAL & GENERAL	12/91	+6	+86	+3	-43	-44

FT-SE 100 Index am 18. Juni 1992 Fortsetzung

Unternehmen	Letztes Jahresende	Wachstum beim Gewinn pro Anteil					
		1987	1988	1989	1990	1991	1992
LLOYDS BANK	12/91	-100	-	-100	-	+5	-
MARKS & SPENCER	3/92	+22	+19	+7	+12	+4	-
MB-CARADON	12/91	+30	+16	+12	-25	-4	-
NAT.WSTM.BANK	12/91	-39	+116	-71	-25	-41	-
NATIONAL POWER	3/92	-	-	-	-	-	-
NFC	9/91	-	-	-	+4	+7	-
NORTH WEST WATER	3/92	-	-	-	-	+207	-
NORTHERN FOODS	3/92	+13	+10	+10	+7	+16	-
PEARSON	12/91	+25	+7	+25	-13	-24	-
PEN.&ORNTL.DFD	12/91	+11	+21	+21	-35	-22	-
PILKINGTON	3/92	+288	+7	+2	-7	-61	-
POWERGEN	3/92	-	-	-	-	-	-
PRUDENTIAL CORP.	12/91	+35	+31	+19	-53	+0	-
RANK ORG.	10/91	+25	+28	+2	-4	-41	-
RECKITT & COLMAN	12/91	+20	+23	+10	+12	+1	-
REDLAND	12/91	+29	+20	+38	-12	-41	-
REED INTL.	3/92	+18	+15	+1	+9	-16	-
RENTOKIL GROUP	12/91	+24	+38	+24	+21	+27	-
REUTERS HOLDINGS	12/91	+34	+23	+36	+14	+9	-
RMC GROUP	12/91	+38	+39	+17	-18	-36	-
ROLLS-ROYCE	12/91	-	+20	-0	-20	-51	-
ROTHMANS INTL.'B	3/92	+30	+16	+19	+23	+22	-
RYL.BK.OF SCTL.	9/91	-17	+132	-31	+5	-71	-
ROYAL IN.HDG.	12/91	-33	-15	-4	-100	-	-
RTZ CORP	12/91	-	-	+18	-19	-25	-
SAINSBURY J	3/92	+21	+23	+17	+24	+20	-
SCOT.& NEWCASTLE	4/91	+11	+11	+14	+20	+17	-

SCOTTISH POWER	3/92	-	-	-	-	-	-
SEARS	1/92	+12	+9	+12	-18	-27	-
SEVERN TRENT	3/91	-	-	-	-	+2	-
SHELL TRANSPORT	12/91	+13	+3	+46	-7	-43	-
SIEBE	3/91	+13	+36	+16	+15	-19	-
SMITH & NEPHEW	12/91	+14	+11	+11	-10	-7	-
SMITH,WH GP.'A'	5/91	+20	+18	+13	+10	-2	-
SMITHKLINE BHM.A	12/91	-	-	-	+14	+21	-
SUN ALL.GP.	12/91	-	-	-15	-100	-	-
TATE & LYLE	9/91	+35	+23	+29	+11	+16	-
TESCO	2/92	+40	+19	+13	+21	+27	+14
THAMES WATER	3/91	-	-	-	-	+24	-
THORN EMI	3/92	+50	+40	+17	+11	-19	-
TOMKINS	4/91	+71	+42	+35	+21	+0	-
TSB GROUP	10/91	+62	+45	+13	-34	-100	-
UNILEVER	12/91	+15	+3	+30	+8	+7	-
UNITED BISCUITS	12/91	+14	+15	+5	+2	+5	-
VODAFONE GP.	3/92	-	-	-	+91	+42	-
WELLCOME	8/91	+33	+38	+29	+18	+25	-
WHITBREAD'A'	2/92	+9	+14	+13	+1	+11	-
WILLIAMS HDG.	12/91	+31	+32	+10	-24	+1	-
WILLIS CORROON	12/91	-26	-37	+33	+17	-18	-

Unsere finale Liste besteht aus nur 16 Aktien - etwa jede sechste aus dem FT-SE 100 Index. Erinnern Sie sich an den Wettbewerbsvorteil aus Kapitel Sieben und beachten Sie die gemeinsamen Merkmale der 16 Aktien. Fünf davon sind im Lebensmittelhandel und der - herstellung zwei sind Bierbrauer und Schnapsbrenner und drei sind Pharmaunternehmen mit patentierten Produkten. Rothmans hat ausgezeichnete internationale Markennamen und Rentokil hat ein sehr starkes Business-Franchise.

Wir verwenden die Kurse und Prognosen aus dem Bewertungsverzeichnis Juni 1992 um zu sehen, wie die zu erwartenden PEGs dieser Unternehmen sich mit unserem erhöhten Limit von eins messen:

1. Argyll Konzern

Konsensusprognose für das 3/93 endende Geschäftsjahr, Gewinnwachstum pro Anteil von 11%. Vorraussichtliches KGV bei 350p entspricht 13,1 dies führt zu einem PEG von 1,19.

2. Guinness

Konsensusprognose für das Jahr bis 12/92, Gewinnwachstum pro Anteil von 11% und 13 % im darauf folgenden Jahr. Bei 608 p liegt der voraussichtliche, durchschnittliche KGV für 1992/3 bei 15,4 bei einem durchschnittlichen Wachstum von 12%, was einem PEG von 1,28 entspricht.

3. Rentokil

Konsensusprognose für das Jahr bis 12/92, Gewinnwachstum 21% und 19% im Folgejahr. Voraussichtliches KGV für das Jahr 1992 bei 179p ist 23,9 und 19,9 für das Jahr 1993. Der durchschnittliche voraussichtliches K / G für das kommende Jahr ist daher 21,9, das durchschnittliche Wachstum 20%, was einem PEG von 1,10 entspricht.

4. Rothmans

Konsensusprognose für das Jahr bis 3/93 Gewinnwachstum von 9%. Voraussichtliches KGV bei 1100p etwa 11,9, was ein voraussichtliches PEG von 1,32 ergibt.

5. Sainsbury

Konsensusprognose für das Jahr bis 3/93 mit 13%, ergibt ein vorrausichtliches KGV von 16,6 bei einem Preis von 475 p, der PEG liegt daher bei 1,28.

6. Tate & Lyle

Konsensusprognose für das Jahr bis 9/92 von 1%, und für das Jahr bis 9/93 von 10% - sagen wir 5,5% im Durchschnitt. Bei 392 p, mit einem voraussichtlichen KGV von 11 und einem sehr hohen PEG von 2.

7. Tesco

Konsensusprognose für das Jahr bis 2/93 von 9% Wachstum mit einem voraussichtlichen KGV von 12,8 bei 281p, was einen voraussichtlichen PEG von 1,42 ergibt.

8. Wellcome

Konsensusprognose für das Jahr bis 8/92 weiteres Wachstum von 24%, mit einer Prognose von 23% für das folgende Jahr. Voraussichtlicher KGV bei 971 p liegt bei 21,8 für 1993, was einem voraussichtlichen PEG von 0,94 entspricht. Ein klarer Kauf.

9. Glaxo

Konsensusprognose für 1993, 15% Wachstum bei 771 p mit einem voraussichtlichen KGV von 19,7, was einen voraussichtlichen PEG von 1,31 ergibt.

10. Associated British Foods

Negative Prognose von minus 31% bei Gewinn pro Anteil für das 9/92 endende Geschäftsjahr. Vergessen Sie es.

11. British Telecom

Rückgang bei der Gewinnprognose für das 3/93 endende Geschäftsjahr. Vergessen Sie es.

12. Scottish & Newcastle

Die Konsensprognose für das Geschäftsjahr bis 4/93 liegt bei 9%, was einem voraussichtlichen KGV von 12,5 bei 467p entspricht und einen PEG von 1,39 ergibt.

13. Reuters

Konsensusprognose für das Geschäftsjahr bis 12/92 liegt bei 11% Wachstum und 13% für das Jahr bis 12/93. Voraussichtliches KGV mit 1190p liegt bei 18,5, was einen PEG von 1,54 auf Basis der durchschnittlichen Wachstumsrate ergibt.

14. Vodafone

Die Konsensusprognose für das Geschäftsjahr bis 3/93 liegt bei 11% Gewinnwachstum pro Anteil, das voraussichtliche KGV mit 383p liegt bei 19,1, was einen hohen PEG-Wert von 1,74 ergibt.

15. SmithKline Beecham

Die Konsensusprognose für das Geschäftsjahr 1992 liegt bei 13% Wachstum und 15% für 1993.

Das durchschnittliche, voraussichtliche KGV liegt mit 924p bei 15,8, das ergibt einen PEG von 1,13.

16. Inchcape

Die Konsensusprognose für das Geschäftsjahr bis 12/92 für das Gewinnwachstum pro Anteil liegt bei 17% und 14% im folgenden Jahr. Bei 505 p liegt das durchschnittliche, voraussichtliche KGV für 1992/3 bei 15 mit einen durchschnittlichen Wachstum von 15,5%, und einem PEG von 0.97.

Für die meisten der 16 Anteile konnte kein Abschlag festgestellt werden. Lassen Sie uns den PEG Bereich nochmals ansehen:

0.94	Wellcome	unter 1.0
0.97	Inchcape	
1.10	Rentokil	
1.13	SmithKline Beecham	zwischen 1.00 und 1.20
1.19	Argyll	
1.28	Guinness	
1.28	Sainsbury	zwischen 1.20 and 1.35
1.31	Glaxo	
1.32	Rothmans	
1.39	Scottish & Newcastle	
1.42	Tesco	
1.54	Reuters	über 1,35
1.74	Vodafone	
2.00	Tate & Lyle	
-	Associated British Foods	nicht mehr anwendbar
-	und British Telecom	

Wir konnten nur zwei Anteile finden, Wellcome and Inchcape, die in Bezug auf das künftige Wachstum und den Kurs Schäppchen zu sein scheinen. Ein Grund für die Einbeziehung von Wellcome ist wahrscheinlich der vorgeschlagene Verkauf von Anteilen im Wert von 3 Milliarden Pfund durch die Wellcome Foundation. Einige Marktmacher haben den Preis vielleicht ein wenig gedrückt, indem sie Anteile verkauft haben, um bei niedrigeren Werten nachzuladen. Indem wir unser Limit auf ein voraussichtliches PEG von 1,20 senken, haben wir unser Portfolio um 5 Anteile ausgeweitet. Ich war erfreut, zu sehen, dass Rentokil der erste darunter war, denn dies war immer einer meiner Favoriten im Index. Durch Reduzieren des Limits auf 1,35 haben wir weitere vier Anteile zugelassen, was insgesamt neun ergibt.

Sie haben sicher bemerkt, dass die ersten neun Möglichkeiten, mit Ausnahme von Inchcape, einen starken Wettbewerbsvorteil haben und in bevorzugten Branchen sind. Die Kapitalrendite ist überdurchschnittlich. Lassen Sie uns die Details ansehen:

Durchschnittliche Kapitalrendite 1987-91

	%
Wellcome	26,53
Inchcape	26,29
Rentokil	53,34
Smithkline Beecham*	43,73
Argyll	26,67
Guinness	23,51
Sainsbury	22,60
Glaxo	37,12
Rothmans	26,48

*Bei SmithKline Beecham bezieht sich der durchschnittliche Wert auf nur drei Jahre, 1989-91.

Quelle: Datastream

Bevor wir weitermachen, sind vier wichtige Punkte zu beachten:
1. Preise, Unternehmen Ergebnisse, Prognosen und Märkte verändern sich ständig. Ich kann Ihnen nur eine Momentaufnahme der Position im Juni 1992 zeigen.
2. Die verwendete Arithmetik ist sehr grob und ungenau, ohne detaillierte Überprüfung von Unternehmensschulden, Zwischenergebnissen und dergleichen. Meine Absicht ist es einfach, die Grundidee zu erklären.
3. Wir befinden uns derzeit in einer sehr tiefen Rezession, die sich nachteilig auf die letztjährigen Ergebnisse und die Prognosen des nächsten Jahrs vieler guter Unternehmen auswirken, welche ansonsten aufgenommen würden. Allerdings werden in solchen Zeiten die Superwachstumsaktien aus dem Bestand klar gezeigt.
4. Das Datastream Screening wurde entwickelt, um konsistente Wachstumsaktien auszuwählen und Erholungssituationen und Turnarounds, die ein sehr gutes Preis-Leistungs-Verhältnis haben.

Die durchschnittliche geschätzte Wachstumsrate der Top 9 Aktien liegt bei 14,8% im nächsten Jahr, und das durchschnittliche zu erwartende KGV beträgt etwa 17. Das durchschnittliche zu erwartende KGV des FT-SE 100 Index hängt von Ihrer Einschätzung der zukünftigen Wachstumsrate ab. Das bisherige KGV für den FT-SE 100 Index lag Mitte Juni 1992 bei 16,5 und ich schätze (vor allem nach den enttäuschenden Ergebnissen von Fisons' und der Überprüfung durch den CBI im Juni), dass eine *maximale* durchschnittliche Wachstumsrate beim Ergebnis im nächsten Jahr von nicht mehr als 5% erreicht wird. Diese Ansicht wird derzeit von einer Reihe führender Broker geteilt und wenn sie Recht haben, ergibt dies ein voraussichtliches KGV von etwa 15,7 für den Index als Ganzes.

Sie können leicht erkennen, dass der Kauf unserer 9 Aktien mit geprüften Zahlen und einem durchschnittlichen KGV von 17, mit der Planung eines viel zuverlässigeren, durchschnittlichen Gewinnwachstums von 14,8% im kommenden Jahr, ein offensichtliches Schnäppchen ist, im Vergleich zum Kauf eines durchschnittliche FT-SE 100 Anteils mit einem Vielfachen von 15,7 und einem wohl viel niedrigeren und weniger zuverlässigen Wachstum von 5 % in 1992/3. Mit anderen Worten, der Aufschlag für etabliertes Superwachstum ist vernachlässigbar.

Ich war so überrascht von diesem Ergebnis, dass ich den FT-SE 100 Index nochmals überprüft habe, um die große Anzahl von Finanzunternehmen und Erholungssituationen mit sehr hohen Vielfachen und die Versorgungsbetriebe mit sehr niedrigen zu beseitigen. Das endgültige Ergebnis war gleich- Superwachstumsaktien schienen noch ein *relatives* Schnäppchen zu sein. Trotzdem empfand ich die Preise für unsere neun Aktien als sehr hoch. Dies lag wahrscheinlich am Markt, im Juni 1992, der sich innerhalb von 10 % seines Allzeithochs befand, während die wirtschaftlichen Aussichten düster blieben. Wenn Sie Aktien in den oberen 100 handeln, müssen Sie sich daran gewöhnen, viel höhere PEGs zu zahlen im Austausch für eine bessere Marktfähigkeit und zusätzliche Sicherheit

Geduldiges Geld würde ich viel lieber in Aktien kleinerer Unternehmen mit einem PEG von unter 0,66 investieren. Es wird Zeiten geben, wo man sie nicht handeln kann, aber sofern das investierte Geld nicht für andere Zwecke benötigt wird, scheint mir das Chance / Risiko-Verhältnis von Investitionen in kleinere Unternehmen mit viel niedrigeren PEGs ein besserer Vorschlag zu sein.

Die ersten 100 Aktien im Index sind ziemlich besonders, deshalb lassen Sie uns bei den zweiten Hundert (Tootsie) in ähnlicher Weise vorgehen und prüfen, ob wir keine attraktive Schnäppchen finden. Die einzigen Aktien, die sich mit einer durchschnittlichen Wachstumsrate von 15% in 5 Jahren und mit einem Wachstum von 15% im letzten Jahr qualifizieren können, sind Island Frozen Foods, Dunhill, W. Morrison, Spring Ram, Kwik-Save und The Body Shop. Island verfügt über einen voraussichtlichen PEG von 0,85, Spring Ram von 0,87 und The Body Shop von 0,90. Alle drei Unternehmen genießen eine sehr hohe Kapitalrendite.

Ich habe die ersten 200 Aktien analysiert auf der Suche nach Wachstumsaktien, die relativ attraktiv sind. Unnötig zu sagen, dass es auch eine große Anzahl von Turnarounds, Zyklikern und Vermögenswerten im Index gibt. Ein hervorragendes Beispiel für einen aktuellen Turnaround im FT-SE 100 Index ist English China Clays, welches ich bereits in Kapitel elf erwähnt habe. Ein anderes, weniger bekanntes Beispiel unter den ersten 500 Aktien ist Amersham International, die mir einen Monat vorher auffielen, bevor die Ergebnisse im Juni 1992 bekannt gegeben wurden. Mit 483p lag der Preis nach der Bekanntgabe der Ergebnisse bei schillernden 44%, die Marktkapitalisierung betrug rund £ 250m. Die Aktivitäten des Unternehmens umfassen die biowissenschaftliche Forschung, Gesundheitsversorgung, Arbeitsschutz und -sicherheit. Amersham hat nur 700.000 £ Schulden und die Broker-Konsensus-Prognose für den Gewinn vor Steuern 1992/3 lag bei 24,7 Mio. Pfund und einem Wachstum von 20% im nächsten Jahr. Jedoch erfolgten die Brokerprognosen vor den besser als erwarteten Ergebnissen und im *Evening Standard* bemerkte ich, dass ein Broker seine Prognose 1992/3 auf £ 26,5 Mio. vor Steuern hochstufte, womit die Aktien bei einem voraussichtlichen KGV von 16,5 waren.

Das Wachstum von 20,7 Mio £. auf £ 26,5 Mio. £ entsprach 5,8 Mio. und damit 28 %. Um konservativ zu sein, sagen wir 25%, was einem PEG von 0,66 (25 geteilt durch 16,5) entspricht, eine Qualifikation für mein System kleinerer Unternehmen.

Amersham International, eine Wunderaktie aus den achtziger Jahre, erlebt eine Erholung nach einem vierjährigen Zeitraum rückläufiger Gewinne durch einen kostenbewussten, kommerziellen Ansatz eines neuen Managementteams, geleitet von Bill Castell. Ein Teil des Gewinnwachstums kann daher aus Einmal-Verbesserungen stammen, aber dennoch scheinen die Aktien attraktiv zu sein für ein Unternehmen dieser Größe und Qualität.

Je weiter unten Sie bereit sind in der Skala zu investieren, desto besser die Schnäppchen im Hinblick auf künftige PEGs. Unter den ersten hundert Aktien konnten wir nur 2 Aktien finden, die unsere Kriterien erfüllten und einen voraussichtlichen PEG von unter eins haben. Bei den zweiten hundert, fanden wir drei Aktien mit attraktiven PEGs. Weiter unten auf der Skala haben wir Amersham International als Schnäppchen mit einem voraussichtlichen PEG von 0,66 bestimmt.

Wenn wir weiter zu den zweiten tausend Aktien gehen, finden wir Unternehmen wie British Data Management mit einem voraussichtlichen PEG von 0,45 und Industrial Control Services mit 0,60. In gewisser Weise können Sie das Spektrum der unterschiedlichen PEGs mit einer Schnäppchenjagd für Antiquitäten vergleichen - wenn Sie einen antiken Tisch in der Bond Street in London kaufen, müssen Sie sich im Prinzip an der hohen Miete, die dort verlangt wird, beteiligen. Allerdings, wenn das Sammlerobjekt, das Sie gekauft hatte ein großer Fehler war, werden Sie eher in der Lage sein, im Laden in der Bond Street ihr Geschäft rückgängig zu machen als in einem kleinen Antiquitätengeschäft in einer Seitenstraße in der Nähe der Euston Station. Die Aktien der kleineren Unternehmen sind zweifellos riskanter und weniger marktfähig und das spiegelt sich im PEG wieder, den Sie bezahlen. Mein Argument ist, dass häufig der Schnäppchenwert unwiderstehlich wird.

Wenn Sie an Werten mit Erholungspotential interessiert sind, sollten Sie das Buch *Beating the Dow,* von Michael O'Higgins lesen-. Sein Basis-System besteht darin, die gewinnbringendsten Werte des Dow 30 zu Beginn eines Jahres zu nehmen und dann die fünf mit den niedrigsten Dollarpreisen zu wählen. (Er beobachtet dass preisgünstigere Bestände in der Regel geringere Marktkapitalisierung haben und dass kleinere Unternehmen tendenziell stärkere prozentuale Gewinne haben. Er sagt nicht, dass Elefanten nicht galoppieren, aber wir wissen, was er meint). O'Higgins argumentiert, dass man nach seinem einfachen System im Laufe der letzten zwanzig Jahre, eine durchschnittliche jährliche Rendite von über 20% gehabt hätte, verglichen mit 10,92% im Dow. Philip Coggan führte einen ähnlichen Test mit britischen Aktien in der *Financial Times* durch, und stellte fest, dass 10.000 Pfund seit 1979 bei Wiederanlage der Dividenden auf mehr als 130.000 bis Anfang 1992 angewachsen wären. Die gleiche Summe in den FT-A-All-Share Index investiert, auch bei Wiederanlage der Dividenden, wäre auf 81.540 Pfund angewachsen. Die Voraussetzung, dass Dividenden reinvestiert werden, ist wichtig, da die Aktien im Rahmen dieses Systems, eine hohe Rendite haben.

Wenn Sie sich entscheiden, in größere Unternehmen zu investieren, empfehle ich, dass Sie Ihre Tätigkeit auf die Top 500 Aktien beschränken. Der nächste Schritt wäre, Ihre Investitionskriterien für die Art gesuchter Beteiligungen zu bestimmen. Zum Beispiel bei Vermögenswerten, einen Abschlag zum Wert ohne übermäßige Verschuldung oder laufende Verluste, für Zykliker einen Umsatz von mehr als dem fünffachen der Marktkapitalisierung, Vermögensdeckung des Aktienkurses von 80% oder mehr und Verschuldungsgrad unter 100% des Nettoinventarwertes. Sie sollten dann mit Ihrem Broker eine Datastream Analyse machen.

Wenn Sie eine kleine Liste von Aktien haben, die den Spießrutenlauf erfolgreich bewältigt haben, sollten Sie Zeitungsausschnitte, jährliche Berichte und Prognosen im *Bewertungsverzeichnis f*ür die in Frage kommenden Unternehmen studieren, um sicherzustellen, dass Ihre anderen Sicherheitskriterien alle vorhanden sind.
Diese Vorgehensweise ist viel besser, als einen Wert zu kaufen, nur weil es das Herz begehrt. Es könnte leicht ein Juwel unter den 500 Top-Aktien versteckt sein, und das Einzige, was sicher ist, Sie werden kaum etwas Verstecktes finden, ohne zu suchen.

15. Überseemärkte

Mein System für Investitionen in dynamische Wachstumswerte funktioniert außerordentlich gut bei amerikanischen Aktien und bei vielen anderen ausländischen Märkten. Die großen Unterschiede zwischen Amerika und Großbritannien liegen darin, dass die amerikanischen Rechnungslegungsstandards weit höher sind, Ergebnisse werden vierteljährlich bekannt gegeben, es gibt mehr wachstumsstarke Unternehmen und der Grad der Komplexität im Investment Management hat eine andere Dimension.

Bevor Sie in Amerika zu investieren beginnen, werden Sie Ihre Lesegewohnheiten ausbauen müssen. Das Wall Street Journal, eine wunderbare Zeitung gleichauf mit der Financial Times, ist ein tägliches Muss. Value Line, eine wahrhaft außergewöhnliche wöchentliche Publikation, die in Großbritannien äußerst erfolgreich ist, gehört ebenfalls zum Pflichtprogramm. Jede Woche werden etwa 200 Unternehmen von einem Value Line Analyst gründlich analysiert und hinsichtlich Aktualität und Sicherheit bewertet.

Für jede Aktie werden sehr detaillierte Statistiken zur Verfügung gestellt, welche vierteljährlich das Gewinnwachstum, die Bilanzen, den Buchwert, einen Chart des Aktienkurses, die relative Stärke und detaillierte Bewertung eines Analysten enthalten. Die Top-Empfehlungen von Value Line in Bezug auf Aktualität haben den Markt im Wesentlichen Jahr für Jahr outperformt.

Neben den Bewertungen einzelner Aktien, hat Value Line weitere Statistiken über alle Aktien im Berichtsjahr, renditestarke Aktien, Werte mit hohem Cash-Flow, größere Abschläge vom Buchwert, niedriges KGV, hohe prozentuale Renditen auf das eingesetzte Kapital und Wachstumsaktien werden hervorgehoben. Ein Paradies für den Investmentanalyst.

Ich erinnere mich daran, dass ich vor ein paar Jahren, Celanese Aktien zu 68 $ auf der Liste mit einem Abschlag zum Anlagewert fand, und unter den Aktien mit einem besonders niedrigen KGV. Celanese hatte auch 28 $ pro Aktie in Cash. Ein echtes Schmuckstück - ein Jahr später wurde die Firma für $ 245 pro Anteil von Hoechst, Deutschland übernommen.

Barron's ist eine gute Zeitung, die wöchentlich erscheint und im Großen und Ganzen das Äquivalent des Investors Chronicle ist, auch wenn Barron's in einem schnittigeren Stil und sehr viel offeneren Sinn für Humor geschrieben ist. Neben der Anleitung, die Sie für Ihre Amerikanischen Investitionen erhalten, wird Barron's auch dazu beitragen, Ihnen eine viel bessere globale Perspektive zu geben. Weitere wichtige Beiträge zu diesem Zweck liefert der Bank Credit Analyst aus Toronto, ein herrliche Veröffentlichung, die einmal im Monat erscheint, mit detaillierten Statistiken und Ansichten zur Entwicklung der Weltmärkte und Währungen, insbesondere in Bezug auf die Wall Street und den Dollar.

Mit meinem System, können Sie problemlos mit den wöchentlichen Bewertungen von Value Line arbeiten. Sie sollten ignorieren, was ihr Analyst über Aktualität und Sicherheit sagt und einfach den PEG-Faktor selbst berechnen und meine anderen Kriterien anwenden. Sobald Sie Ihre eigenen Schlüsse ziehen, überprüfen Sie Ihre letzte Ansicht mit der Value Line Bewertung. Sie werden überrascht sein, wie oft Ihre Auswahl in Bezug auf Aktualität hoch bewertet wird. Wenn die Value Line Sicherheitsbebwertung sehr niedrig ist, müssen Sie auf der Hut sein und Ihre Zahlen überprüfen. Sie werden wahrscheinlich feststellen, dass die Schulden sehr hoch sind oder es einige andere große Probleme gibt. Denken Sie immer daran, dass Sie nicht investieren müssen. Sie können bis zur nächsten Woche oder einen Monat warten und weiterhin ein absolutes Juwel suchen. Investieren Sie nie um des Investierens Willen.

Unnötig zu sagen, dass Sie einen guten Broker benötigen, der sich mit Amerikanischen Aktien auskennt. Ihr Broker sollte in der Lage seien, Käufe und Verkäufe für Sie zu handhaben, aber Sie müssen sicherstellen, dass Sie zusätzlich irgendeine Art von Feedback bekommen und über wichtige Entwicklungen auf dem Laufenden gehalten werden.

Obwohl Sie nicht zu viel Hilfe erwarten dürfen, brauchen Sie ein wenig Anleitung. Beim Überprüfen des Werts einer Aktie müssen Sie zum Beispiel darauf zu achten, drei Besonderheiten des amerikanischen Marktes zu kennen:

1. Pensionsrückstellungen

Das Amerikanische Management konnte früher bei Verhandlungen mit den Gewerkschaften sehr großzügig mit Geldern der Anteilseigner umgehen, in dem hohe Rücklagen für Renten und medizinische Leistungen für Mitarbeiter und das Management gebildet wurden.

Vor 1992, werden Sie keine Spuren in den Konten finden, die auf Verbindlichkeiten diesbezüglich hindeuten. Jetzt müssen sie jedoch bei den Gewinnen berücksichtigt werden. Für die Vergangenheit, werden einige große Unternehmen in den folgenden Berichten Abschreibungen in Milliardenhöhe durchführen müssen.

2. Pensionskassendefizite

Als Folge der neuen Regelungen, können Pensionskassendefizite über einen Zeitraum von einigen Jahren von den Gewinnen abgeschrieben werden. Für einige Unternehmen könnte die Belastung massiv sein.

3. Umweltschutz

In den USA gab es eine beachtliche Reaktion gegen Unternehmen, die Umweltschäden verursachen. Kürzlich wurden neue Rechtsvorschriften verabschiedet, und die Umweltschutzbehörde wurde gegründet, um Standards zu setzen und neue Regelungen anzuwenden. Jeder, der aufgrund früherer Umweltschäden einen Verlust erlitten hat, kann das Unternehmen verklagen, das den Schaden verursacht und sogar über die Durchgriffshaftung hinausgehen, und Aktionäre belangen. Wer Lloyds kennt, wird wissen, dass amerikanische Geschworene dazu neigen, unternehmensfeindliche Urteile zu fällen und riesige Summen für den Ausgleich von Schäden festsetzt.

Der kumulative Effekt dieser drei relativ neuen Entwicklungen hat zur Folge, dass viele amerikanische Unternehmen, die in guter Form sein müssten, ein erhebliches Potenzial finanzieller Verbindlichkeiten haben, das in einigen Fällen Auswirkungen auf ihre Zukunftsfähigkeit haben könnte.

Aufstrebende Märkte wie Indonesien, Thailand und Mexiko werden von den Investoren wegen der Illiquidität, der sehr hohen Volatilität und dem Währungsrisiko oft gemieden. Es ist bemerkenswert, dass selbst auf einer risikoangepassten Basis, die Emerging Markets sowohl die USA als auch Europa outperformen. Ein Grund dafür ist, dass das Wachstum des Bruttoinlandsprodukts bei Entwicklungsländern viel schneller ist, als bei älteren Volkswirtschaften wie den USA, Deutschland, Japan und Großbritannien. Eine hohe Zuwachsrate des BIP ist ein wunderbarer Hintergrund für Investitionen in eine Wirtschaft, was in der Regel zu höheren Erträgen für einzelne Unternehmen führt. Ein weiterer Grund für die bessere Performance von Emerging Market-Aktien ist, dass sie tendenziell wenig von der Investment-Community recherchiert sind, in der gleichen Weise, wie kleinere Unternehmen manchmal in reifen Märkten vernachlässigt werden. Jeder Markt muss in der Sache geprüft werden, insbesondere in Bezug auf politische Stabilität, wirtschaftliche Hintergründe, fundamentale Werte, Währungsrisiko und verfügbare Investitionsmöglichkeiten.

Dr. Marc Faber gibt in seinem The Gloom, Boom & Doom Report eine sehr interessante Zusammenfassung des Lebenszyklus der Emerging Markets. Er sagt, "erst befinden sich die Werte in einem embryonalen Stadium, wenn sie dann erwachsen werden, wachsen sie sehr schnell (bullische Phase). Diese Phase ist sehr unfallträchtig (Abstürze). Später reifen sie und verlieren einen Teil ihrer Energie und Volatilität, dann ermüden und sterben sie schließlich (Bärenmarkt) ... Zum Glück für die Aktienmärkte, gibt es meist ein Leben nach dem Tod. Ein neuer Zyklus beginnt der, wie das Leben nach der Reinkarnation ist, er unterscheidet sich stark vom vorherigen Zyklus."

Seine sechs Phasen sind in der folgenden Grafik dargestellt

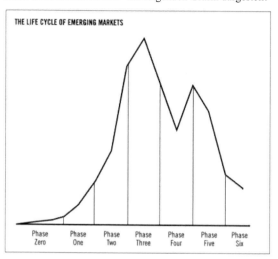

Betrachten wir nun, was er über die einzelnen Phasen sagt. Seine Gedanken sind sehr lesenswert, weil sie auch einen hervorragenden Einblick in den Bullen- und Bärenzyklus der Märkte geben, die im Wesentlichen Phasen zeigen, in welchen kein Interesse an Aktien besteht bis zu einer Art Manie, bevor wieder eine Phase eintritt, wo Investoren Aktien wieder aufgeben. Dr. Faber fasst seine faszinierende Studie zusammen und macht deutlich, dass der Einstieg in den aufstrebenden Markt in Phase Null oder Phase Eins erfolgen sollte. Er weist darauf hin, dass eine einzelne Aktie leicht 20 bis 50 mal im Wert steigen kann. In der folgenden Phase gehen Sie dann ein hohes Risiko ein.

Phase Null
Ereignisse
Lang andauernde wirtschaftliche Stagnation oder langsame Schrumpfung.
• Das reale Pro-Kopf-Einkommen ist schwach oder seit einigen Jahren rückläufig.
• Geringe Investitionen und die internationale Wettbewerbsposition verschlechtern sich.
• Instabile politische und soziale Bedingungen (Streiks, hohe Inflation, ständige Abwertungen, Terrorismus, Grenzkonflikte, etc.)
• Die Unternehmensgewinne sind rückläufig.
• Keine ausländischen Direktinvestitionen oder Portfolioinvestitionen.
• Kapitalflucht.

Symptome
• wenig Tourismus (unsicher).
• Die Hotelbelegung liegt bei nur 30%, und seit 30 Jahren werden keine neuen Hotels gebaut. Hotels sind heruntergekommen.
• Ausgangssperren in der Nacht.
• Wenig Volumen an der Börse.
• Der Aktienmarkt bewegt sich seit mehreren Jahren seitwärts oder moderat nach unten.
• Aktien sind unterbewertet.
• Ausländische Fondsmanager meiden das Land.
• Die Schlagzeilen in der Presse sind negativ.
Keine Büros ausländischer Broker
Keine Mittel des Landes strömen in den Markt, und keine Veröffentlichung von Brokerberichten.

Beispiele
• Argentinien in den achtziger Jahren.
• Naher Osten vor den siebziger Jahre.
• kommunistische Länder nach dem 2. Weltkrieg bis vor kurzem.
• Sri Lanka vor 1990.
• Philippinen zwischen 1980 und 1985.

Phase eins
Ereignisse
Die sozialen, politischen und wirtschaftlichen Bedingungen beginnen, sich zu verbessern (neue Regierung, neue Wirtschaftspolitik, externe Faktoren, Entdeckungen, Anstieg der Preise wichtiger Güter.)
• Verbesserung der Liquidität aufgrund einer Zunahme von Exporten, der Rückführung von Kapital und Erhöhung ausländischer Direktinvestitionen und indirekter Anlagen.
• Der Ausblick für künftige Ertragschancen verbessert sich deutlich.
• Verbesserung des Wohlstands und der Barguthaben.
• Verbrauch, Investitionen, Unternehmensgewinne und Aktien beginnen zu stark zu steigen.

Symptome
• Aktien beginnen plötzlich sich zu erholen.
• Der Tourismus verbessert sich.
• Ausländische Unternehmer interessieren sich für Joint Ventures und andere direkte Investitionen.
• Die Hotel-Auslastung steigt auf 70%.
• Einige wenige ausländische Fondsmanager beginnen, zu investieren.
• Ausgangssperren werden aufgehoben.
• Steuergesetze werden geändert, um Kapitalbildung und um ausländische Investoren zu ermutigen.

Beispiele
• Argentinien nach 1990.
• Thailand nach 1985.
• Naher Osten nach 1973.
• Mexiko nach 1984.
• China nach 1978.
• Indonesien nach 1988. Überseemärkte

Phase zwei
Ereignisse
• Die Arbeitslosigkeit sinkt und die Löhne steigen.
• Die Kapitalausgaben für Kapazitätserweiterungen steigen, die Verbesserung von wirtschaftlichen Rahmenbedingungen wird als unendlich wahrgenommenen (Fehler des Optimismus).
• Großer Zustrom ausländischer Gelder führt zu einer Überbewertung von Aktien.
• Guthaben wachsen schnell, was zu einem scharfen Anstieg der realen und finanziellen Vermögenswerte führt.
• Die Immobilienpreise steigen um ein Vielfaches.
• Neuemissionen von Aktien und Anleihen erreichen Spitzenwerte.
• Die Inflation und die Zinsen beginnen zu steigen.

Symptome
• Die Business-Hauptstadt gleicht einer Mega-Baustelle.
• Die Hotels sind voll von ausländischen Geschäftsleuten und Portfoliomanagern. Viele neue Hotels werden gebaut.
• Die Schlagzeilen der internationalen Presse sind jetzt sehr positiv.
• Eine Lawine von optimistischen Forschungsberichten werden von ausländischen Maklern veröffentlicht
•. Ausländische Broker-Büros werden eröffnet. Mittel des Landes strömen in den Markt.
• Je optimistischer die Berichte, umso mehr Büros werden geöffnet und mehr Mittel werden ins Leben gerufen.
• Länder werden zu beliebten Reisezielen.
Beispiele
• Thailand zwischen 1987 und 1990.
• Japan zwischen 1987 und 1990.
• Kuwait zwischen 1978 und 1980

Phase drei
Ereignisse
• Weitere Investitionen führen zu überschüssiger Kapazität in mehreren Sektoren der Wirtschaft.
• Infrastrukturelle Probleme und eine übermäßige Kreditexpansion führen über steigende Löhne und Immobilienpreise zu starkem Inflationsdruck.
• Die Wachstumsgeschwindigkeit der Unternehmensgewinne verlangsamt sich und in einigen Branchen und bei einigen Unternehmen beginnen die Gewinne zu fallen.
• Ein Schock (ein starker Anstieg der Zinsen und ein massiver Betrugsfall, ein unternehmerisches Scheitern, oder sonstiger Schock) führt zu einem plötzlichen und völlig unerwarteten Rückgang bei den Aktienpreisen.

Symptome
• Viele Bauprojekte, neue Hotels, Bürogebäude und Einkaufszentren sind abgeschlossen.
• Die Business-Hauptstadt gleicht einer "Boomenden Stadt "- hat ein lebhaftes Nachtleben und stark befahrene Straßen.
• Häufig wird ein neuer Flughafen eingeweiht und ein zweiter ist in der Planungsphase.
• Neue Städte werden geplant und entwickelt.
• Es gibt zahlreiche Spekulanten im Immobilien- und Aktienmarkt, mit ihren vom-Tellerwäscher-zum-Millionär-Geschichten machen sie Schlagzeilen und füllen die Nachtclubs.
• Die Aktien- und Immobilienmärkte werden zum Diskussionsthema. Es gibt einen aktiven Einzelhandel und reichlich Spekulationen, ein Großteil davon mit geliehenem Geld.
• Die Einheimischen beginnen im Ausland, aktiv in Dinge zu investieren, von welchen sie nichts verstehen (Kunst, Immobilien, Aktien, Golfplätze, etc.).
Beispiele
• Thailand nach 1990.
• Singapur 1980 und 1981.
• Japan im Jahr 1990.
• Indonesien im Jahr 1990

Phase vier

Ereignisse
• Das Kreditwachstum verlangsamt sich.
• Die Unternehmensgewinne verschlechtern sich.
• Überkapazitäten werden zu einem Problem in manchen Branchen, aber insgesamt läuft die Wirtschaft weiterhin gut tun und die Verlangsamung wird als vorübergehend wahrgenommen.
• Nach einem anfänglichen Einbruch, erholen die Aktien sich, weil ausländische Investoren, die die Phasen eins und zwei verpasst haben Geld in den Markt bringen und die Zinsen beginnen zu fallen.
• Aktien erreichen keinen neuen Höchstwert, eine große Zahl von Neuemissionen, (die Verkäufer sind Einheimische, die es besser wissen oder knapp bei Kasse sind).

Symptome
• Eigentumswohnungen haben Preise erreicht, welche die Kaufkraft der Einheimischen übersteigt.
• Bürokapital-Werte und Vermietungen beginnen abzuflachen oder zu fallen.
• Der Tourismus trifft die Erwartungen nicht mehr. Leerstände von Hotels steigen und Rabatte werden angeboten.
• Brokers veröffentlichen weiterhin bullishe Berichte.
• politische und soziale Bedingungen verschlechtern sich (ein Putsch, ein starker Oppositionsführer, Streiks, soziale Unzufriedenheit, Kriminalität usw. zu erhöht sich).

Beispiele
• Japan in der ersten Hälfte des Jahres 1991.
• Thailand im Jahr 1991.
• US-Investoren im Frühjahr 1930 und im Herbst 1973

Phase fünf

Ereignisse
Deflation bei Krediten.
• Wirtschaftliche, aber noch mehr soziale und politische Bedingungen verschlechtern sich.
• Der Konsum verringert sich merklich (Pkw-Verkaufszahlen und Wohnungs- und Anlagenverkäufe verringern sich).
• Die Unternehmensgewinne brechen zusammen.
• Die Aktien fallen in einen lang andauernden und heftigen Abwärtstrend, ausländische Investoren beginnen, den Markt zu verlassen.
• Die Immobilienpreise fallen stark.
• Ein großer Player geht in Konkurs (derjenige, der in Phase drei Schlagzeilen machte).
• Die Unternehmen geraten in Geldnöte.

Symptome
• Leere Bürogebäude, hohe Leerstand in Hotels, aufgegebene und unfertige Baustellen gehören zum Alltag.
• Aktienhändler entlassen Personal oder schließen.
• Forschungsberichte werden weniger.
Länderfonds, die in Phase zwei und drei mit einem Aufschlag verkauft wurden, werden nun mit einem Abschlag verkauft.
• Das Land ist nicht länger ein beliebtes Touristenziel.

Beispiele
• Thailand im Jahr 1992.
• Singapur 1982 und 1983.
• Vereinigte Staaten im Jahr 1931 und Ende 1973.
• Japan im Frühjahr 1992

Phase sechs
EREIGNISSE
• Anleger nehmen von Aktien Abstand. Das Volumen liegt erheblich unter den Spitzenwerten von Phase drei.
• Die Investitionen fallen (Pessimismus).
• Die Zinsen sinken weiter.
• Ausländische Investoren tätigen keine neuen Investitionen.
• Die Währung wird abgewertet oder wird schwächer.

SYMPTOME
• sehr negative Schlagzeilen.
• Ausländische Broker neigen zu Pessimismus.
• Hotels und Nachtclubs sind leer, weniger Flüge.
• Taxifahrer, Ladenbesitzer und Nachtclub Hostessen sagen, dass sie durch die Investition in Aktien verloren haben.
Beispiele
• Vereinigte Staaten in den Jahren 1932 und Ende des 1974.
• Hong Kong im Jahr 1974.
• Japan?
• Thailand?
• Indonesien?

Der in Dr. Fabers Newsletter gezeigte Brunnen des Wohlstands versucht die Emerging Markets nach dem Grad ihrer wirtschaftliche Entwicklung und des Wohlstand im Juni 1992 zu kategorisieren. Die Analogie des Brunnens ist ausgezeichnet geeignet, weil Wasser aus einer höheren Ebene nach unten fließt, genauso wie von den reichen Ländern mit hohem Preisniveau Geld in arme Länder mit niedrigem Preisniveau fliest. Die Länder am unteren Ende des Brunnens sind noch in Phase Null, können aber jederzeit in Phase eins eintreten, vorausgesetzt, die wirtschaftliche und rechtliche Infrastruktur, um ausländische Investoren anzuziehen wird eingerichtet.
Länder wie Argentinien können sehr schnell von einer Phase in die andere wechseln. Vor eineinhalb Jahren war Argentinien ganz unten im Brunnen, vor sechs Monaten im ersten Wasserbecken und im Juni 1992 in einem höheren Becken. Dr. Faber argumentiert, dass es heute sehr wenige Schwellenländer mit etablierten Aktienmärkten gibt, die sich noch in Phase eins befinden.

Einige wenige, wie Brasilien, Kolumbien und Argentinien sind vielleicht noch in Phase zwei, aber da wenn sie in Phase drei eintreten, steigt das Risiko eines Crashs. Viele Länder haben bereits Phase vier oder fünf erreicht, es gibt keinen Grund zur Eile.

Wenn man zum richtigen Zeitpunkt investiert, kann man viel Geld mit Investitionen in Emerging Markets verdienen, und denken Sie daran, dass das Land wichtiger sein kann als die Aktie.

Das Investmenthaus *Bank Credit Analyst* bietet eine neue Dienstleistung an, den *Emerging Markets Analyst*, dieser sollte Ihnen helfen, die richtige Auswahl zu treffen, und Marc Fabers Newsletter bietet von Zeit zu Zeit auch attraktive Möglichkeiten

Doch als potenzieller Fan des Zulu-Prinzips sind Sie wahrscheinlich besser beraten, zunächst Experte im näheren Umfeld zu werden.

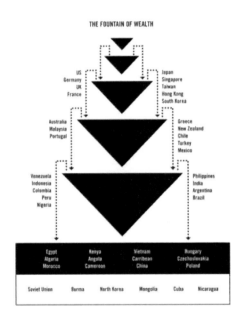

16. Ihr Broker und Sie

Sie brauchen einen guten Broker, der Ihnen bei Ihren Investitionen hilft. Die meisten der größeren Makler konzentrieren ihre Bemühungen auf Dienstleistungen für Institutionen, Investmenttrusts, Anlagefonds und andere große Investoren. Einige Broker übernehmen keine kleinen Konten, wenn die anfängliche Portfoliosumme unter £ 100.000 liegt. Jedoch gibt es andere, die keine Mindestgrenze haben und sich freuen, privaten Investoren mit einem Portfolio von nur £ 10.000 zu helfen. Bernard Grau gibt im *Beginners 'Guide to Investment* eine Brokerliste für private Kunden zusammen mit den Telefonnummern heraus, sie ist auch kostenlos bei ProShare (Tel. 071 600 0984) erhältlich.

Die Provision der Broker bei Käufen und Verkäufen von Aktien liegen zwischen 1,65% und unter 0,5% je nach Größe der Transaktion und der Bedeutung des Kunden. Sie sollten Ihrem Broker eine anständige Provision für jede Transaktion gönnen, vorausgesetzt, er bietet einen guten Service. Sie brauchen einen Broker, der engagiert ist und wirklich darauf bedacht ist, zu helfen. Die Qualität der Dienstleistung ist viel wichtiger als die Höhe der Provision. Bedenken Sie, dass Ihr Broker nicht normal wäre, wenn er nicht zu einem gewissen Grad an der Provision interessiert wäre. Je häufiger Sie Ihr Portfolio ändern, umso höhere Provisionen wird Ihr Broker kurzfristig verdienen. Doch die meisten Broker sind daran interessiert, ihre Kunden langfristig zu halten und werden nicht versuchen, Sie von etwas zu überzeugen, nur um eine Provision zu verdienen. Sie sollten versuchen, einen Broker zu finden, der wertorientiert ist, nicht kursorientiert. Hüten Sie sich vor Brokern, die einen bestimmten Favoriten haben. Lassen Sie mich Ihnen die Geschichte eines amerikanischen Brokers erzählen, nennen wir ihn Dan.

Er war scharf auf die Aktien eines kleinen Unternehmens mit dem Namen Widgets Inc., die an der NASDAQ mit sehr geringem Umsatz notiert waren. Er empfahl einem neuen Kunden 5000 Stück zu je $ 2 zu kaufen.

Die Aktien verdoppelten sich brav im Preis. Der Kunde rief an und bat um den Verkauf. Dan antwortete: "Sie müssen verrückt sein. Das Unternehmen verfügt über ein neues Produkt, das weit besser ist als das ursprüngliche Produkt und es hat gerade eine Lizenzvereinbarung mit einem führenden Hersteller unterzeichnet. Sie sollten mehr Aktien kaufen. "

Der Kunde sagte zu, 2500 weitere Aktien zu je $ 4 zu kaufen.

Innerhalb weniger Wochen verdoppelte sich die Aktie wieder. "Vielen Dank", sagte der Kunde. "Sie haben mir viel Geld gebracht. Bitte verkaufen Sie jetzt all meine Aktien."

"Sie müssen verrückt sein", sagte Dan. "Der Hersteller, von dem ich Ihnen erzählte, ist dabei, Widgets zu übernehmen. In den nächsten paar Wochen wird es eine entsprechende

Veröffentlichung geben. Ich würde weitere Aktien kaufen. "

"Kaufen Sie mir weitere 1000", antwortete der Kunde.

Ein paar Wochen später hatten die Aktien $ 16 pro Stück erreicht, obwohl es keine Übernahme gab. Der begeisterte Kunde rief seinen Broker an. Bevor Dan ein Wort sagen konnte, gab er seine Anweisungen. "Ich möchte, dass Sie jetzt alle meine Aktien verkaufen", sagte er.

"An wen?", antwortete Dan.

Das Problem vieler kleiner Investoren ist, dass sie am Anfang das Gefühl haben, dass ihr Konto so winzig und unbedeutend ist, dass sie nicht zu anspruchsvoll sein wollen. Das ist natürlich richtig, aber es gibt ein absolutes Minimum an Informationen, dass der private Investor verlangen sollte. Wenn das Konto wächst, sollte schrittweise ein höheres Maß an Service verlangt werden. Lassen Sie mich für Sie den Mindeststandard beschreiben, den man vernünftigerweise als kleiner privater Investor erwarten kann.

1. Jede mündliche oder schriftliche Empfehlung Ihres Brokers sollte Details des aktuellen KGV der Aktie, der Dividendenrendite, des Nettovermögenswerts je Aktie, der Marktkapitalisierung, des bisherigen Ertragswachstums, den Brokerkonsens des geschätzten künftigen Wachstums, Kreditverbindlichkeiten und das zu erwartende KGV enthalten, außerdem die Gründe des Brokers für den Kauf. Eine Kopie der Extel-Karte sollte auf Anfrage erhältlich sein, ebenso Informationen zur relativen Stärke des Anteils und Informationen zu Käufen von Vorstandsmitgliedern.

2. Jede Ausführung sollte effizient am Kurslimit erfolgen, das mit dem Broker vereinbart war.

3. Anschließend sollten Sie über weitere wichtige Entwicklungen informiert werden, wie zum Beispiel Aktiengeschäfte von Vorständen, Bekanntmachungen des Unternehmens und Einzelheiten zu starken Kursbewegungen.

Wenn sich ihre Beziehung entwickelt und Sie zu einem der wichtigsten Kunden werden, sollten Sie von Ihrem Broker eine Kopie des Datastream-Charts für jeden Anteil an dem Sie interessiert sind, erwarten und, falls erforderlich eine Kopie der Jahres- und Zwischenabschlüsse. Auch sollte Ihr Broker in der Lage sein, Zeitungsausschnitte der letzten sechs Monate zur Verfügung zu stellen und ein Exemplar der letzten Rundschreiben von anderen großen Brokern. Diese Art von Service können Sie nur erwarten, wenn Sie Ihrem Broker ausreichend Provisionen bezahlen, die eine besondere Behandlung rechtfertigen. Beschränken Sie diese ausführlichen Anfragen auf Unternehmen, in die Sie wahrscheinlich investieren wollen. Sie sollten die Geduld Ihres Brokers nicht mit Hunderten unnötiger Anfragen strapazieren.

Ich habe in der Vergangenheit mit Brokern zu tun gehabt, die mich anriefen und sagten, 'Englisch China Clays sieht sehr gut aus. Es gibt ein Gerücht, dass Hanson bietet." Oder "die Tesco Ergebnisse kommen am Mittwoch. Sie werden besser sein, als erwartet. Die Aktien scheinen günstig. "Ich hasse diese Art Aktientipps. Sie sind schlimmer als nutzlos - sie verhindern gutes Geldmanagement. Wenn ein Broker mir sagt, dass eine Aktie gut aussieht, frage ich sofort nach den Details, nach dem Kurs-Gewinn-Verhältnis, dem Substanzwert, den Erträgen in den letzten fünf Jahren, nach der Wachstumsrate und der Konsensprognose der Broker. Ich will versuchen, Fakten und Phantasie zu begrenzen. Wenn Sie das gleiche tun, wird Ihr Broker schnell glauben, dass Sie einer der seltsamen Menschen sind, die sich tatsächlich auf die bekannten Tatsachen konzentrieren wollen. Sobald Sie eine erträgliche Übereinkunft mit einem etablierten Broker gefunden haben, kann er oder sie ein unschätzbarer Verbündeter bei der erfolgreichen Bewältigung Ihrer Investitionen sein. Weiterhin ist die tägliche, wöchentliche und monatliche Lektüre notwendig. Sie sollten die Bedeutung der Fachzeitschriften in den Bereichen, auf die Sie sich spezialisiert haben, nicht unterschätzen,.

Gelegentlich werden Sie eine neue Marke oder eine neue Erfindung bemerken, die sich besonders gut verkauft, und Sie werden in der Lage sein, diesen Vorteil rechtzeitig vor dem allgemeinen Markt zu nutzen. Für Finanznachrichten benötigen Sie zumindest jeden Tag die *Financial Times*, eine weitere gute Zeitung, eine führende Sonntagszeitung und jede Woche den Investors Chronicle. Die *Financial Times* ist eine der besten Zeitungen der Welt und eine absolut unverzichtbares Tool für Investitionen in den Aktienmarkt in Großbritannien. Selbst wenn Sie keine Zeit haben, die FT jeden Tag gründlich zu lesen, sollten Sie die Wochenendausgabe lesen, darin werden die Bewegungen der wichtigsten Märkte der vergangen Woche zusammengefasst und außerdem sind viele hervorragende Artikel von eher allgemeiner Natur enthalten.

Ich kaufe mehrere Tageszeitungen und lese meist den ganzen Sonntag. Außerdem abonniere ich den *Fleet Street Letter*, der alle zwei Wochen veröffentlicht wird, und den anderen wöchentlichen Börsenbrief für Investoren *The Investors Stock market Letter*, der wöchentlich erscheint. Ich habe auch den *Penny Share Guide* und den *Penny Share Focus*, die monatlich erscheinen und sich auf kleinere Unternehmen konzentrieren.

The Economist, der wöchentlich veröffentlicht wird, ist eine ausgezeichnete Zeitschrift der wirtschaftliche und finanzielle Entwicklungen auf der ganzen Welt beschreibt. Ich empfehle Ihnen besonders, die letzten paar Seiten, dort werden wirtschaftliche und finanzielle Indikatoren beschrieben, welche die Entwicklungen der internationalen Aktienmärkte zeigen, die Märkte, die Geldmenge, Zinssätze, Handelsbilanzen, Reserven, Wechselkurse, die Industrieproduktion, Bruttosozialprodukte, Bruttoinlandsprodukte, Einzelhandelsumsätze, Arbeitslosigkeit, Verbraucher- und Großhandelspreise und Lohnerhöhungen von Woche zu Woche.

In den letzten zwei Jahren habe ich auch den *Analyst* abonniert, in welchem jeden Monat viele interessante ausführliche Artikel zu Investitionssystemen und –Konzepten zeigt, sowie hervorragende Firmenprofile und sehr detaillierte Kommentare zu kleineren Wachstumswerten.

Wenn es um amerikanische Aktien geht, ist insbesondere das *Wall Street Journal*, *Barron 's* und *The Bank Credit Analyst* zu erwähnen, sie alle helfen, ein globales Bild der Investmentszene aufzuzeigen. Vor allem habe ich festgestellt, dass der *Bank Credit Analyst* ausgezeichnet geeignet ist, wichtige Markttrends, vor allem an der Wall Street, zu bestimmen. *Value Line* ist auch ein unverzichtbares Werkzeug für Investitionen in amerikanische Aktien. Ich finde, die ausgiebige Lektüre solcher Fachberichte ist von wesentlicher Bedeutung, um im Einklang mit den Märkten zu handeln. Ein weiterer interessanter Newsletter ist *The Gloom, Boom & Doom Report*, von Dr. Marc Faber. Er ist oft extrem bearish, was hilft, mich abzukühlen, wenn ich beginne, euphorisch zu werden.

Außerdem abonniere ich *The Estimate Directory*, der die Konsensusschätzungen der Broker zu künftigen Erträgen enthält und Einzelheiten der Rundschreiben zu den betreffenden Unternehmen. Es gibt auch Publikationen wie *Directus*, welche die Aktiengeschäfte von Vorständen erörtern, aber, wenn Sie nicht selbst eine große Menge Investmentgeschäfte tätigen, sollten Sie diese Details über Ihren Broker erhalten, zumindest für Aktien, an denen Sie besonders interessiert sind.

Bevor wir zum nächsten Thema übergehen, würde ich Ihnen gern zehn ausgezeichnete amerikanische Bücher empfehlen, die meine Investitionen beeinflusst haben:

1. *The Intelligent Investor* von Benjamin Graham (Harper & Row USA). Ein Investmentklassiker, den Warren Buffett für das 'beste Buch' hält, das jemals über Investitionen geschrieben wurde. "Die Schwerpunkte liegen auf "Value Investing" und einem systematischen Ansatz. Nicht schnell und leicht zu lesen, aber voller revolutionärer und interessanter Ideen.

2. *Security Analysis* von Graham und Dodd (McGraw-Hill Book Co. USA). Die fünfte Ausgabe bringt diesen Investitionsklassiker auf den neuesten Stand. Das Buch, das schwer zu lesen ist, beschreibt sehr ausführlich die Prinzipien und Techniken Messung von Vermögenswerten, Cash-Flow und Gewinnen.

3. *Extraordinary Popular Delusions und die Madness of Crowds* von Charles Mackay (Farrar Strauss & Giroux USA) wurde erstmals im Jahr 1841 veröffentlicht
- ein Klassiker über Massenpsychologie. Es macht Spaß ihn zu lesen und ist einer meiner Favoriten.

4. *The Midas Touch* von John Train (Harper & Row USA). Eine ausführliche Darstellung zu den Strategien, die Warren Buffett zu Amerikas überragendem Investor gemacht haben. Eine einfache und unterhaltsame Lektüre.

5. Market Wizards von Jack Schwager (Simon and Schuster Inc. USA). Interviews mit Top-Tradern im Bereich Rohstoffe und Aktienmärkte, mit Schwerpunkt auf deren individuelle Ansätze und Haltungen.

6. *One Up on Wall Street* von Peter Lynch (Penguin). Ein ausgezeichnetes und sehr lesenswertes Buch von einem der erfolgreichsten Fondsmanager Amerikas.

7. *Technical Analysis of Stock Trends* von Robert Edwards und John Magee (John Magee Inc USA). Ein maßgebliches Buch über die technische Analyse, aber sehr schwer zu lesen. Nur für wirklich Interessierte.

8. *The New Money Masters* von John Train (Harper & Row USA). Eine sehr lesenswerte Darstellung der überaus erfolgreichen Investitionsstrategien von Investment-Giganten wie Soros, Lynch und Rogers. Train's voriges Buch, *The Money Masters*, ist auch sein Geld wert.

9. *Reminiscences of a Stock Market Operator* von Edwin Lefevre (Fraser Publishing Company USA). Eine amüsante Beschreibung des frühen Lebens von Jessie, die zeigt, wie wichtig es ist, nicht gegen den Markt zu kämpfen, sondern mit ihm zu gehen.

10. *Beating the Dow* von Michael O'Higgins und John Downes (Harper-Collins USA). Eine

ausführliche Darstellung von Dow-Aktien und eine Methode diejenigen zu kaufen, die nicht so bekannt und beliebt sind, um Erträge zu erwirtschaften, die den Marktdurchschnitt in den Schatten stellen.

Es ist oft schwierig, diese Bücher zu erhalten, man findet sie in den wichtigsten Highstreet Buchhandlungen wie Waterstones, WHSmith oder Foyles, aber wahrscheinlicher findet man sie im Fachbuchhandel für Investitionen wie Global Investor Bookshop, www.global-investor.com, 3A Penns Road, Petersfield, Hampshire GU32 2EW (Tel. +44 (0) 1730 233870).

Wenn Sie nicht hauptberuflich im Investmentgeschäft tätig sind, finden Sie vielleicht einige der empfohlenen Bücher sehr schwierig. Ich schlage daher vor, dass Sie mit den Büchern beginnen, die leicht zu lesen, unterhaltsam und lehrreich sind. Um in Stimmung zu kommen, versuchen Sie zuerst *One Up on Wall Street* gefolgt von *The Midas Touch* und *Beating the Dow*. Wenn Sie sich mit dem Zulu-Prinzip anfreunden und die Finanzanalyse beherrschen wollen, sind weitere Hausaufgaben unvermeidlich.

17. Portfolio Management

Ein privater Investor mit einem relativ kleinen Portfolio hat einen erheblichen Vorteil gegenüber Institutionen, die hohe Beträge investieren. Institutionen müssen ihre Investitionen auf Hunderte Aktien verteilen und in einigen Fällen sogar auf mehr. Der private Investor hat wahrscheinlich nicht mehr als 10 bis 12 Aktien in seinem Portfolio. Ich arbeite mit 12 bis 15, aber gelegentlich auch nur mit 8. Warum ist es besser, in 10 Aktien zu investieren als in 100? Ihre erste Wahl ist natürlich viel besser als die zehnte, die wiederum sollte deutlich besser sein, als Ihre Hundertste.

Zweitens, je weniger Aktien Sie in Ihrem Portfolio haben, desto leichter ist es für Sie, die Werte wirklich alle genau zu überwachen. Hier zeigt sich wieder das Zulu-Prinzip.

Nach der ersten Unternehmensbewertung versuche ich immer, die wenigen Aktien in meinem Portfolio genau zu überwachen. Unnötig zu sagen, dass ich alle wichtigen Entwicklungen verfolge und ein Auge darauf habe, in wieweit Vorstände mit Aktien handeln. Lassen Sie mich Ihnen ein aktuelles Beispiel geben - nachdem Psion seinen neuen Palmtop Computer vorstellte, gab es einige Anfangsschwierigkeiten, und eine Serie musste zurückgezogen werden. Ich interessierte mich für die Aktien. Beim Einkaufen, ergriff ich die Gelegenheit und betrat einen Laden unter dem Deckmantel eines potenziellen Kunden, ich fragte einen Assistenten, wie Psion läuft, ob er nichts Besseres zu empfehlen hätte und ob sie keine Probleme mit dem Produkt hätten.

In jüngerer Zeit hatte Psion einige weitere technische Probleme, die dazu führten, dass der Computer, in einigen Fällen, die Zeiteinstellung verlor. Einer meiner Kunden ist ein Computer-Fan, der eine aktuellere Version erwarb. Er ist jetzt sehr zufrieden und hat keine weiteren Schwierigkeiten. Ich bat einen befreundeten EDV-Berater, für mich die neueste Version zu kaufen, zusammen mit der entsprechenden Software und sie konsequent zu testen. Ich erhielt eine positive Resonanz.

Ich wollte feststellen, ob diese Kinderkrankheiten Teil der normalen Produktverbesserung sind, die häufig bei neuen Technologien auftreten, oder ob es bezüglich des Produkts außergewöhnliche Schwierigkeiten gibt, die wahrscheinlich teuer würden. Die Ergebnisse beruhigten mich. Hätte mein Portfolio Hunderte verschiedener Aktien enthalten, wäre ein solcher Ansatz unmöglich gewesen.

Sie bemerken, dass es ein besonderer Vorteil ist, die Lage zu überprüfen zu können. Sie werden in der Tat überrascht sein, Leute zu finden, die Ihnen die Antworten auf die Fragen geben, die Sie benötigen. Ich erinnere mich an meinen Vorsitzenden bei Leyland, Lord Black, der als er für die National Photographic Gallery fotografiert wurde, überrascht war, all die berühmten Menschen auf den vielen Fotos an den Wänden des Studios persönlich zu kennen. Der Fotograf lächelte und bemerkte "Das sagen sie alle". Die Welt ist klein - mit nur einem Telefonanruf sind die meisten Menschen in der Lage, bedeutende neue Entwicklungen in vielen verschiedenen Bereichen zu prüfen. Wenn Sie wirklich ein Unternehmen überprüfen wollen, werden Sie schnell jemanden finden, der jemanden kennt, der Ihre Fragen beantworten kann. Sie können auch versuchen, mit einem Geschäftsleitungsmitglied zu telefonieren, erklären, dass Sie Aktionär sind, und um Klarstellung aller Punkte bitten, über die Sie sich Gedanken machen. Einige werden hier sehr hilfsbereit sein, aber man wird natürlich vermeiden, Insider-Informationen herauszugeben.

Es gibt eine weitere Möglichkeit, Informationen über ein Unternehmen zu erhalten, in das Sie investiert haben – nehmen Sie an der Hauptversammlung teil. Diese interessante Erfahrung wird Ihnen helfen, ein Gefühl für das Unternehmen zu bekommen. Ist das Treffen gut organisiert? Haben Vorsitzende und Vorstände Fragen gut beantwortet? Ist die Stimmung des Treffens positiv oder negativ?

Das sind die allgemeinen Fragen, die Sie sich stellen sollten. Wenn Sie besondere unbeantwortete Fragen haben, können Sie jederzeit aufstehen und den Vorsitzenden fragen.
Ich erwähnte bereits das gefürchtete Wort "Insiderinformation". Das ist ein nicht klar definiertes Gebiet, das sich ständig verändert. Aus Sicht des Investors ist es wichtig, dass unveröffentlichte und kursrelevante Informationen über die Zukunft eines Unternehmens oder wichtige Entwicklungen, wie zum Beispiel eine bevorstehende Übernahme nicht an die Öffentlichkeit kommen. Bestimmte Kenntnisse von einem künftigen unerwarteten Anstieg oder Abfall der Gewinne einer Firma zu nutzen, ist gesetzwidrig – Tipps, die sich auf diese Art von Informationen stützen, sind daher am besten zu vermeiden. Übernahmetipps sind noch kritischer zu bewerten, weil die beteiligten Parteien zur Bekanntgabe verpflichtet sind, sobald sie zu einem Abschluss gekommen sind, den die Aktionäre dann zu billigen hätten (es sei denn, das übernehmende Unternehmen hat einseitig die Absicht, zu eigenen Konditionen zu bieten).
Es gibt einen profunden Unterschied zwischen der Annahme, dass ein Unternehmen vielleicht nicht so gut läuft, wenn man die allgemein verfügbaren Makler-Konsensus-Prognosen oder die nationalen Einzelhandelsumsätze geprüft hat und dem Umstand, dass man von einem Vorstandsmitglied von rückläufigen Gewinnen erfahren hat. Es gibt auch einen Unterschied zwischen der Annahme, dass ein Unternehmen eines Tages übernommen werden könnte, da sein Vermögen stark unterbewertet ist und der *Kenntnis*, dass ein raffgieriges Konglomerat im Begriff ist, es zu übernehmen. Die Verwendung von unveröffentlichten kursrelevanten Mitteilungen ist illegal. Es ist dagegen fair, sich auf sein eigenes Urteil zu verlassen, das man sich auf Grundlage allgemein zugänglicher Fakten eines Unternehmens gebildet hat.
Es gibt einen alten Grundsatz zur Verwaltung eines Portfolios – Verluste begrenzen, Gewinne laufen lassen. Leicht gesagt, aber schwer durchzuführen. Warren Buffett hatte eine wunderbare Art zu illustrieren, warum man diesem Grundsatz folgen sollte.
Er ging vom hypothetischen Fall aus, die künftigen Einkünfte von jedem einzelnen Mitglied seiner Abschlussklasse angeboten zu bekommen.

Gehen wir von einer Klasse mit 20 Schülern aus und nehmen wir an, dass Sie die kompletten lebenslangen Einkünfte aller Klassenkameraden für einen festen Betrag hätten kaufen können. Fünfzehn Jahre verstreichen, dann können Sie Ihre Position überprüfen. Zwei sind gestorben, zwei drogenabhängig, einer hat AIDS, einer ist im Gefängnis und drei sind arbeitslos. Unter dem Rest befinden sich ein Priester, drei Steuerberater, zwei Rechtsanwälte, ein Sergeant bei der Polizei und ein Schauspieler. Die restlichen drei verdienen wirklich Geld. Von den Überfliegern ist einer Industriekapitän, eine anderer führender Finanzier und der letzte Vorstand eines führenden Unternehmens. Wenn Sie ein paar dieser Kandidaten verkaufen müssten, würden Sie die schwachen Kandidaten oder die Überflieger behalten? Ich kenne Ihre Antwort.

Eine andere Analogie ist die eines Rennpferdbesitzers, der zehn Jährlinge für 25.000 £ pro Tier gekauft hat. Sieben erweisen sich bald als hoffnungslos, zwei sind ganz vielversprechend und das letzte ist ein absoluter Star. Ein erfolgreiches Rennpferd kann gute Preisgelder und massive Deckgebühren verdienen. Unser Rennpferdbesitzer muss Ausbildungskosten und Stallungsaufwendungen reduzieren und benötigt ein wenig Kapital. Welche Pferde sollte er verkaufen? Die sieben Hoffnungslosen, wenn nötig gefolgt von den vielversprechenden zwei. Wenn wir die beiden Analogien der Klassenkameraden und Rennpferde verfolgen, ist leicht zu sehen, wie Verluste begrenzt werden sollten. Der Grund für den Verkauf der schlechteren Pferde ist, dass sich ihre Geschichte geändert hat. Als die Gewinne der Klassenkameraden und die Jährlinge gekauft wurden, hoffte man alle wären erfolgreich. Das offensichtliche Versagen zerstörte diese Hoffnung. Sie werden sich an das Kapitel sechs 'Etwas Neues' erinnern, wo ich erwähnte, dass die Geschichte einer Aktie, eine wichtige Gegenprüfung ist, die Sie bei jeder neuen Entwicklung immer wieder anwenden müssen. Nehmen wir zum Beispiel einen Wachstumswert, wenn Sie sehen, dass die Dividende nur beibehalten wird, anstelle einer traditionellen Erhöhung, müssen Sie wachsam sein und auf eine mögliche Verlangsamung des Wachstums gefasst sein.

Wenn mehrere Vorstände große Pakete ihrer Aktien verkaufen, wenn die Erklärung des Vorsitzenden vorsichtiger wird, wenn die relative Stärke der Aktie sehr schlecht ist, wenn der Vorstandsvorsitzende, den Sie so bewundert haben, plötzlich aufhört, wenn die Bilanz alarmierend ansteigende Schulden zeigt, wenn Sie von großen Schwierigkeiten mit dem Produkt hören, wenn Sie bemerken, dass kreative Buchhaltung eine wichtige Rolle gespielt hat- einer dieser Faktoren könnte ausreichen, zu überzeugen, dass sich die Geschichte verändert hat. Die Gründe, aus welchen Sie kauften, gelten nicht mehr. Der Anteil wurde ein Verkauf.

Die einzige dieser möglichen negativen Entwicklungen, die nicht ganz eindeutig ist, ist die Sorge um die relative Stärke der Aktie.

Manchmal geschieht dies ohne ersichtlichen Grund. Wenn der Anteilspreis fällt, könnte man mehr Aktien mit genau der gleichen Geschichte kaufen, mit einem erheblichen Abschlag auf den ersten Kaufpreis. Allerdings ist mein Rat nie nach unten zu gehen.

Wenn Aktien schlecht laufen, versuche ich immer zu prüfen, ob es einen großen institutionellen Verkäufer gibt. Wenn ich den Preisverfall vernünftig erklären kann, halte ich durch und werde nicht nervös. Wie Sie wahrscheinlich inzwischen bemerkt haben, bin ich ein nervöser Anleger, der sehr leicht zu erschrecken ist. Ich hasse es, Geld zu verlieren und manchmal habe ich einfach verkauft, weil der Kurs der Aktien mich beunruhigt hat.

Es gibt keine Formel – Sie müssen sich Ihr eigenes Bild machen. Wenn Sie sich ein Limit für unerklärliche Verluste gesetzt haben, empfehle ich 25 % für Wachstumsaktien, Turnarounds und zyklische Werte und 40% für Shells. Eine Formel ist nicht wirklich die Antwort aber. Jede Aktie muss nach ihren Leistungen bewertet werden und sowohl Urteilsvermögen, wie auch Gefühl kommen ins Spiel.

Wenn die Geschichte eines Unternehmens sich wesentlich verschlechtert, *verkaufe* ich sofort. Schnelligkeit ist geboten - Sie wollen einer der Ersten sein in der Schlange der enttäuschten Fans.

Der Anteil ist möglicherweise bereits deutlich unter den Kaufpreis gefallen, aber das ist irrelevant.

Begrenzen Sie Ihre Verluste. Sie genießen ein großartiges Gefühl der Erleichterung und Ihr Portfolio wird viel besser aussehen. Meiner Meinung nach sollten Verluste einfach und klar begrenzt werden. Die bei weitem schwierigste Aufgabe ist zu entscheiden, wann ein Gewinn realisiert wird. Es gibt bei jeder Aktie Zeiten, wo man sie kauft hält oder verkauft. Sie kaufen eine Aktie, weil sie die Kriterien eines bestimmten Systems erfüllt. Wenn sich der Preis erhöht, wird der Anteil zu einer Halteposition - kein Kauf mehr, aber er ist auch noch kein Verkauf. Turnarounds, Zykliker und Vermögenswerte reifen schneller als Wachstumsaktien. Der Grund ist einfach - es ist in der Regel einfacher, einen einmaligen Gewinn zu genießen. Sobald der Turnaround erkannt wurde und alle Zykliker wesentlich von einem Aufschwung in der Wirtschaft profitierten und die Vermögenswerte auf ein Niveau gestiegen sind, die mehr im Einklang mit dem geschätzten zugrunde liegenden Wert sind, sollten die Aktien verkauft werden. Die Status-Änderung, die der Grund für Ihren Kauf war, ist erzielt worden. Jetzt sollten Sie eine andere Aktie mit dem gleichen anfänglichen Potential finden und versuchen, den Vorgang zu wiederholen.

Wachstumsaktien (und aus ähnlichen Gründen Shells) können sehr unterschiedlich sein. Wenn Sie es nach einer langen Periode von Versuch und Irrtum geschafft haben, ein paar hervorragende Wachstumsaktien zu finden, die am laufenden Band Gewinne pro Anteil von sagen wir 20% pro Jahr erbringen, dürfen Sie diese Werte nicht gleich wieder verkaufen. Sie könnten Ihre Eintrittskarte zu außerordentlichen Gewinnen sein.

Vielleicht handelt es sich um weitere Glaxo oder Hanson zu Beginn eines großartigen Verlaufs.

Es gibt zwei weitere Gründe die Haltephase zu verlängern, wenn der Preis für eine Wachstumsaktie beginnt, zu reifen.

Das erste sind die Kosten für den Wechsel, die Maklergebühren und Courtage und diese sind sowohl für die Aktien fällig, die Sie kaufen und auch die Aktien, die Sie verkaufen. Insgesamt sind 5% -10% fällig, je nach Verkehrsfähigkeit der Aktien

Der zweite Faktor ist die Kapitalertragsteuer. Wie ich bereits erklärt habe, kann die Kapitalertragsteuer bei großen Gewinnen bis zu 40% des Gewinns betragen (abzüglich Indexierung), das entspricht der Rückzahlung eines zinslosen Darlehens in Höhe dieses Betrags an die Regierung. Wenn Sie die Gewinne laufen lassen, leiht Ihnen der Staat weiterhin 40% des Gewinns, um die Aktien zinslos zu finanzieren. Genießen Sie das. Je länger Sie die Gewinne laufen lassen, umso länger leiht Ihnen der Staat Geld.

Zum Thema Kapitalertragssteuer möchte ich Ihr Augenmerk auf die Aktiensparpläne richten, die eingeführt wurden, um die Öffentlichkeit zu ermutigen, in börsennotierte Unternehmen zu investieren. Das ist ein einfacher Weg, jährlich eine begrenzte Menge Geld, steuerfrei zu investieren, Steuern können auf alle Dividenden und Veräußerungsgewinne zurückgefordert werden und sind frei von Kapitalertragsteuer.

Aktiensparpläne gibt es in zwei Kategorien - allgemeine und die einzelner Unternehmen. Ein Einzelner kann in jedem Geschäftsjahr bis zu 6.000 £ in allgemeine Aktiensparpläne und 3.000 £ in die einer einzigen Firma investieren.

Viele Kapitalanlagegesellschaften bieten allgemeine Aktiensparpläne durch Postwurfsendungen oder Anzeigen in der nationalen Presse an. Der Erfolg dieser Systeme hängt natürlich auch von der Geschicklichkeit der Investmentmanager ab, da der Investor bei der Auswahl der Aktien nicht mitbestimmt. Jedoch bieten die meisten Börsianer Dienstleistungen an, um den Anlegern einige Systeme zu ermöglichen und die eigene Auswahl börsennotierter Wertpapiere. Aktiensparpläne sind daher ein unverzichtbares Werkzeug für jeden, der mit meinem System arbeitet, vor allem für Wachstumsaktien. Ein Mann und eine Frau können je 9.000 £ investieren. Kinder sind ausgenommen, es sei denn, sie sind über achtzehn, und alle müssen in Großbritannien ihren steuerlichen Wohnsitz haben.

Es gibt nur wenige Regeln. Ihr Broker wird alles für Sie tun - die Aufzeichnungen führen, nach den Aktienurkunden sehen, die Dividenden für Sie verwalten, Sie über Rechte und Übernahmefragen beraten und Sie mit regelmäßigen Stellungnahmen versorgen. Aktiensparplantransaktionen müssen nicht in Ihrer Steuererklärung aufgenommen werden. Es gibt kein Limit, wie lange Aktiensparpläne laufen müssen. Aktiensparpläne können nach Belieben geschlossen und alle Mittel entnommen werden, ohne dass hieraus eine Steuerpflicht auf Gewinne entsteht und ohne den Vorteil, Verluste gegen Gewinne zu verrechnen.

Die Broker berechnen ihre Dienste natürlich, die Regel sind £ 30 für die Einrichtung, übliche Provisionen, Gebühren von GBP 3 pro Aktie und Stornokosten, wenn Sie das Konto auflösen oder Ihre Aktiensparpläne übertragen.

Wenn Sie eine Wachstumsaktie mit einem PEG-Faktor von 0,75 oder weniger kaufen, und die Gewinne sich in einem Jahr um sagen wir 20% erhöhen und der PEG von 0,75 auf 1,00 steigt, genießen Sie einen Veräußerungsgewinn von 60%. Wenn das Unternehmen weiterhin gut performt und langfristig Gewinne zu bringen scheint, würde ich noch etwas länger warten, bis der PEG-Wert auf 1,2 steigt. In KGV ausgedrückt, wäre das gleich, wie der Kauf einer Aktie mit einem Wachstum von 20% pro Jahr bei einem KGV von 15 und einem Verkauf, wenn der KGV auf 24 gestiegen ist. Nach einem Jahr hat das Wachstum von 20% zuzüglich der Statusänderungen im PEG-Faktor Ihr Geld fast verdoppelt und Sie könnten den Aktien „adieu" sagen. Vielleicht, sollte ich „Auf Wiedersehen" sagen, denn wenn man solch hochwertige Aktien gefunden hat, sollte man das Unternehmen im Auge behalten, während man auf eine bessere Gelegenheit zum Rückkauf wartet.

Man muss bedenken, dass der Markt bei Super-Wachstumsunternehmen den Hoffnungsfaktor oft übertreibt. Wirklich gute Unternehmen können der Belastung durch sehr hohe KGV widerstehen - sie können weiterhin 20% -25% Gewinnwachstum pro Jahr produzieren, so dass schließlich die Grundlagen mit dem Preis aufholen.

Andere Unternehmen enttäuschen (vielleicht nur ein wenig), und ihre Aktienkurse kommen zum Einsturz. Erste Enthusiasten versuchen, den Ausgang zu finden.

Sie müssen versuchen, eine gute Balance zu finden zwischen laufenden Gewinnen von Superwachstumsaktien und einem angemessenen Sicherheitsfaktor. Der vielleicht beste Weg, das auszudrücken, ist, dass Zykliker, Turnarounds und Wertanlagen dann verkauft werden sollten, wenn sie anerkannt werden, aber Superwachstumsaktien erst, wenn sie vergöttert werden.

Bei Shells sollten Sie, wie ich in Kapitel 12 vorgeschlagen habe, den Gewinn ein Jahr laufen lassen, bevor Sie ihre Position überprüfen. Es wird in der Regel wenig neue Grundlagen geben, die zu bewerten sind. Normalerweise müssen Sie sich das neue Management ansehen und ihm genügend Zeit geben, seine Arbeit zu tun.

Die Verfassung Ihres Portfolios hängt von Ihrem gewählten System oder Ihren Systemen ab. Ich neige dazu, mich auf Wachstumsaktien und Shells zu konzentrieren. Eine weitere wichtige Entscheidung, ist die Bargeldmenge, die Sie in Sicherheit bringen, wenn Sie beginnen, pessimistisch zu werden.

Wenn Ihr Portfolio mit *geduldigem* Geld finanziert ist, können Sie es sich leisten voll investiert zu bleiben. Bullenmärkte überspringen Mauern von Sorgen und Ihre Orientierung in Richtung fallender Kurse könnte falsch sein. Schnell entscheidet man sich für Liquidität, um anschließend wieder genau im falschen Moment zu investieren. Sie fühlen sich aber manchmal wohler, wenn Sie mehr Barmittel haben. In diesem Fall würde ich empfehlen, maximal 50% Bargeld anzusammeln.

Ein anderer Weg zum Schutz Ihres Portfolios ist es, den Markt als Ganzes durch Leerverkäufe des FT-SE 100 Index durch den Futures-Markt oder durch den Kauf von Put-Optionen. Ich könnte ein weiteres eigenes Kapitel zu diesem Thema schreiben. Der FT-SE 100 Index enthält viele Zykliker und Versorger, deshalb bieten diese Techniken nicht unbedingt einen Schutz für Wachstumsbestände, die als Sektor schlechte Leistungen bringen.

Auf der anderen Seite kann der FT-SE 100 Index in der Regel mit dem Vorteil des Contango verkauft werden (kalkulatorische Zinsen für ein künftiges Verkaufsdatum). Futuremärkte können manchmal sehr nervenaufreibend sein und häufig bewegen sich die Aktien, die Sie absichern wollen, aus dem Gleichgewicht. Ich empfehle Optionen und andere Derivate, erfahrenen Investoren zu überlassen. Optionen sind eine weiter wachsende Möglichkeit für Investitionen, die im Juni 1992 für 66 Top-Unternehmen anwendbar waren. Wenn Sie in führende Aktien investieren, bieten stark gehandelte Optionen eine Möglichkeit erheblicher Hebelwirkung und die Begrenzung des Risikos auf ein paar Prozent. Dies ist ein spezielles Thema, das sehr gut im Buch *Trading in Options* von Geoffrey Chamberlain beschrieben wird.
Es gibt bei jeder Investitionsrechnung, die ich beschrieben habe, einen Sicherheitsfaktor. Dieser soll helfen, Sie vor extremen Verlusten zu schützen. Bei einer sehr scharfen Baisse, sinken fast alle Aktien, aber systematisch gekaufte Aktien, schneiden besser ab, als andere. In der Tat ist ein zuverlässiger Test für einen bevorstehenden Bärenmarkt, wenn es extrem schwierig wird, Werte zu finden, die auf Ihre hochselektiven Kriterien passen. Viele der Aktien in Ihrem Portfolio sind verkauft, weil sie Ihr Ziel erreicht haben und über ihren Höchststand gelaufen sind.

Auch auf die Gefahr hin, Sie zu häufig an den Sicherheitsfaktor zu erinnern, lassen Sie mich wiederholen, wie er für alle Systeme zutrifft, die wir untersucht haben. Wachstumsaktien werden bei niedrigem KGV und PEG Faktor gekauft
Ein offensichtlicher Puffer, verglichen mit dem Markt als Ganzes. Darüber hinaus sind andere strenge Kriterien zu erfüllen, die zusammen genommen eine Art Sicherheitsnetz bilden.
Turnarounds und zyklische Werte sollten in der Nähe von Tiefständen gekauft werden, wenn es gute Gründe gibt, auf eine Erholung oder einen Aufschwung im Zyklus zu hoffen. Ein weiterer offensichtlicher Puffer. Turnarounds sollten verkauft werden, wenn der Trend sich gedreht hat und das Unternehmen gute Gewinne macht.

Zykliker sollten verkauft werden, wenn allgemein anerkannt wird, dass das Unternehmen, den Abschwung überlebt hat und sich weit besseren Handelsbedingungen erfreut.

Vermögenswerte sollten mit einem erheblichen Abschlag auf den realisierbaren Werte gekauft - und verkauft werden, wenn diese Werte von anderen Investoren ebenfalls hoch eingeschätzt werden. In diesem Fall ist Ihr Polster der Rabatt auf die Vermögenswerte und die zusätzliche Sicherheitsnetzkriterien. Natürlich können die Aktien können im Preis fallen, aber zumindest beginnen Sie bei einem relativ niedrigen Niveau mit einem weniger großen Nachteil.

Bei Shells ist es schwieriger. Der wichtigste Sicherheitsfaktor ist die Auswahl eines Unternehmens mit einem erstklassigen Management, Fantasie und vernünftiger Liquidität. Wenn Sie vor allem in Shells investieren und beginnen pessimistisch zu werden, würde ich empfehlen 50% Bargeld zu halten, auch wenn Sie Ihr Geld relativ geduldig ist. Shells neigen dazu, in Bärenmärkten sehr schlecht zu laufen, weil ein großer Teil des Preises in Erwartung und Hoffnung auf die Zukunft liegt. Auch kann der Markt in dieser Art Aktien plötzlich sehr eng und illiquide werden.

Lassen Sie mich die wichtigsten Punkte, dieses Kapitels zusammenfassen:
1. Ihr Portfolio sollte aus nicht mehr als 12 Aktien bestehen, angelegt in Geld, das Sie nicht dringend brauchen. Zehn ist das empfohlene Minimum, mit maximal 15% des Gesamtbetrags in je einer Aktie.
2. Handeln Sie nach dem Kauf praktisch. Befragen Sie Menschen, die Fragen bezüglich Ihrer Investition beantworten können. Fragen Sie Leute, die Leute kennen. Diese Informationen können Sie aktiv nutzen.
3. Lassen Sie Gewinne laufen, begrenzen Sie Verluste.
4. Weitere Faktoren, die es wünschenswert machen, Gewinne laufen zu lassen, sind die Aufwendungen für den Kauf und Verkauf von Aktien, sowie die Steuerpflicht auf Veräußerungsgewinne. Die Regierung gibt Ihnen eine Art zinslosen Kredit während Ihre Gewinne laufen.
5. Der Gewinn von Turnarounds, Zyklikern und Vermögenswerten sollte mitgenommen werden, wenn der Turnaround allgemeinen bemerkt wird, der Zyklus bereits weit fortgeschritten ist oder der Kurs näher am Substanzwert ist.
6. Gewinne aus Wachstumsaktien sollten vorsichtig mitgenommen werden. Ein Kleinod mit Gewinnen von 20% pro Jahr sollte gehalten werden, bis der PEG-Faktor 1,2 beträgt. Wahrscheinlich werden Sie den Verkauf selbst dann bedauern, behalten Sie das Unternehmen im Auge, warten Sie auf einen besseren Moment, den Wert zurückzukaufen.
7. Gewinne aus Shells sollten ein Jahr lang laufen, um dem neuen Management die Möglichkeit zum Handeln zu geben.
8. Verluste sollten begrenzt werden, wenn die Geschichte eines Werts sich in einem solchen Ausmaß verschlechtert, dass Sie den Kauf nicht mehr in Betracht ziehen würden.
9. Wenn die relative Stärke einer Aktie schlecht ist mit einem scheinbar unerklärlichen Rückgang des Kurses, sollten Sie die Marktposition mit Ihrem Broker überprüfen. Wenn Sie keine Erklärung finden, müssen Sie Ihr Urteilsvermögen nutzen und sich entscheiden, ob Sie die Verluste begrenzen oder nicht. Als Formel zur automatischen Begrenzung von Verlusten, empfehle ich 25% bei Turnarounds, zyklischen Werten und Wachstumsaktien. Bei Shells schlage ich vor, Verluste zu begrenzen, wenn der Aktienkurs um 40% sinkt.
10. Ihr Portfolio kann eine Mischung aus verschiedenen Systemen sein, die ich in den vorangegangenen Kapiteln skizziert habe, aber Sie wären wahrscheinlich besser beraten, das Zulu-Prinzip auf eines davon anzuwenden.
11. Um Kapitalertragsteuer zu sparen, nutzen Sie selbst verwaltete Aktiensparpläne, vor allem in dynamischen Wachstumsmärkten, welche Sie als langfristige Investitionen halten.

12. Wenn Sie das Gefühl haben, ein Bärenmarkt droht, gehen Sie auf einen Anteil von 50% Bargeld, es sei denn Sie haben das Geld übrig, Geld, bei dem Sie es sich leisten können durch dick und dünn zu gehen. Bei Shell-Portfolios, sollten Sie unbedingt 50% Cash haben, wenn die Märkte gefährlich werden.

13. Überlassen Sie Optionen, Leerverkäufe und andere Derivate erfahrenen Investoren.

14. Ich habe Sicherheitsfaktoren in allen Systemen skizziert, was dazu beitragen dürfte, Ihr Portfolio in guten wie in schlechten Märkten relativ gut durchzubringen.

18. Der Markt

Auch wenn ich Ihnen ein paar einfache Richtlinien zeigen konnte, wie Sie am Bären- oder Bullenmarkt teilnehmen können, ist der Ansatz bald ernüchternd. Wenn immer mehr Investoren meine erfolgreiche Formel befolgt hätten, hätte der Markt sich allmählich angepasst, so dass die Formel irgendwann in der Zukunft unproduktiv geworden wäre. Es gelang mir, an den beiden Baissen von 1973 bis 1974 und 1987 teilzunehmen. In beiden Fällen war mein Timing war gut, aber ich hatte die Stärke des eventuellen Niedergangs unterschätzt und schloss meine Short-Positionen viel zu früh. Joseph Granville, der berühmte amerikanische Markttechniker, resümiert auch die Unberechenbarkeit der Märkte.

'Bärenmärkte klingeln nie nach vorheriger Vereinbarung bei Tageslicht an der Haustür. Sie kommen wie ein Dieb in der Nacht, heimlich durch die Hintertür, während die Öffentlichkeit schläft. "

Ich werde versuchen, Ihnen zu zeigen, wie man die Spitze einer Hausse und den Boden einer Baisse erkennen kann, aber was auch Sie tun, Sie sollten immer mindestens 50% des Geldes, das Sie nicht brauche in den Markt investieren.

Sie laufen immer Gefahr, den Trend falsch zu beurteilen, und Sie sollten immer daran denken, dass die Auswahl viel wichtiger ist als das Timing. Immobilienexperten sagen, dass die drei wichtigsten Dinge einer Immobilie wie folgt sind: die Lage, die Lage und die Lage. Bei Investitionen in Aktien ist es ganz ähnlich, nur ist hier das Schlüsselwort „Auswahl". Dieser wesentliche Punkt wird am besten durch Coca Cola, dargestellt, ein seit 1919 börsennotiertes Unternehmen in Amerika mit einem Bezugspreis von 40 $ pro Aktie. In den folgenden Jahren stiegen die Preise für Zucker stark und der Preis für die Coca-Cola-Aktie fiel unter 20 Dollar. Seitdem gab es Kriege, extreme Baissen, Rezessionen, Depressionen und weitere Starke Schwankungen des Zuckerpreises. Durch alle diese Wechselfälle, stieg die ursprüngliche 40 $ Investition auf erstaunliche $ 1,8 Millionen.

Die Schlussfolgerung daraus ist, man sollte die richtige Superwachstumsaktie auszuwählen und mit ihr durch dick und dünn zu gehen. Die Massenpsychologie bewegt die Märkte weit mehr als alle Grundwerte. Gier treibt die Märkte in schwindelnde Höhen weit hinaus über den wirklich zugrunde liegenden Wert. Angst verursacht das Gegenteil.

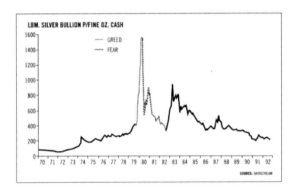

Der Aktienkurs bewegt sich im Großen und Ganzen mit den Gewinnen und / oder Vermögen je Anteil aber manchmal kann der Preis und Wert für mehrere Jahre erheblich aus dem Lot sein. Ich erinnere mich, in den siebziger Jahren, dass Slater Walker in Poseidon investierte, ein Unternehmen, das angeblich auf eine große Nickellagerstätte in Australien stieß. Für unser Unternehmen hatte ich 30.000 Aktien zu je knapp einem $ 1 gekauft. Als sie täglich stiegen, verkaufte ich 10.000 bei $ 10 und 10.000 bei $ 20 und schließlich 10.000 bei $ 30. Ich dachte, ich hätte gut verkauft, sah dann aber, dass die Aktie auf über 100 Dollar stieg. Eines Tages an Weihnachten, hörte ich von meinem Broker, dass North Flinders und ein weiteres kleines australisches Unternehmen Nickel neben dem Lager von Poseidon gefunden hatte.

Die Aktien beider Unternehmen stiegen auf ein so hohes Niveau, dass ich mich fragte, ob genug Nickel auf der Welt sein kann, die Marktkapitalisierung der drei Unternehmen zu stützen. Ich war etwas sauer, dass ich die 30.000 Poseidon Aktien vorzeitig verkauft hatte, ich beschloss, Short North Flinders leerzuverkaufen. Ein paar Tage später musste ich die Leerverkaufsposition schon wieder schließen, nachdem die Aktien sich schon wieder verdoppelt hatte. Innerhalb weniger Monate, stürzte die Poseidon Aktien auf etwa $ 4 und Nord Flinders versank wieder in Vergessenheit. Die Pointe dieser Geschichte ist, dass ich absolut richtig lag, was die Grundlagen anging, dass aber mein Timing miserabel war. Wenn man darauf bedacht sind, eine Massenpanik zu umgehen, muss man warten, bis das Vieh ermüdet; ansonsten kann man getreten werden. Manien sind sehr stark und häufig werden Grundwerte lange Zeit völlig ignoriert. Die sicherste Methode ist zu warten, bis ihnen die Puste ausgeht.

Ich habe das Wort "Manie" bewusst verwendet. In einer Versammlung beginnen die Gefühle und Gedanken der Menschen, die gleiche Richtung zu nehmen, gleichzeitig wird ihre individuelle bewusste Persönlichkeit unwichtiger. Die Leute wollen "in" sein – sie wollen in einem Restaurant essen gehen, das "in" ist, sie wollen das Spiel sehen, das 'in' ist und das Buch lesen, das 'in' ist. Laut Le Bon in seinem berühmten Buch *The Crowd*,

"Ein kollektiv gebildeter Geist ist zweifellos vergänglich, aber er präsentiert sehr klar definierte Eigenschaften. Die Masse wurde zu ... einer psychologischen Einheit. Massen, die nur in Bildern denken können, werden auch nur von Bildern beeinflusst."

Ein Bild, wie die das des schnellen Reichtums ist einfach zu verstehen und viel ansprechender als nur ein paar langweilige und vielleicht deprimierende Fundamentaldaten. Ein Bild, das so stark ist, wie der schnelle Reichtum reicht aus, um die Masse manisch werden zu lassen.

Charles Mackay gibt in seinem ausgezeichneten Buch *Extraordinary Popular Delusions and the Madness of Crowds* Beispiele zum Südseebörsenschwindel und Mississippischwindel. Die Tulpenmanie war immer mein Favorit. Im frühen siebzehnten Jahrhundert, sammelten viele Menschen in Holland Tulpen in einem solchen Ausmaß, dass es als Beweis für schlechten Geschmack galt, wenn ein Mann von Vermögen, keine seltene Tulpenzwiebelsammlung hatte.

Der Wunsch, Tulpenzwiebeln zu besitzen, breitete sich auf das holländische Bürgertum aus. Im Jahr 1636 erhöhte sich die Nachfrage nach seltenen Tulpenzwiebeln so sehr, dass regelrechte Handelszentren in den etablierten Börsen vieler bedeutender Städte errichtet wurden. Als die Preise weiter stiegen, wurden viele, die mit Tulpen spekuliert hatten, plötzlich sehr reich.

Die Menschen in allen Bereichen des Lebens begannen, ihr hart verdientes Geld in Tulpenzwiebeln zu tauschen. Die Tulpenmanie war zügellos.

Sie fragen sich vielleicht, wie es dazu kam, dass das niederländische Volk so realitätsfremd wurde. Ein unglücklicher Seemann hätte sicher Ihre Verwunderung geteilt, er hatte eine Tulpenzwiebel in einem Laden gestohlen, weil er dachte, es sei eine Speisezwiebel und aß sie ein paar Stunden später mit einem Hering zum Frühstück. Bei der Tulpenzwiebel handelte sich um eine Semper Augustus im damaligen Wert von etwa 3000 Gulden, was ausgereicht hätte, um eine gesamte Schiffsbesatzung über ein Jahr lang zu ernähren. Der arme Kerl hatte in den folgenden Monaten viel Zeit, über Tulpenzwiebeln nachzudenken, denn die verbrachte er im Gefängnis.

Nach einer Weile begannen einige der eher konservativen reiche Leute einige Zweifel zu hegen. Sie hörten auf, Tulpenzwiebeln zu kaufen und begannen, einige zu verkaufen. Die Sorge verbreitete sich, das Vertrauen ging verloren, und die Preise purzelten, um sich nie wieder zu erholen. Auf dem Höhepunkt der Manie war eine Semper Augustus Tulpenzwiebel 5500 Gulden wert. Der niedrige Preis, nach einem Rückgang von 99%, lag bei bloß noch 50 Gulden. Bei vielen extremen Manien, verliert der Anleger über 90% seines Geldes, wenn die Blase geplatzt ist.

Der Zyklus einer Manie ist leicht zu verstehen:

1. Das Bild des schnellen Reichtums bildet eine finanzielle, psychologische "Menschenmenge".

2. Die Leute sehen, was sie sehen wollen - eine Mischung aus Tatsachen und Fantasie, das formt ein Bild in ihren Köpfen. Einige Beispiele außergewöhnliche Gewinne werden als repräsentativ wahrgenommen für die Art von Gewinn, die jeder und alle machen können.

3. Anerkannte Experten auf dem Gebiet drängen die Menschenmenge auf den Weg.

4. Die Menschen beginnen, irrational handeln und werden blind für die Gefahr, die Grundlagen und alle traditionellen Wertmaßstäbe werden ignoriert.

Im Laufe dieser Entwicklungen steigen die Preise rasch an - ein sich verselbständigender Prozess, der immer mehr Käufer dazu ermutigt, mitzumachen.

5. Als ob eine neue Folie in den Projektor eingelegt wird, ändert sich das Bild plötzlich, das die Menge angezogen hat.

6. Wenn die Blase platzt, verdrängt Angst die Gier und das hat katastrophale finanzielle Konsequenzen für diejenigen, die im oberen Bereich investiert haben.

Das erstaunlichste am gesamten Prozess ist, dass die Menschen nie aus ihren Fehlern zu lernen scheinen. Der Hauptgrund dafür ist natürlich die Schwierigkeit zu widerstehen, wenn die Masse psychologisch angezogen wird.

Es ist sehr wichtig, zu realisieren, dass finanzielle Manien nicht nur vor vielen Jahren passierten und Ereignisse wie die Tulpenmanie nicht Menschen betrafen, die dumm waren. Die Menschen sind auch heute noch albern. Im Jahr 1987 an der Spitze des Medienbooms, gab die japanische Regierung das japanische Telefonmonopol NTT frei. Der Preis lag bei 1,6 Millionen Yen je Aktie bei einem KGV von 170, mit einer Dividendenrendite von 0.3% Auf dem Höhepunkt lag der Preis bei 3,18 Millionen Yen. Die Aktien lagen beim 340-fachen des Gewinns, und die Bewertung von NTT lag damals so hoch, wie der gesamte deutsche Aktienmarkt.

Dann platzte die japanische Blase wirklich. NTT war das führende Beispiel für eine Manie in Hochform. Bis Juni 1992 fiel der Preis auf 581.000 Yen, das 67-fache des Gewinns von 1993. Mit einem weiteren Rückgang der Ergebnisprognose für 1994, schienen die Aktien immer noch sehr teuer.

Ein weiteres weit weniger extremes Beispiel geschah im Bereich Immobilien in den späten achtziger Jahren in London. Mein jüngerer Sohn beeindruckte mich durch seine Arbeit im Handelsraum eines Rohstoffhändlers im Jahr 1988, während einer kurzen Pause zwischen Schule und Universität. Er kam eines Abends nach Hause und verkündete selbstbewusst, dass der Immobilienboom in Großbritannien bald am Ende wäre.

"Sie alle reden davon, wie weit sie die Leiter schon erklommen haben und wie viel sie bisher verdient haben", sagte er.

"Sie können sich gar nicht vorstellen, dass es auch mal in die andere Richtung geht." Er hatte Recht. Ich wünschte, ich hatte besser auf ihn gehört.

Es gibt eine Reihe von Möglichkeiten zu prüfen, ob ein Markt ist einer Hausse oder einer Baisse ist. Wenn zum Beispiel der Bulle vorherrscht, werden in der Regel Aktien mit historisch hohem KGV verkauft und mit großen Prämien zum Buchwert.

Darüber hinaus gibt es ein hohes Maß an Spekulation und eine Vielzahl von Neuemissionen von zweifelhaftem Wert. Aber Sie müssen verstehen, dass der Bär ein schlaues Tier ist und jeder Marktzyklus subtile Variationen des vorangegangenen bildet. Es wäre alles zu einfach, wenn der Bär leicht zu erkennen wäre- er ist darauf aus, Sie in die Fall zu locken, Sie können sicher sein, dass die meisten Menschen ihn nicht kommen sehen.

Denken Sie an diese Warnung, während ich Ihnen einige der traditionellen Signale zeige, welche die Spitze der vorherigen Hausse und den Boden der vorigen Baisse markierten. Wie Sie schnell sehen werden, sind Bullen- und Bärenmarktsignale wie die Rückseite der gleichen Medaille.

Zeichen für das obere Ende eines Bullenmarkts

Bargeld ist uninteressant

Anfang April 1992 war dies der Konsens unter zahlreichen amerikanischen Fondsmanagern, die den Satz prägten. Die entsprechend sehr geringen institutionellen Bargeldbestände sind ein offensichtliches Gefahrensignal für den Markt.

Werte sind schwer zu finden

Das durchschnittliche KGV des Marktes als Ganzes befindet sich in der Nähe eines historisch hohen Niveaus. Die durchschnittliche Dividendenrendite ist niedrig und der Nennwert der Aktien steht weit über den Buchwerten. Wenn Sie meine Systeme verfolgt haben, werden Sie bereits viele Aktien verkauft haben und sehr wenige werden meinen Kriterien entsprechen. Unsere Datastream-Analyse der führenden Aktien Juni 1992 zeigte mir, dass im FT-SE 100 Index Schnäppchen, schwer zu finden sind. Der Amerikanische Markt ist zweifellos auf einem sehr hohen Niveau in Bezug auf historische Präzedenzfälle von Wert.

Zeichen für den Boden eines Bärenmarkts

Cash ist King

Am unteren Ende einer Baisse, wird allgemein anerkannt, dass Bargeld die bestmögliche Vermögensverwaltung ist. Der institutionelle Bargeldbestand ist daher in der Regel auf sehr hohem Niveau.

Werte sind leicht zu finden.

Das durchschnittliche KGV des Marktes als Ganzes befindet sich auf historisch niedrigem Niveau. Die durchschnittliche Dividendenrendite ist sehr hoch und Aktien sind mit einem Abschlag zum Buchwert erhältlich. Im Januar 1975, am unteren Ende der Baisse lag der FT Ordinary Share Index bei 146, dem niedrigsten seit Mai 1954. Das durchschnittliche KGV war unter 4 mit einer Dividendenrendite von über 13 %; ICI ergab 13,4%, Glynwed 24%, Tarmac 17,7% und 43,6% Lex Service.

Technische Analyse Signale

Brian Marber erzählt mir, dass *manchmal* am oberen Ende des Bärenmarktes Kopf-Schulterformationen, Doppelböden, Dreiecke und Keile zu finden sind.

Das Signal mit dem er gerne arbeitet ist das Momentum. Wenn zum Beispiel mehr als 75% aller Aktien im Markt über ihrem langfristigen Durchschnitt liegen, handelt es sich um ein signifikantes Signal wenn sie unter 75 % gehen.

Ende Juni 1992 ist das in London passiert.

Ein weiterer wichtiger und vorausschauender Indikator ist die Coppock-Linie, sie sendet in der Regel ausgezeichnete Kaufsignale. Derzeit sind bei der Coppock-Linie keine solche Signale zu finden.

Die Zinssätze

Die Zinssätze steigen in der Regel etwas oder sind auf dem Weg dazu. Die Zinsen im Vereinigten Königreich wurden zuletzt im Mai 1992 reduziert, die Probleme in Deutschland beschränken den Spielraum für weitere Maßnahmen. In den USA werden die Zinsen weiterhin durch die Federal Reserve Bank reduziert, aber das kann nicht ewig so weitergehen. Nach der Präsidentschaftswahl werden die Zinsen wahrscheinlich wieder steigen.

Die Geldmenge

Geldmenge wird an der Wende zum Bullenmarkt eher geringer.

Anlageberater

Der Konsensus der Anlageberater wird im Allgemeinen optimistisch sein.

Technische Analyse Signale

Brian Marber erzählte mir, dass *manchmal* am unteren Ende des Bärenmarktes umgekehrte Kopf- Schulterformationen, Doppelböden, Dreiecke und Keile zu finden sind.
Mit dem Momentum kann ein künftiger Aufschwung angenommen werden, wenn zum Beispiel mehr als 25% aller Aktien im Markt über ihrem langfristigen Durchschnitt liegen und der Prozentsatz nach oben geht.
Am unteren Ende einer Baisse, können Sie den Aufschwung am Coppock-Indikator erkennen, das ist üblicherweise ein starkes Kaufsignal.

Die Zinssätze

Die Zinssätze sind in der Regel auf hohen Niveau und sind im Begriff zu fallen. Am unteren Ende der 1981/2 Baisse lagen sie beispielsweise in Amerika atemberaubend hoch bei 15,23%.

Die Geldmenge

Die Geldmenge neigt dazu, an der Wende des Bärenmarktes zuzunehmen.

Anlageberater

Der Konsensus der Anlageberater wird im Allgemeinen pessimistisch sein.

Neuemissionen
Verkaufsangebote, Kapitalerhöhungen und Neuemissionen sind in der Regel in Hülle und Fülle vorhanden, die Qualität leidet und minderwertige Emissionen sind häufig. Im Juni 1992 schien es als ob der britische Markt für Neuemissionen aktiver geworden wäre, aber in den USA waren die Bedingungen schlecht und begannen erst, sich zu beruhigen, als die Investoren vorsichtiger geworden waren.

Insiderhandel
Der Insiderhandel ist oft auf einem recht hohen Niveau. Jedoch ist es wichtig zu beachten, dass Insider nicht immer Recht haben - auch sie sind Teil der psychologischen Masse.

Reaktionen auf Nachrichten
Ein erstes Anzeichen für das Richtfest eines Bullenmarkts ist, wenn Aktien auf gute Nachrichten nicht mehr reagieren. Die Unternehmen berichten unter Umständen von exzellenten Ergebnissen, der Preis für die Aktien fällt aber. Der Markt ist erschöpft, gute Nachricht sind bereits eingepreist und es wird sehr wenig gekauft.

Änderungen bei den Marktführern
Pharmafirmen waren viele Jahre lang Favoriten und Unternehmen wie Glaxo haben sich als Marktführer etabliert. In den sechziger Jahren waren Mischkonzerne nach dem Geschmack des Jahrzehnts, in den frühen siebziger Jahren Finanz- und Immobiliengesellschaften und in den späten Siebzigern Ölfirmen. Eine wesentliche Veränderung in der Führung ist oft der Auftakt zu einer Änderung in der Marktrichtung.
An der Spitze der Hausse wechseln die Investoren in der Regel von Wachstumsaktien in zyklische Werte.

Neuemissionen

Es sind kaum Neuemissionen in Sicht. Unternehmer, die private Firmen bis zu einer Größe aufgebaut haben, die ausreichend ist, um eine Börsennotierung zu erreichen, warten auf bessere Märkte um bessere Preise für ihr Unternehmen zu erhalten.

Insider-Handel

Der Insiderhandel ist auf höherem Niveau. Jedoch ist es ist wichtig zu beachten, dass Insider nicht immer Recht haben- auch sie sind Teil der psychologischen Masse.

Reaktion auf Nachrichten

Ein erstes Anzeichen für eine Bodenbildung des Bärenmarkts ist, wenn Aktien auf schlechte Nachrichten nicht mehr reagieren. Der Markt hat diese bereits eingepreist und es wird nicht mehr verkauft.

Änderungen der Marktführerschaft

Bereiche, die viele Jahre unbeliebt waren, bilden eine solide technische Basis und beginnen, Lebenszeichen zu zeigen, das könnte darauf hindeuten, dass sie im nächsten Bullenmarkt führend sind. Zum Beispiel waren Gold und andere Ressourcen schon seit vielen Jahren aus der Mode gekommen. Alle Goldminen der Welt erreichen nicht die Marktkapitalisierung von Glaxo, deshalb ist wenig nötig, um dort wieder einen Boom zu entfachen.

Am unteren Ende einer Baisse, werden Wachstumswerte spottbillig, da die KGV bröckeln.

Partygespräche

Auf dem Höhepunkt einer Hausse sind Aktien bei Cocktail- und Dinnerpartys ein Hauptthema. In New York geben Taxifahrer Einzelheiten ihrer Portfolios bekannt und verbreiten unaufgefordert ihre Ansichten zum Markt.

Medienkommentare

Die Presse und das Fernsehen geben dem Aktienmarkt mehr Gewicht und sind optimistischer. Wenn die Preise im Verhältnis zum Wert hoch erscheinen, wird das Argument vorgebracht, dass "es diesmal anders wird'. Die wenigen pessimistischen Artikel, die vor Gefahren warnen, werden von den Anlegern ignoriert.

Partygespräche

Die Stimmung wird so trostlos, dass die meisten Leute glauben, dass es nicht mehr viel Sinn macht, Aktien zu kaufen. In einem Bärenmarkt will keiner über die Börse sprechen.

Medienkommentare

Presse- und TV-Kommentare werden als Reaktion auf das mangelnde öffentliche Interesse immer geringer. Optimistische Artikel werden ignoriert (wahrscheinlich mit der Begründung, dass die Journalisten, die sie geschrieben haben, dement sind).

Andere Maßnahmen in den USA

Es gibt eine Reihe anderer Indikatoren, die eher in den USA als in Großbritannien zu finden sind. Die populärsten sind die Folgenden:

a) Verhältnis Call zu Put
Je höher das Verhältnis der Calls, umso spekulativer das finanzielle Klima.

b) Die Odd Lot Indikatoren (Verhaltensanpassung von Kleinanlegern)
Odd Lotters sind Anleger, die geringe Mengen Aktien in Einheiten von weniger als 100 kaufen oder verkaufen. Die Theorie ist die, dass sie weniger gut informiert sind. Wenn die Kleinanleger viel kaufen, werden sie wahrscheinlich falsch liegen und der Markt ist fällig für eine Korrektur.

c) Leerverkäufe
Ein niedriger Anteil von Leerverkäufen am Gesamtvolumen an der NYSE ist oft ein Zeichen, dass dem Bullenmarkt ein Absturz bevorsteht. Leerverkäufer sind Profis, die wissen was sie tun, aber auch sie sind Teil der psychologischen Masse.

d) Fonds
Anfang 1992 wurden 7 Milliarden Dollar pro Monat von amerikanischen Investoren in Investmentfonds gesteckt, die ihre Ersparnisse von Geldmarktfonds aufgrund der sinkenden Zinsen übertragen wollten. Für die Investmentfonds war es leicht, diese Aufmerksamkeit zu gewinnen, da man auf spektakuläre Renditen im Amerikanische Aktienmarkt in den letzten zehn Jahren verweisen konnte. Die meisten Investmentfonds investieren 80% bis 100% ihrer verfügbaren Geldmenge, so dass ein enormer Zustrom von Geld in Verkehr gebracht wurde, wodurch die Preise auf schwindelnde Höhen stiegen. Wenn die Öffentlichkeit desillusioniert ist und Rückkäufe im großen Stil erfolgen, fällt der Vorhang für die Hausse.

Andere Maßnahmen in den USA

Die andere Seite der Medaille für andere Indikatoren in den USA, ist wie folgt:

a) Call - Putverhältnis
Je höher das Verhältnis der Puts, desto pessimistischer ist das finanzielle Klima. In dieser Atmosphäre ist ein Rebound sehr wahrscheinlich.

b) Die Odd Lot Indikatoren
Wenn Odd Lotters in großer Anzahl verkaufen, kann das ein optimistisches Signal sein und ein mögliches Ende der Baisse einläuten.

c) Leerverkäufe
Ein Bärenmarkt kann scharf drehen, wenn massive Leerverkaufspositionen am Markt aufgebaut werden. Beim geringsten Hinweis einer guten Nachricht, decken Leerverkäufer sich schnell ein. Da **sie zurück kaufen, steigen die Preise drastisch, wodurch eine Kaufpanik entsteht.**

d) Fonds
Bei Investmentfonds verlangsamt sich die Rückzahlung auf ein normaleres Niveau und der Geldzufluss der Investoren beginnt sich langsam in eine positive Richtung zu drehen, eine solide Basis, für einen wichtigen Auftrieb bei den Aktienkursen wird geschaffen. In diesem finanziellen Klima haben die meisten Investmentfonds tendenziell größere Kassenbestände um künftige Rückzahlungsverpflichtungen erfüllen zu können und die Manager sind pessimistisch. Der Markt ist überverkauft, so dass geringe Kaufmengen bereits dramatische Auswirkungen auf die Aktienpreise haben.

Es gibt ein paar allgemeine Punkte, die über die Hausse und Baisse zu sagen sind:
a) Sie werden erfreut feststellen, dass die Hausse in der Regel länger dauert als die Baisse.
b) Es dauert viele Jahre, bis Bullenmärkte aufgebaut werden und dann dauert es eine lange Zeit, bis es zu massiven Überbewertungen durch Habgier kommt, statt den erheblichen Unterbewertungen, die normalerweise unter den furchterregenden Bedingungen eines großen Bärenmarkts vorherrschen.
c) Im Bärenmarkt kann man sehr schnell, sehr viel Geld verlieren. Der durchschnittliche Rückgang in den sieben Baissen seit 1964 betrug 34 %, dauerte durchschnittlich 57 Wochen, in der Baisse von 1973 bis 1975 betrug der Rückgang 73 % für und dauerte 136 Wochen.
d) Bullenmärkte dauern häufig vier bis fünf Jahre, was möglicherweise auf einen gewissen Zusammenhang mit Wahlperioden deutet. Es gibt jedoch viele Ausnahmen.
e) Aus meiner Sicht gibt es keinen wirklichen Unterschied zwischen einer größeren Korrektur in einem Bullenmarkt und einer Mini-Baisse. Ich nehme an, technische Puristen werden argumentieren, dass sich der Markt nach dem Crash von 1987 erholte und über seine früheren Hochs stieg, was darauf hindeutet, dass die Hausse noch intakt war und 1987 war einfach eine scharfe Korrektur.
Ein großer Bärenmarkt ist anders – er dauert über einen längeren Zeitraum von mindestens 9 Monate und manchmal zwei bis drei Jahre, während Bedingungen herrschen, dass man sich wünschte, man wäre woanders.
f) In den achtziger Jahren schienen die globalen Märkte sich im Schritt zu bewegen. Während der Tage nach dem Crash von 1987, fiel die Wall Street am Nachmittag stark, mit einem Domino-Effekt über Nacht in Tokio - was wiederum die Eröffnungskurse in London am nächsten Morgen schwächte. Weniger als fünf Jahre später hatte sich Japan mehr als halbiert, während sowohl die Wall Street und London neue Allzeithochs erreichten.

Letztlich kann kein großes Land im Alleingang Erfolg haben. Wenn die Weltwirtschaft in eine tiefe Rezession stürzt, ist jeder größere Aktienmarkt betroffen. Dennoch scheint es heute mehr Spielraum für eine Reihe von einzelnen Aktien zu geben. Manche Märkte steigen, auch wenn einige von den anderen großen Märkten der Welt sich in einem Abwärtstrend befinden.

g) Sowohl Hausse, wie auch Baisse haben verschiedene Phasen. In einem Bärenmarkt zum Beispiel, ist die erste Stufe in der Regel ein starker Rückgang, während die wirtschaftlichen Rahmenbedingungen weiterhin positiv bleiben.

In Stufe zwei verschlechtern sich die wirtschaftlichen Bedingungen, der Markt ist überverkauft. Es gibt dann eine Trottelrallye, die stark genug ist, dass die meisten Anleger glauben, der Markt hätte seine Talsohle erreicht. Während der Phase 3 sind die Wirtschaftsnachrichten schrecklich.

Die Anleger geraten in Panik und verkaufen um jeden Preis. Der Markt geht in eine sich verstärkende Abwärtsspirale. Stufe 3 ist das Sprungbrett für die nächste Hausse wenn die Investoren alle Hoffnung für die Zukunft aufgegeben haben. Das erste positive Zeichen ist, wenn die Aktien bei schlechten Nachrichten nicht mehr fallen.

All das hört sich sehr düster an, aber es ist wichtig zu erkennen, dass die Märkte sowohl fallen als auch steigen können. Denken Sie daran, dass in der Baisse fast alles mit hinab gerissen wird, unabhängig vom zugrunde liegenden Wert, versuchen Sie also nicht, den Trend zu schlagen. Warten Sie, bis der Sturm vorüber ist.

Hier ist eine Zusammenfassung meiner Ratschläge zur allgemeinen Marktstrategie:

1. Wenn Sie Ihre Tages- und Wochenzeitungen lesen, Ihre Anlegermagazine und Newsletter, sollten Sie in der Lage sein, den Puls des Marktes zu spüren.

2. Sie haben die Tabelle mit den Warnsignalen gesehen und müssen sich Ihre eigene Meinung über den Zustand des allgemeinen Markts bilden.

3. Wenn Sie optimistisch sind, investieren Sie 100 % Ihres geduldigen Gelds. Wenn Sie pessimistisch sind nur 50 %.

4. Beim Reduzieren Ihres Portfolios von 100 % auf 50 %, halten Sie Ihre defensiven Werte. Dies sollte auf natürliche Weise geschehen. Verkaufen Sie Aktien, die Ihre Anlageziele erfüllt haben. Bei einem Wachstumsportfolio, halten Sie die Aktien mit niedrigem PEG Faktor. Es ist kein Problem, wenn das KGV hoch bleibt, vorausgesetzt, das Wachstum ist immer noch da, um den Preis zu unterstützen.

5. Ziehen Sie keine Leerverkäufe in Betracht, es sei denn, Sie sind Vollzeit-Profi. Sie können mit den Grundlagen Recht haben, aber im Timing schrecklich falsch liegen – denken Sie an North Flinders.

6. Meiden Sie Optionen und andere Derivate, es sei denn Sie sind erfahrener Investor. Bei diesen Finanzinstrumenten sind die Nachteile so stark, wie ihre Anziehungskraft. Sie können eine Menge Geld verlieren oder alles, was Sie investiert haben.

7. Nehmen Sie im Bärenmarkt, Ihr geduldiges Geld nicht aus sorgfältig ausgewählten Superwachstumsaktien, die weiterhin eine gute Leistung bringen. Denken Sie an die Coca Cola-Geschichte - $ 40 bis $ 1,8 Mio. je Aktie; $£ 1000 auf $£ 45 Mio. Pfund und das in der durchschnittlichen Lebensdauer eines Menschen. Das ist es, um was es in Investitionen geht.

19. Zehn Richtlinien

Sie haben vielleicht von Ian Little, einem Professor der Universität Oxford gehört, der im Jahr 1962 eine Abhandlung über die Unvorhersehbarkeit von Einnahmen mit dem Titel 'Higgledy Piggledy Growth' (Drüber und Drunter beim Wachstum) schrieb. Er argumentierte, dass die Prognoseergebnisse unzuverlässig wären und die Ertragsentwicklung bei einer großen Anzahl der britischen Unternehmen keinen Nutzen für die Vorhersage der Zukunft gebracht hätte. Little wurde kritisiert, seine Arbeit wurde überarbeitet, aber sie schien dennoch zu beweisen, dass die Gewinne einer eigenen Logik folgten und es keine Korrelation zwischen vergangenen und künftigen Wachstumsraten gibt. Mit anderen Worten sagte Little, dass in einer schnelllebigen Welt, ständig wechselnde industrielle, wirtschaftliche, politische und wettbewerbliche Rahmenbedingungen es praktisch unmöglich machen, die Vergangenheit als zuverlässigen Hinweis auf die Zukunft zu nutzen. Ich mag Ian Little, den ich bei verschiedenen Gelegenheiten getroffen habe. Seine Arbeit war gut recherchiert, aber ich stimme nicht mit seiner Schlussfolgerung überein, die sich im Widerspruch zu den Aufzeichnungen von Unternehmen wie Coca Cola, Glaxo Wellcome und Rentokil befindet. Ian Littles grundlegendes Argument kann auch umgekehrt werden und ist damit ein wichtiger Punkt für Sie. Wenn man akzeptiert, dass die Prognose künftiger Erträge schwierig, wenn nicht unmöglich ist, werden Sie mir sicher zustimmen, dass es vorteilhaft sein muss, Aktien in einer systematischen Weise zu kaufen- Aktien mit ausgezeichnetes Wachstumszahlen, die hochselektive Kriterien erfüllen und einen integrierte Sicherheitsfaktor bieten. Warum Spekulation auf Aktien mit relativ hohen KGV, wenn man sich nicht auf Gewinnschätzungen und Trends verlassen kann? Wenn Sie keine Ahnung haben, was mit künftigen Gewinnen passieren wird, können Sie genauso gut auf Nummer sicher gehen und eine Aktie kaufen, die in Bezug auf die gegenwärtige Ertragslage und die bekannten Fakten sehr billig erscheint. Somit können Sie zumindest versuchen, Wert für Ihr Geld zu bekommen.

Die Analyse des FT-SE 100 Index in Kapitel Vierzehn zeigte, dass die erfolgreichsten Unternehmen alle einen Wettbewerbsvorteil aufgrund eines starken Business Franchise bieten, was durch ihre hervorragende Kapitalrendite belegt wird. Es ist kein Zufall, dass solche Unternehmen eine gute Leistung zeigen. Es gibt kein Drunter und Drüber beim Wachstum. Es lohnt sich auch mit der Anlagestrategie systematisch zu sein, so dass Sie eine Basis haben, um zu reflektieren, wenn Sie die Leistung messen. Wenn Ihre Ergebnisse nicht zufriedenstellend sind, kann Ihr System modifiziert werden. Durch Konzentration und Fokussierung Ihres Investment-Ansatzes, werden Sie immer mehr zum Experten der jeweiligen Methode, die Sie gewählt haben. Ohne Zweifel funktioniert ein systematischer Ansatz.

Unnötig zu sagen, dass ein paar Kleinigkeiten, wie das richtige System und die richtige Person wesentliche Voraussetzungen sind, aber wenn alles passt, können die Ergebnisse spektakulär sein. Ich kann dieses Argument unterstützen, mit meiner eigenen Erfahrung als Investor, der Leistung des Portfolio von The Capitalist, einer US-amerikanischen Studie von Professor Marc Reinganum und der über viele Jahre gut dokumentierten Performance der größten Anhänger von Ben Graham. Der gesunde Menschenverstand sagt mir auch, dass man viel besser steht, sorgfältig ausgewählte Aktien zu kaufen, die einen zusätzlichen, wesentlichen Sicherheitsfaktor haben, wie ein relativ niedriges KGV im Verhältnis zur Wachstumsrate, oder im Falle eines Shells, ein hervorragendes Management und starke Liquidität. Ich glaube auch, dass mit den Wachstumsaktien und Shells, die Logik der systematisch laufenden Gewinne und das Eingrenzen der Verluste unbestreitbar ist, und dass ein aktiver Ansatz in der Investition immer einen lockeren Ansatz schlagen wird. Hundert oder mehr Punkte wurden in den vorangegangenen Kapiteln aufgezählt, so dass jede Zusammenfassung zwangsläufig die Mehrheit übergehen muss.

Auch auf die Gefahr einer zu starken Vereinfachung hin, möchte ich zehn sehr grundlegende Richtlinien aufzählen, die Ihnen helfen sollen, Ihre Investment-Performance zu verbessern:

1. Wählen Sie ein Investitionssystem, das zu Ihrem Temperament passt und konzentrieren Sie sich darauf. Wie auch immer Sie sich entscheiden, wesentlich ist, dass die Aktien, die Sie wählen, einen Sicherheitsfaktor haben, einen Sicherheitsfaktor, der den sehr strengen Kriterien Ihres Systems entspricht.

2. Nehmen Sie sich mindestens drei Stunden pro Woche Zeit, das Zulu-Prinzip auf das System Ihrer Wahl anzuwenden, so dass Sie Experte in einem relativ engen Bereich des Marktes werden. Verwenden Sie die meiste Zeit für die Analyse und lesen Sie immer die Bilanzen von ausgewählten Unternehmen von Anfang bis Ende. Verfeinern und verbessern Sie Ihr System, lernen Sie aus Erfolgen und Fehlern.

3. Nehmen Sie von Ihren verfügbaren Ressourcen eine bestimmte Summe, um zu investieren – geduldiges Geld, das Sie entbehren können. Ihr Ziel ist es, zu vermeiden, dass Sie unter Druck gesetzt werden und vorzeitig verkaufen müssen. Investieren Sie immer zwischen 50 % und 100 % Ihres geduldigen Geldes. Wenn Sie glauben, dass die Aussichten eine fallende Tendenz haben, können Sie Ihre Investitionen auf 50 % Ihres Portfolios reduzieren, wenn Sie sich dabei wohler fühlen. Mit einem Shell-Unternehmen in sehr pessimistischem Klima sollten Sie auf jeden Fall 50 % Bargeld haben.

4. Wählen Sie einen Makler, der Ihre Ziele versteht und darauf aus ist, Ihnen zu helfen. Ihr Makler kann ein unschätzbarer Verbündeter sein.

5. Investieren Sie in maximal 12 Aktien, die Ihren Kriterien entsprechen. Zehn ist das empfohlene Minimum, mit einem maximalen Investitionsschutz von 15 % je Aktie.

6. Mit jedem System das auf kleinen bis mittelgroßen Wachstumswerten basiert, sollten Sie noch ein paar Superwachstumsaktien finden und sie durch dick und dünn halten. Die Auswahl ist viel wichtiger als das Timing. Kaufen Sie Aktien, die ein niedriges KGV haben in Bezug auf ihre Wachstumsraten und damit einen niedrige PEG Faktor - nicht mehr als 0,75 und vorzugsweise unter 0,66.

Suchen Sie nach einem Unternehmen mit starkem Franchise-Geschäft, das eine hervorragende Kapitalrendite generiert und viel Geld. Darüber hinaus müssen Sie sicherstellen, dass die übrigen Kriterien, die im Einzelnen in den vorangegangenen Kapiteln beschrieben sind, in ausreichendem Maße erfüllt werden und Ihnen ein ausreichendes Sicherheitsnetz zu bieten.

Vergleichen Sie die Handelsgewinne Ihres ausgewählten Unternehmens immer mit seinem Netto-Cashflow. Denken Sie daran, dass Bargeld der einzige Vermögenswert ist der unbestreitbar ist, deshalb sollten Sie sich bei einer Anlageentscheidung zuerst absichern.

7. Wenn Sie eine Aktie erworben haben, bleiben Sie wirklich aktiv. Sicher finden Sie jemanden, der jemanden kennt, der Ihre Fragen rund um die meisten Unternehmen beantworten kann. Seien Sie sehr aktiv bei der Überwachung Ihres Portfolios.

8. Wachstumsaktien sollten verkauft werden, wenn der Markt verrückt spielt und jedem Ihrer Investitionen ein absurdes KGV verleiht. Bei kleineren Unternehmen, sollten Sie aussteigen, wenn der PEG bei etwa 1,2 liegt. Werfen Sie dann aber ein Auge auf hervorragende Wachstumsaktien in der Hoffnung auf eine bessere Gelegenheit zum Rückkauf.

9. Das Gegenteil davon, Gewinne laufen zu lassen, ist, Verluste zu begrenzen. Aktien sollten dann verkauft werden, wenn die Geschichte sich in einem solchen Ausmaß verändert, dass die Aktien Ihre Kaufkriterien nicht mehr befriedigen. Es gibt auch andere Signale für den Verkauf, wie der Verkauf von Aktien durch Vorstände. Seien Sie hier diszipliniert.

10. Mit Turnarounds, Zyklikern und Vermögenswerten haben Sie begrenzte Anlageziele. Sobald die Masse erkennt, dass ein Unternehmen sich dreht, dass der Zyklus wieder auf dem Weg nach oben ist oder, dass ein Aktienkurs den Wert des zugrunde liegenden Vermögens besser reflektiert, werden Sie in der Regel feststellen, dass die Aktie Ihnen eine ausreichend profitablen Ausstieg ermöglicht.

Bei Shells ist ein anderer Ansatz erforderlich. Sie sind Wachstumsaktien in vielerlei Hinsicht ähnlich, aber einige werden es nie schaffen. Ausgezeichnetes Management, starke Unterstützung und zumutbare Liquidität sind die wichtigsten Kriterien. In den vorangegangenen Kapiteln haben Sie bereits einen Hintergrund an Investment-Know-how zu so wichtigen Themen wie PEGs, Wettbewerbsvorteil, kreativer Buchführung, Liquidität und relativer Stärke erfahren. Je besser Sie die Grundlagen der Investition verstehen, desto besser wird wahrscheinlich Ihr Urteil sein, und desto wahrscheinlicher wird, dass Sie ein Gespür für den Markt und ein Gespür für die finanzielle Selbsterhaltung entwickeln. Das Zulu-Prinzip muss gelten. Je mehr Sie über Investitionen lesen, je mehr Sie darüber nachdenken, desto mehr werden Sie mit Menschen sprechen, die das Thema und die weitere Arbeit wirklich kennen, umso 'glücklicher' werden Sie und umso besser laufen Ihre Investitionen.

20. Glossar

Die meisten Glossare sind eine Liste von Definitionen und aus diesem Grund sind sie nicht leicht zu lesen. Ich ziehe es vor mit der Beschreibung einer hypothetischen Firma zu beginnen, in der Sie die meisten Begriffe und Ausdrücke finden, die Sie auch in einem normalen Lexikon finden. Anschließend werden wichtige Definitionen wiederholt, für den Fall, dass Sie noch restliche Zweifel haben und einige hinzugefügt, die vielleicht für Sie interessant sein könnten.

Wir nennen die Firma Feelgood plc. Wir gehen davon aus, dass es sich um ein Unternehmen im Gesundheits- und Lebensmittelsektor handelt, 10.000.000 Aktien sind im Umlauf. Die Aktien sind an der Börse notiert, bei 1 £ pro Stück. Die *Marktkapitalisierung* von Feelgood ist daher 10.000.000 £ (10 Millionen Aktien mit 1 £ multipliziert).

Das zugrunde liegende *Nettoermögen* (Läden, Betriebs- und Geschäftsausstattung, Lager- und Schuldner abzüglich des an die Gläubiger geschuldeten Betrags) von Feelgood sind 7 Millionen £ wert, was einem *Substanzwert von 70 p je Aktie* (7 Millionen £ geteilt durch 10 Mio. Aktien) entspricht. Die Gewinne von Feelgood für das laufende Geschäftsjahr liegen bei 1 Million Pfund vor Steuern. Der effektive Steuersatz betrug 33 %, so dass der Gewinn nach Steuern bei 670.000 £ liegt(1 Million £ Gewinn vor Steuern abzüglich 33 % Körperschaftsteuer).

Feelgoods Nettogewinne von £ 670.000 werden auch als Nettoerträge des Unternehmens bezeichnet. *Die Gewinne pro Anteil liegen bei 6,7 p* (£ 670.000 dividiert durch die 10 Millionen ausgegebener Aktien). Wenn die Feelgood Aktien bei 1 £ am Markt sind, liegt der Preis beim 15-fachen des Gewinns (15 Mal 6,7 p entspricht 100 p). Feelgood hat daher ein Kurs-Gewinn-Verhältnis von 15. Eine Abkürzung für das Kurs-Gewinn-Verhältnis oder, wie es manchmal genannt wird, das *KGV*.

Wenn Feelgood eine Dividende von 2,1 p pro Aktie beschließen würde,, würde die *Dividendenrendit*e der Feelgood Aktien berechnet, indem zunächst der Basissatz für die Einkommensteuer (sagen wir 25%) dazu addiert wird und das Ergebnis wird als Prozentsatz des Aktienkurses gezeigt. Die Berechnung erfolgt in zwei Stufen wie folgt:

$\frac{2,1 \text{ p} \times 100}{75} = 2,8 \text{ p}$, das ist die *Bruttodividende*.

Die Dividendenrendite ist daher:

2,8 (die Brutto-Dividende) x 100 = 2,8%

100 (der Aktienpreis)

Wenn die Aktien von £ 1 auf £ 2 steigen würden, würde die Dividendenrendite fallen:

(2,8 x 100) = 1,4 %

200

Mit einem Ergebnis je Aktie von 6,7 p, hätte Feelgood eine höhere Dividende bezahlen können. Der Vorstand hat jedoch beschlossen, vorsichtig zu sein, und deshalb lag die *Dividendendeckung* beim 3,2-fachen (6,7 p Gewinn pro Aktie dividiert durch die Dividende von 2,1p). Feelgood würde so in der *Financial Times* gezeigt:

1992

	Kurs	Hoch	Tief	Marktkapitalisierung £ m	Bruttorendite	K/ G
FEELGOOD	100	140	75	10	2,8	16

Wenn die Vorstände von Feelgood weitere Mittel beschaffen müssen, sollten sie Vorkehrungen für eine *Bezugsrechtsemission* treffen, die allen bestehenden Aktionären das Recht auf eine weitere Aktie zum Preis von 80 p sagen für je 4 vorhandene Aktien zusichert. Diese besondere Ausgabe von Bezugsrechten würde 2 Millionen £ einbringen (10 Millionen geteilt durch vier, multipliziert mit 80p).

Wenn die Vorstände Zweifel haben, ob alle Aktionäre ihre Rechte in Anspruch nehmen, könnten sie beschließen, die *Emission auf Zusagebasis* durch Ihre Börsenmakler oder *Handelsbanken* (Spezialbanken, die Beratung zu Übernahmen, Börsengänge und anderen finanziellen Angeboten bieten) durchzuführen, die veranlassen, dass eine Reihe von *Institutionen* (Versicherungen, Pensionskassen usw.) und vielleicht auch einige private Kunden die nicht gezeichneten Aktien kaufen. Im Gegenzug würden die Makler oder Handelsbanken eine *Zeichnungsgebühr* erhalten, von welcher ein wesentlicher Teil an die Institutionen und Privatkunden weitergegeben würde, die zur Annahme der Aktie bereit waren.

In einem späteren Stadium der Entwicklung, könnten die Aktien von Feelgood auf 10 £ pro Anteil steigen. Der Verwaltungsrat beschließt dann möglicherweise, dass die Aktien zu "hoch" liegen und dass es einen liquiden Markt geben müsse, wenn sie deutlich günstiger wären und es eine größere Anzahl gibt. Um diesen glücklicher Zustand zu erreichen, würden sie vielleicht eine *Gratisausgabe* von Aktien veranlassen, für bestehende Aktionäre bedeutet das, dass sie pro Aktie, die sie bereits besitzen, eine kostenlose Aktie erhalten. Die Aktionärinnen und Aktionäre besitzen dann zwei Aktien statt einer, und als Folge, verdoppelt sich die Anzahl der ausgegebenen Aktien. Rechnerisch gesehen, müsste der Aktienkurs dann auf 5 £ nach der Erteilung fallen, so dass die Aktionäre in gewissem Sinne nicht besser dastehen. Allerdings wir die Ausgabe von Gratisaktien oft von steigenden Dividenden begleitet und in der Regel werden die Unternehmen ausgebaut. Nachdem sie gesplittet sind, erscheinen Aktien billiger, so dass sie häufig besser laufen, als der Markt als Ganzes. In einer Expansionsphase, kann der Verwaltungsrat nicht wollen, dass das Grundkapital *verwässert* wird (durch die Ausgabe von Aktien), so dass, wenn weitere Gelder benötigt werden, eventuell beschlossen wird, von den Unternehmensbanken Geld zu leihen oder eine *Schuldverschreibung* anzukaufen. Eine *Schuldverschreibung* ist ein Darlehen, das in der Regel mit bestimmten Vermögenswerten eines Unternehmens, wie Fabriken und Maschinen abgesichert ist, und einen festen Zinssatz hat.

Die Verzinsung der Anleihe würde aus den Gewinnen bezahlt, oder, wenn das Unternehmen, Geld verlieren würde, den Verlusten hinzugefügt werden. Wenn die Schuldverschreibungszinsen nicht bedient werden könnten, hätte der Inhaber der Schuldverschreibung das Recht, einen *Konkursverwalter* zu bestellen, der in das Unternehmen gehen, die Vermögenswerte in Verwahrung nehmen könnte, um sie zu verkaufen und die Gläubiger der Anleihe zu bezahlen. In diesem Fall, oder wenn die Unternehmen in Konkurs gingen, würde zuerst die Anleihe aus dem Erlös des Verkaufs des besicherten Vermögens zurückgezahlt werden (vor andere Gläubiger bedient werden).

Eine weichere Alternative wäre eine *Wandelschuldverschreibung*, die nicht über besondere Vermögenswerte abgesichert wird und für den Fall einer *Liquidation* (wenn ein Liquidator, in der Regel ein Buchhalter oder Steuerberater, beauftragt wird ein Unternehmen aufzulösen) vor Obligationären aber nach Stammaktionären rangieren würde. Die zu zahlenden Zinsen, die in der Regel unter den Schuldverschreibungszinsen liegen, könnte auch gegen Gewinne aufgerechnet werden, bevor die Dividenden an die Aktionäre ausgeschüttet werden. Im Austausch für die geringere Sicherheit und niedrigere Zinsen im Vergleich zur Schuldverschreibung, hätten die Aktionäre der Wandelanleihe das Recht künftig ihre Wandelanleihen in Stammaktien zu konvertieren. Wandelanleihen werden oft bei Übernahmen ausgegeben, um Streit bezüglich des Werts von Aktien zu vermeiden und den Aktionären der Zielgesellschaft eine attraktive Rendite zu bieten. Eine weitere Alternative, Mittel aufzubringen sind *wandelbare Vorzugsaktien*. Früher wurde dies als Kapital eines Unternehmens eingestuft, aber heutzutage, wenn es einen Tilgungstermin gibt (ein bestimmtes Datum für die Rückzahlung) zählen die Vorzugsaktien als Fremdkapital. Im Falle einer Liquidation, wird das Kapital der wandelbaren Vorzugsaktien zurückgezahlt, vor Stammaktionären aber nach Obligationen, Wandelanleihen, Schuldverschreibungen und anderen Darlehen. Die Dividende, wird an die Aktionäre wandelbarer Vorzugsaktien ausgezahlt, nachdem alle anderen Zinszahlungen bezahlt sind.

Wenn Feelgood ein größeres Unternehmen ist, gibt es eine weitere Option, um Mittel aufzubringen - die Ausgabe von einem *unbesicherten Obligationen*. Bei einer Liquidation rangieren diese nach Schuldverschreibungen, aber vor Wandelschuldverschreibungen und anderen Gläubigern. Gläubiger unbesicherter Obligationen haben keinen Anspruch auf Umwandlung in Stammaktien und, da die Aktie auch weniger sicher ist als eine Schuldverschreibung, werden Sie in der Regel auch einen höheren Zinssatz genießen. Nur sehr starke Unternehmen können *unbesicherte Obligationen* ausstellen, welche für normale Investoren uninteressant sind.

Vorzugsaktien ohne Wandlungsrechte wären bei den Institutionen uninteressant, wenn Feelgood ein kleines Unternehmen ist und die Institutionen sind nicht besonders scharf auf Vorzugsaktien denn sie geben nicht das Recht an einer Beteiligung künftiger Gewinne. Was die Kapitalrückzahlung angeht, rangieren Vorzugsaktien vor Stammaktionären bei einer Liquidierung und ihre feste Dividende ist zahlbar, bevor eine Dividende auf die Stammaktien bezahlt wird. Manchmal wird eine Vorzugsaktie als *kumulative Vorzugsaktie* bezeichnet, was bedeutet, dass Dividenden nachbezahlt werden, wenn das Unternehmen später Gewinne macht. Eine *kumulative Vorzugsaktie* kann nach einer radikalen Reorganisation oder einem Glücksfall manchmal sehr wertvoll werden. Ein kleines Unternehmen wie Feelgood würde wahrscheinlich am Unlisted Securities Market (Sekundärmarkt) gelistet. Solche Unternehmen sind in der Regel viel kleiner und unterliegen weniger schweren Zulassungsvorschriften als diejenigen des Primärmarktes. Insbesondere müssen sie nur eine zweijährige Aufzeichnung ihrer Handelsgewinne präsentieren.

Firmen wie Rentokil, Glaxo, Sainsbury und Next sind aufgeführt, das bedeutet, dass sie Kriterien erfüllen, welche für den primären Markt gelten. Alle Transaktionen dieser Aktie erscheinen in der amtlichen Liste.

Wenn Sie Aktien von Feelgood kaufen wollen, wäre Ihr erster Schritt, ein Depot bei einem Broker zu eröffnen (der in Ihrer Vertretung Aktien kauft und verkauft). Sobald Ihr Broker sie kennt, wird er Ihre Bestellung per Telefon annehmen. Wenn Sie sich entschieden, 1000 Aktien von Feelgood bei etwa 100 p zu kaufen, werden Sie Ihren Broker nach dem Preis von 1000 Aktien fragen, dieser wird bei 98 p-102 p liegen. Dies bedeutet, dass der *Marktmacher* (ein Unternehmen, das als Auftraggeber fungiert und Aktien auf eigene Rechnung kauft oder verkauft) bereit wäre 1000 Aktien Feelgood bei 102 p (Angebotspreis) zu verkaufen und Sie bereit sind 98 p (Geldkurs) zu bezahlen. In der Tat, wird Ihr Makler auch andere Marktmacher überprüfen, um Ihnen den besten Gesamtpreis für Kauf oder Verkauf zu bieten. Der Unterschied zwischen Geldkurs und Briefkurs wird auch als Geld- Briefspanne bezeichnet und läge in diesem Fall bei 4 p. Sobald das Geschäft (die Transaktion) abgeschlossen ist, erhalten Sie eine *Ausführungsanzeige*, die neben dem Preis der gekauften Aktie, auch die Stempelabgabe von 0,5 % und die verhandelbare Maklerkommission von 1,65 % bis unter 0,5 % enthält,, je nach Geschäft, das Sie tätigen. Anschließend erhalten Sie die Makler- und Wertpapierabrechnung und zu gegebener Zeit einen Anteilschein von 1000 Feelgood Aktien. Der Kauf und Verkauf von Aktien erfolgt innerhalb des Kontos, in der Regel dauert das zwei Wochen, aber gelegentlich drei. Die Kontofrist läuft von Montag bis Freitag, entweder elf oder 18 Tage später. Alle Aktivitäten auf dem Konto werden am zweiten Montag nach dem letzten Freitag erledigt.

Ein paar Monate nach dem Ende des Geschäftsjahres von Feelgood, gibt das Unternehmen eine Vorabbekanntmachung heraus (wichtige Informationen über die diesjährigen Ergebnisse, des Gewinns, der Besteuerung und Dividende für das Vorjahr, die der Börse und in der Regel am nächsten Tag der Presse bekannt gegeben werden). Ein paar Wochen später, erhält man den Geschäftsbericht und Jahresabschluss, der die krassen Details verschönert und in der Regel eine Prognose enthält oder eine Angabe über den Handel und die Erwartungen für das kommende Jahr.

Untersuchen wir die Aufzeichnungen von Feelgood. Die Konzernbilanz (Der Konzernabschluss enthält die Ergebnisse aller Unternehmen, um das ganze Bild zu zeigen) von Mai 1992 sah folgendermaßen aus:

Konzernbilanz

	1992
Anlagevermögen	**£000**
Immaterielle Anlagewerte	500
Materielle Anlagewerte	5000
Investments	-
	5500
Betriebskapital	
Aktien	8500
Debitoren	1000
Barmittel	2000
	11500
Kreditoren	
Beträge die innerhalb eines Jahres fällig sind	7000
Nettoumlaufvermögen	4500
Summe Aktiva abz. Kurzfristige Verbindlichkeiten	10000
Kreditoren	
Beträge. die nach über einem Jahr fällig sind	2750
Rückstellungen	
Latente Steuern	250
Minderheitsbeteiligungen	-
	3000
Bereinigtes Reinvermögen	7000
	£000
Kapital und Rücklagen	
Eingefordertes Aktienkapital	2500
Aufwands- Ertragskonto	4500
Eigenkapital	7000

Gemäß dem Aktiengesetz von 1985, wird das Anlagevermögen in drei Kategorien unterteilt:
1. **Immaterielle Vermögenswerte**, das sind in der Regel Markennamen, Urheberrechte, Marken und der imaginäre Firmenwert. Diese Vermögenswerte sind oft sehr nebulös, in vielen Fällen aber sehr wertvoll.
2. **Sachanlagen**, mit welchen die Gewinne gemacht werden- sie sind daher in der Regel nicht zum Verkauf geeignet. Sachanlagen sind Grundstücke und Gebäude, Anlagen, Maschinen und Kraftfahrzeuge. Bei Feelgood, wären diese Sachanlagen Grundbesitz, Betriebs- und Geschäftsausstattung. Genaue Angaben werden in den ausführlichen Erläuterungen zum Abschluss gemacht, die auch die Höhe der *Abschreibungen* enthalten (die Rücklage für die eventuelle Deckung oder den Ersatz eines Vermögenswertes) um auf den Buchwert zu kommen.
3. **Die Kapitalanlagen**, im Wesentlichen langfristige Investitionen, bei welchen eine Weiterveräußerung nicht beabsichtigt ist. Wir kommen dann zu den kurzfristigen Vermögenswerten, hierzu gehören auch Bargeld und andere Vermögenswerte, wie Aktien und gewährte Darlehen, die schließlich im normalen Geschäftsverkehr in Bargeld umgewandelt werden. Im Falle eines herstellenden Unternehmens kommen wir zum ersten Element, Lagerbestände werden in drei Kategorien aufgeteilt: Rohstoffe, unfertige Erzeugnisse und fertige Waren. Schulden werden auch in Lieferungsforderungen und andere Schulden und Vorauszahlungen unterteilt. Bargeld ist eine der entzückenden Vermögenswerte, der keiner weiteren Beschreibung bedarf.

Kreditoren müssen unter zwei Überschriften angezeigt werden – Beträge, die innerhalb eines Jahres fällig sind und die Beträge mit einer Restlaufzeit von einem Jahr. Die ausführlichen Erläuterungen zum Abschluss werden in der Regel in der ersten Kategorie sehr detailliert beschrieben. Bei Feelgood wäre das ein Kontokorrentkredit (falls vorhanden), aus Lieferungen und Leistungen, aktuelle Körperschaftsteuer, Rechnungsabgrenzungsposten, Sonstige Darlehen und die Dividendenzahlungen.

Die Differenz zwischen Umlaufvermögen und kurzfristigen Verbindlichkeiten ist das *Nettoumlaufvermögen*. Es besteht aus dem Gesamtvermögen abzüglich der kurzfristigen Verbindlichkeiten, in diesem Fall 10 Millionen £. Die Beträge, von dieser Summe abgezogen werden, um auf das *bereinigte Reinvermögen* zu kommen sind Folgende:

1. **Die Kreditoren** – Beträge, die nach mehr als einem Jahr fällig sind. In den Erläuterungen zum Abschluss finden Sie diese im Detail. Bei Feelgood, enthalten die insgesamt 2,75 m £ auch langfristige Bankverbindlichkeiten (falls vorhanden), Hypotheken, Verpflichtungen aus Finanzierungs-Leasing und Mietkaufverträge und sonstige langfristige Kredite.

2. **Rückstellungen** - alle Beträge um eventuelle Haftung oder Verlust abzudecken. In diesem Fall gab es nur eine latente Besteuerung von 250.000 £.

3. **Minderheitsbeteiligungen** - repräsentieren den Anteil der Vermögenswerte an Unternehmensbeteiligungen, die nicht komplett im eigenen Besitz sind. Bei Feelgood sind keine Beteiligungen vorhanden.

Das bereinigte Reinvermögen beläuft sich daher auf insgesamt 7 Millionen £ insgesamt (£ 10 abzüglich 3 £). Die Aktionäre besitzen diese Vermögenswerte durch ihre Beteiligungen. Es gibt 10 Millionen in Umlauf befindlicher Stammaktien mit einem Nennwert von 25 p was *gezeichnetem Aktienkapital* von 2,5 Millionen Pfund Sterling entspricht. In diesem Fall wurde, wie bei vielen anderen Kapitalanlagen durch Aktionäre Gewinne (£ 4.5 m) reinvestiert und im Laufe der Jahre ergänzt. Die Gewinn- und Verlustrechnung für das Geschäftsjahr zum 31.Mai 1992 ist auch sehr einfach. Vor jeder größeren Zahl gibt es in der Regel einen Zahlenverweis, der auf eine genauere Erklärung im Anhang zu den Konten führt. Der Umsatz, zum Beispiel wird im Detail analysiert und ein weiterer Hinweis besagt, dass das Handelsergebnis nach den Bezügen der Vorstände im Wert von 160.000 £, nach der Vergütung der Wirtschaftsprüfer von 40.000 £ festgestellt wird und andere Punkte von besonderem Interesse.

Es gibt auch eine Kapitalflussrechnung. In Kapitel fünf erkläre ich, wie wichtig es ist, sicherzustellen, dass die Betriebs- (oder Handelsgewinne) des Unternehmens weitgehend im Einklang mit dem Nettomittelzufluss aus betrieblichen (oder Handelsaktivitäten) übereinstimmt. Sie werden schnell lernen, wie man sich auf die wichtigsten Zahlen in Konten und Bilanzen konzentriert und den weniger wichtigen Entscheidungen weniger Aufmerksamkeit schenkt. Wenn Sie nach dem Lesen der folgenden Definitionen, noch restliche Zweifel haben, schlage ich vor, dass sie zunächst ein Buch zu den Grundlagen der Investitionen lesen. Ich empfehle 'Guide to Investment' für Anfänger von Bernard Gray - Sie sollten ein besonderes Augenmerk auf Kapitel 15 zur Bewertung von Aktien legen.

Konsolidierte Gewinn- und Verlustrechnung

Gewinn- und Verlustrechnung Bilanz

	1992
	£000
Umsatz	6000
Wareneinsatz	3000
Rohgewinn	3000
Vertriebs- und Verpackungskosten	1200
Verwaltungskosten	750
	1950
Handelsgewinn	1050
Zinsforderungen	–
	1050
Zinsaufwendungen	50
	1000
Besteuerung	330
Jahresüberschuss	670
Minderheitsbeteiligungen	–
Aktionären zurechenbare Gewinne	670
Ausgezahlte und vorgeschlagene Dividenden	210
Den Rücklagen zugeführte Beträge	460
Gewinn pro Stammaktie	6.7p

Definitionen im Zusammenhang mit der Bewertung von börsennotierten Aktien

1. **Dividendenrendite** - Die Dividendenrendite eines Unternehmens kann ermittelt werden, durch Dividieren der jährlichen Brutto-Dividende durch den Aktienkurs. Wenn ein Unternehmen 10 p Bruttodividende zahlt und die Aktien 100 p wert sind, beträgt die Dividendenrendite 10 %. Wenn der Preis auf 200 p steigt, wird die Dividendenrendite auf bis 5% reduziert.
   Dividendenrenditen können sich sowohl auf die Zukunft wie auch auf die Vergangenheit beziehen. Die historische Dividendenrendite basiert auf der letztjährigen Dividendenzahlung, während die angehende Dividendenrendite auf der Dividendenprognose des Verwaltungsrats für das kommende Jahr basiert. Dividenden werden in der Regel zweimal jährlich bezahlt, mit einer Abschlagszahlung zum Ende des Halbjahres wenn die endgültigen Zahlen zur Verfügung stehen. Die Dividendenrendite eines Unternehmens, basiert auf den gesamt bezahlten oder zu zahlenden Dividenden in einem bestimmten Jahr.
2. **Marktkapitalisierung** - Die Gesamtzahl der Aktien eines Unternehmens multipliziert mit dem Aktienkurs, dieses Werts ändert sich ständig.
3. **Das KGV** – Die Zahl, wie oft Gewinne pro Aktie multipliziert werden müssen, um dem aktuellen Marktpreis der Aktie zu entsprechen. Basierend auf dem letztjährigen Gewinn pro Aktie, handelt es sich um das historische KGV, und auf Basis der prognostizierten Ergebnisse, um das zu erwartende KGV.
4. **Das Ergebnis je Aktie** - Die Nach-Steuer-Gewinne eines Unternehmens verteilt auf die Aktionäre, berechnet auf einer Pro-Anteil-Basis (indem die Gewinne nach Steuern durch die Anzahl der ausgegebenen Aktien geteilt werden).
5. **Der Substanzwert** - Das Gesamtvermögen eines Unternehmens, abzüglich aller kurz- und langfristigen Verbindlichkeiten, Rückstellungen und Gebühren.
6. **Der Substanzwert pro Aktie** - Der Substanzwert eines Unternehmens geteilt durch die Anzahl der in Umlauf befindlichen Stammaktien. Der Substanzwert je Aktie ist ein besonders relevanter Wertmaßstab bei Immobilien-Gesellschaften und Investment-Trusts, die Kapitalbezogen sind.

Allgemeine Marktdefinitionen

- **Bär** - ein Anleger, der pessimistisch ist, was den Ausblick des Marktes angeht und der glaubt, dass die Aktienkurse fallen werden.
- **Blue Chips** - Top-Unternehmen, die gut etabliert sind mit hohem Ansehen bei den Investoren.
- **Bulle** - ein Investor, der optimistisch ist, was den Ausblick des Marktes angeht und der glaubt, dass die Aktienkurse steigen.
- **Call** - eine Option, um eine Aktie oder einen Rohstoff zu kaufen.
- **Chartisten** - technische Analysten, wie Chartisten manchmal genannt werden, glauben, dass ein Chart die Geschichte des Aktienkurses, die Hoffnungen und Ängste in der Gesamtheit der Anleger zeigt und dass dieser im Wesentlichen nur auf unbestreitbaren Tatsachen basiert - wie der Aktienkurs sich am Markt entwickelt hat. Chartisten glauben, dass "der Trend dein Freund ist", und dass mit den Mustern der Vergangenheit künftige Bewegungen vorausgesagt werden können .Das Gegenteil eines technischen Analysten ist ein "Fundamentalist", der glaubt, dass das zugrunde liegende Vermögen eines Unternehmens und die Ertragsentwicklung wichtiger sind, wenn es darum geht, die Zukunft des Aktienkurses zu bestimmen.
- **F.T. Indizes** - es gibt in England im allgemeinen Sprachgebrauch zwei Hauptindizes - den FT-SE 100 Index mit den 100 führenden Aktien und den FT-All-Share Index von etwa 700 Top-Unternehmen. Der Index mit der größeren Basis, der FT-A All-Share Index, zeigt besser an, was auf dem Markt als Ganzes geschieht, aber über den FT-SE 100 Index (Footsie) wird häufiger in den Medien berichtet.
- **Zwischenbericht** - die formelle Erklärung zu den Handelsergebnisse für die Börse und die Aktionäre für das erste Halbjahr des Geschäftsjahrs. In den meisten Fällen zahlen die Unternehmen eine Zwischendividende an die Aktionäre.
- **Verkaufsangebot** - ein Verfahren zur Neuemission am Aktienmarkt, in der breiten Öffentlichkeit.
- **Option** - das Recht (ohne Verpflichtung) zum Kauf oder Verkauf einer Aktie oder eines Wertpapiers. Normalerweise werden Optionen den Vorständen und dem Management von Unternehmen gewährt, um ihnen eine zusätzlichen Anreiz zu geben.
- **Platzierung** - eine Methode, um ein Unternehmen an der Börse zu platzieren, indem Aktien durch Börsenmakler oder Handelsbanken einer Reihe von institutionellen Anlegern und Privatkunden angeboten werde.
- **Put**- eine Option, um eine Aktie oder einen Rohstoff zu verkaufen.

• **Shell** - ein kleines, unscheinbares Unternehmen, mit in der Regel vernachlässigbaren Vermögenswerten, das aber den Vorteil einer Börsennotierung hat. Unternehmer injizieren häufig Unternehmen in Shells, um eine Börsennotierung durch die Hintertür zu erhalten, weil ihre Unternehmen zu kurze Aufzeichnung vorweisen, oder andere diesbezügliche Mangel, was den konventionellen Weg ausschließt.

• **Zeichnender** - ein Antragsteller für Anteile an einer Neuemission, die, bei Erfol für den schnellen Gewinn verkauft werden soll.

• **Bezugsrecht** - eine Option, Aktien eines Unternehmens zu kaufen (in der Regel über einen langen Zeitraum)